예수님 닮은 이 시대 참 "제자"가 되게 하소서!

301-401 양육교재 지침서 및 가이드북

목양

예수님 닮은 이 시대 참 "제자"가 되게 하소서!

301-401 양육교재
지침서 및 가이드북

초판 1쇄 발행 2018년 8월 30일

지은이 김영한
펴낸이 정성준
펴낸곳 도서출판 목양

등록 2008년 3월 27일 제 2008호-04호
주소 경기도 용인시 처인구 양지면 양지리 38-2
전화 070-7561-5247 팩스 0505-009-9585
홈페이지 www.mokyangbook.com
이메일 mokyang-book@hanmail.net

ISBN 979-11-86018-67-5 (03230)

▌예수님 닮은 이 시대 참 "제자"가 되게 하소서!

301-401 양육교재 지침서 및 가이드북

목양

서 문

조국교회는 선교사님들의 뜨거운 순교의 피로 세워졌습니다. 120여 년의역사 동안 시대적 어려움 속에서도 불과 같이 부흥하였습니다. 그러나 21세기 들어 누구도 예상하지 못했던 정체와 쇠퇴기를 맞이하게 되었습니다.

저와 같은 세대는 조국 교회의 부흥, 정체, 쇠퇴의 시기를 다 경험하였습니다. 그러나 요즘 사역을 시작하는 교역자들과 캠퍼스 간사님들 그리고 청년 리더들은 주로 정체와 쇠퇴기만을 경험하고 있습니다. 마치 초콜렛을 맛보지 않은 사람이 초콜렛의 맛을 상상하며 만들어 내야 하듯 부흥을 맛보지 못하고 부흥을 일으켜야 하는 세대입니다.

이 시대의 젊은이들은 어떻습니까? 포스트모던 시대에 영적인 암흑 가운데 살아가고 있습니다. 정치, 경제, 사회적으로도 불안정한 시대에 살아가고 있습니다. 예전보다는 부요하지만 풍요 속 상대적 빈곤을 체감하며 삽니다. 신체적으로 예전 어느 시대보다 건장한 체구를 가지고 있지만 실제 체력은 예전보다 못하다는 통계가 많습니다. 정서적으로도 심약한 채 살아가고 있습니다. 3포, 5포, 7포, N포 세대라고 불리곤 합니다.

이런 상황 가운데 수많은 젊은이들은 이스라엘이 빠졌던 성공의 신 '바알'과 쾌락의 신 '아세라'에 노출되고 헤어 나올 수 없는 중독의 늪에 빠져 살아가고 있습니다.

그러나 이런 젊은이를 섬겨야 할 교회의 양육 시스템은 빈약하기만 합니다. 특히, 젊은이들을 타겟으로 한 양육&제자훈련 교재는 찾아보기 힘듭니다. 개인적으로 저는 다음세대 사역을 20여 년 이상 집중적으로 섬기면서 다음세대를 온전히 양육 할 틀이 필요하다고 생각하였습니다. 그래서 집필하게 된 양육 교재가 101, 201, 301, 401입니다.

'101 겨자씨' 양육 교재는 태신자가 교회에 와 정착할 때 복음 시리즈를 배우며 믿음의 가지를 뻗도록, '201 바나바' 양육 교재는 기존 교회 내 젊은이가 하나님과 더 친밀한 관계를 맺도록, '301 두돌판' 양육 교재는 하나님의 백성으로 거룩한 성화의 삶을 살아가도록, '401 다림줄' 양육 교재는 다음세대가 바른 신앙의 기준과 척도를 잡도록 저술하였습니다.

이 양육교재들이 다음세대 젊은이들을 예수님의 제자로 만드는 일에 조금이라도 도움이 되기를 소원합니다.

2018년 4월 8일

김 영 한

목 차

401 다림줄 양육

< 양육교재 사용해 본 소감문 1 >

저는 씨앗멤버 없이 교회를 6년 전 개척하였습니다. 초신자들과 가나안(안나가) 젊은이들이 모이기 시작했습니다.

그들과 소그룹으로 모여 성경공부를 시작했습니다. 그런데 성경공부를 하던 젊은이들 중 상당수가 울고 화내고 자리를 박차고 나가버리는 상황이 발생하였습니다.

처음엔 왜 그러는지 전혀 몰랐었습니다. 나중에 알고 보니 성장과정에서 상처가 많았던 지체들이 소그룹 성경공부 시간에 어려움이 있었습니다. 성경공부를 할 때 억지로 자신을 보여야하고, 사고의 틀을 바꾸려고 하니까 무의식 속에 상처가 건드려져서 반발이 일어났던 것입니다.

초신자에게는 단순하게 성경내용만 전달되었어야하는데 그 짧은 시간에 의미와 감동과 깨달음을 주고 생각을 바꾸려하니 어려움이 있을 수밖에 없었던 것이었습니다.

여러 초신자용 교재를 가지고 가르치면서 아쉬웠던 점이 있었는데 거의 다 성경을 어느 정도 아는 사람이 배울 수 있는 교재들이었습니다. 초신자용이라고 되어 있지만 사실은 기존신자용 교재였던 것 입니다.

그러던 어느 날 대구동신교회 세미나에 참여했다가 우연히 101부터 401까지 양육교재를 읽어보게 되었는데 '뭐 이런 쉬운 교재가 다 있나?' 생각이 들었습니다.

교회에서 사용해보니 101 겨자씨 양육교재는 초신자들과 바로 성경공부 할 수 있도록 너무 쉽게 쓰여 져 있고, 401 다림줄 양육교재는 심화과정으로 그리스도의 제자화와 리더화를 시키는 쉽지만 탁월한 교재였습니다.

이런 교재가 나올 수 있었던 이유는 대구동신교회 아포슬의 폭발적 성장으로 초신자들이 대거 몰려오면서 '어떻게 저들을 성도로 변화 되도록 가르칠 것인가?' 저자의 많은 고민과 연구 중에 만들어진 산물이지 않을까 싶습니다.

그렇게 저희 교회에서도 초신자인 청년들과 성경공부교재로 사용하면서 하나님을 쉽게 알아가고 너무 쉽다보니 반발 없이 가르치는 대로 따라오면서 그리스도의 제자로 교회의 리더로 세워지고 있습니다.

다음세대를 위해 열심 중에 열심이신 김영한 목사님께 감사드리며 성도의 양육 도구로 적극 추천 드립니다.

역동적인교회 **이상준 목사**

< 양육교재 사용해 본 소감문 2 >

제가 섬기는 교회는 지금은 50명 정도 모이는 교회입니다. 젊은이들은 10명 정도 모이구요.

3년 전에 우리 교회에 처음 부임 할 때는 25명 정도 모였습니다. 그 당시에 하나님께선 특별히 젊은이들에 대한 마음을 주셨습니다. 그런데 어떻게든 잘 섬기고 싶고, 양육하고 싶고, 품어주고 싶은 마음이 간절한데, 정작 품을 청년이 몇 없었습니다.

그러다 최근 1년 전에 4명의 청년들을 데리고 양육을 시작했습니다. 감동이 있었고, 변화도 있었습니다. 그러면서 1명, 2명 조금씩 더 모였습니다.

양육을 잘 하고 싶은데, 마땅한 교재를 찾는 것이 쉽지 않았습니다. 그러다 대구동신교회에서 함께 사역했던 김영한 목사님을 통해 대구동신교회 청년아포슬에서 사용하는 4권의 시리즈로 된 양육 교재를 소개받았습니다. 4권을 처음부터 끝까지 읽은 후 느낌은 가슴이 뜨거워졌습니다.

크게 두 가지 이유가 있었습니다.

첫째, 커리큘럼이 참 좋았습니다.

처음 교회에 온 청년들을 위해 복음(101)으로 시작해 이미 다 알거라고 짐작하지만, 사실은 깊이 다뤄본 적 없는 주기도문, 십계명, 사도신경으로 이어지는 커리(Curriculum)였습니다.

저의 교회에 CCC 출신인 형제, 기독교교육학과 전공인 사매, 대형교회 출신의 자매 등 7명을 '301 두돌판 양육 교재'(십계명 중심 교재)로 10주간(주1회 1-2시간) 양육했습니다.

수료 소감을 나누던 중 대부분은 막연히 십계명에 대해 안다고 생각했지만, 실제론 깊게 생각해 본 적이 없었고, 말씀대로 살지 못했다고 고백하였습니다. 한 자매는 십계명이 우리를 얽매이는 법칙이 아니라, 우리가 가장 평안하고 잘되길 바라시는 하나님의 뜻을 깨달았다고 간증했습니다. 무엇보다 7명 모두 이제는 어떻게 십계명을 실생활에서 지킬 수 있을지 알겠다고 하였습니다.

둘째, 저자가 현장에서 청년들을 직접 양육하면서 지속적으로 고민하며 교정하고, 수정한 교재이기 때문입니다.

대구동신교회에서 청년사역을 2년간 동역하면서 김영한 목사님이 매일 새벽 4시에 출근해서 밤 11시가 넘어 집으로 돌아가는 모습을 숱하게 봤습니다. 그 이유는 새벽기도 후 양육과 저녁 양육, 그리고 상담 때문이었습니다. 그러니 이

교재에 들어간 내용과 질문들은 실제 청년들과 매일 부딪히며, 만든 것들이었습니다. 실제로 책 '아포슬'에 나오는 간증의 주인공 청년들의 변화를 저는 곁에서 제 눈으로 직접 봤습니다.

놀라운 것은 저희 교회에서도 이 양육교재를 사용한 후 비슷한 간증이 나왔다는 것입니다.

한 자매는 수료 후 천주교에 다니는 친구를 전도했습니다. 다른 한 자매는 결혼 후에도 우리 교회에서 평생 같이 하고 싶다고 하였습니다. 한 형제는 양육 후 감사하다고 밥을 샀습니다. 작지만 결코 작지 않은 큰 변화이고 열매입니다.

이 교재를 통해 많은 젊은이들이 말씀에 담긴 하나님의 깊은 사랑을 깨닫기를 기도합니다.

푸른숲교회 담임 **박 훈 목사**

< 양육교재 사용해 본 소감문 3 >

저는 지난 4년 8개월 동안 대구동신교회 청년부 협력선교사로 여러 교육과 훈련프로그램으로 청년들을 섬거왔습니다. 특별히 여러 프로그램에 협력하면서 깨닫게 된 점은 청년들에게 가장 중요한 것이 '체계적인 제자훈련'이라는 것입니다.

2년 전에 대구동신교회 청년부 직장인들을 대상으로 토요일 오전 7시부터 8시30분까지 13주간 양육기초반을 섬겼습니다. 그 당시나 지금이나 청년부의 양육시스템은 양육기초, 양육고급, 제자훈련으로 동일하게 진행합니다. 그러나 차이점이 있다면 교재가 달라졌다는 것입니다.

2년 전에는 양육기초과정과 양육고급과정, 제자훈련 교재들의 내용이 중복되는 부분들이 참 많았었습니다. 또한 교재들의 문체나 어휘 등이 오늘날의 청년들이 읽기에는 약간 오래된 느낌들도 있었습니다. 그래서인지 기존에 사용했었던 양육교재들도 분명히 유익한 점이 많았음에도 불구하고 체계적으로 훈련시키기에는 무엇인가 약간 아쉬운 부분들이 있었습니다.

저는 이러한 점들을 보완시켜줄 교재가 바로 101부터 401교재라고 생각합니다. 복음시리즈, 주기도문, 십계명, 사도신경으로 이어지는 양육체계는 이 교재를 사용하는 자들의 영적성장과 성숙을 기대하게 만들기 때문입니다.

올해에는 청년부 직장인들을 대상으로 토요일 오전 7시50분부터 9시15분까지 11주간 301교재를 사용하며 훈련시켰습니다. 양육대상자들의 대부분이 모태신앙이었음에도 불구하고, 십계명의 원리와 정신을 잘 모르며 어려워하는 지체들이 많았다는 것은 제게 약간 충격으로 다가왔습니다. 왜 기초가 탄탄해야 하는 지를 깊게 생각해 보는 계기가 되었습니다. 그럼에도 불구하고 오리엔테이션 기간을 포함한 11주간의 훈련이 끝나고 나니 청년들이 참 많이 변했습니다.

저는 양육기간동안 훈련생들이 하나님을 사랑하고 이웃을 사랑하는 것이 구체적으로 어떤 의미인지, 그리고 그 가르침들을 어떻게 자신들의 삶에서 구체적으로 적용해야 하는지에 대하여 많은 부딪힘이 있는 것을 보았습니다. 이러한 영적인 갈등을 통해 진리를 따르기로 결단하며 순종하는 지체들이 영적으로 성숙해 가는 변화의 과정을 볼 수 있어 참 행복했습니다.

이 시리즈 교재를 사용하게 될 많은 다음세대들이 '체계적인 제자훈련'을 통하여 영적으로 성숙, 성장하게 될 것이라 확신합니다. 또한 이 책들을 사용하게 될 다음세대들이 세속적인 생각과 사상과 철학과 마음에서 돌이켜 그들의 삶의 기준이 하나님의 생각과 사상과 철학과 마음으로 변화되기를 간절히 기도합니다.

올리브 선교회 대표 **지현호 목사**

교재교육방법

진행 방법 10계명

1. 첫째 날은 진도를 나가는 것 보다 오리엔테이션 시간을 가지면서 서로를 알아가도록 하세요.

기계도 기름칠을 하고 돌리는데요. 양육 교육을 할 때도 서로 이름이라도 알고, 같이 교육을 하면 더 친근해지고 포근한 느낌으로 양육할 수 있을 거예요. 첫 주에는 가볍게 서로 인사하며 교제 한 뒤 그 다음 주부터 양육하는 시간을 가지면 좋겠어요.

2. 두 가지(대화법과 질문법)를 사용하세요.

첫 번째, 일방적인 가르침보다는 대화하는 식으로 하세요. 이야기를 나눌 때는 자신의 이야기부터 나누면서 상대방의 대화를 이끌어 가면 더 좋을 거예요.

예를 들어, 상처에 대해 나눈다면, "저는 어릴 때 고아로 자랐어요. 그래서 상처가 좀 있었는데 하나님을 믿고, 예전에 느끼던 공허와 외로움을 더 이상 느끼지 않아요. 형제님은 어떤 상처가 있었나요? 그 상처로 지금도 고통을 당하고 있나요?"이렇게 자신의 아픔부터 나누어야 해요. 그렇지 않고, 양육생에게만 깊이 있게 나누기를 기대해서는 안 돼요.

두 번째, 지루하게 설명만 하려고 하지 말고, 질문을 던지세요. 양육생은 나눔이 익숙하지 않아 짧게 대답을 할 거예요. 그럴 때 더 세부 질문을 만들어 질문해 주세요. 좀 더 구체적인 질문을 통해 양육생이 더 다양하게 생각하고 답변하게 해 주세요.

예를 들어, "예수님을 구주로 믿으시나요?"라는 질문을 할 때 양육생은 "네!"짧게 이야기 할 거예요. 그러면, "언제 예수님을 그렇게 믿게 되었나요?"라고 질문해 주세요. 그리고는 더 질문을 이어서 "어디서 예수님을 믿게 되었어나요?", 좀 더 나아가 "예수님을 믿은 뒤 어려움은 없었나요?" 등의 단순하지 않고, 좀 더 양육생의 신앙을 오픈할 수 있는 다른 질문들을 던져 주세요.

3. 초신자의 눈높이에서 얘기해주세요.

초신자에게 교회 용어와 성경 내용은 낯설 수 있어요. 양육생이 성경 말씀이 무엇을 의미하는지 모를 수 있으니 쉽게 풀어 주세요.

예를 들어 본문 내용이 의미하는 단어가 무엇인지 설명해 주고요. 때로는 다른 쉬운 단어로 바꾸어 설명해 주세요.

ex) 태초에 말씀이 계시니라 이 말씀이 하나님과 함께 계셨으니 이 말씀은 곧 하나님이시니라

말씀(로고스)이 무엇을 의미하는지 이해하기 어려울 수 있으므로 "말씀"에 "예수님"을 넣어서 설명하면 좋아요.

ex) 태초에 (예수님)이 계시니라 이 (예수님)이 하나님과 함께 계셨으니 이 (예수님)은 곧 하나님이시니라

4. 양육생이 아는 지식을 기반으로 하나님에 대해 설명하세요.

사람들은 귀신의 존재를 믿어요. 그렇다면 영적으로 하나님이 존재하심을 이해시킬 수 있어요. 그러니 어떤 일반적인 지식과 내용을 연결점으로 가지고 좀 더 신앙에 대해 잘 이해하도록 설명해 주세요.

5. 성경의 교리를 일상생활의 예를 통해 설명하도록 하세요.

자녀가 되는 것은 우리의 노력으로 되지 않아요. 이미 우리는 부모님의 사랑을 통해 이 세상에 태어나게 되었어요. 어떤 특별한 자격이 있는 것은 아니지만 부모님께서는 어떠한 상황 가운데에서도 우리를 먹여 주시고, 입혀 주시며 키워주셨죠.

이처럼 하나님의 자녀가 되는 것은 우리의 노력으로 되는 것이 아니에요. 이미 창세전에 주님이 우리를 선택하시고, 자녀 삼아 주셔서 구원을 얻게 되었어요. 어떤 자격이 없지만 하나님께서 보호하시고, 인도해 주세요.

6. 양육 질문들을 4가지(관찰질문, 해석질문, 연구질문, 적용질문)로 나누어 생각해 주세요.

각 질문은 관찰, 해석, 연구, 적용 질문으로 구성 되어 있어요. 어떤 질문은 성경 말씀을 관찰하고 나누게 되어 있어요. 어떤 질문은 말씀을 읽고 해석해야 해요. 어떤 질문은 좀 더 숙고하고 연구해야 해요. 어떤 질문은 각자의 삶, 공동체에 적용해야 할 내용이에요.

1) 관찰의 예

"참 믿음의 대상은 누구이며 그 내용은 무엇인가요?" 이 질문은 관찰 질문이에요. 예수님이 그리스도인 메시아임을 말하며 구원자이심을 말해요.

2) 해석의 예

소자를 실족하게 하면 연자 맷돌을 메고 바다에 빠지는 것이 더 낫다고 하는데 누가 연자 맷돌을 메고 바다에 빠져야 할까요?

a. 어떤 사람들은 이 말씀을 읽고 실족하는 것은 비참한 것이니 소자가 연자 맷돌을 메고 그냥 바다에 빠지는 것이 더 낫다고 해요.

b. 어떤 사람들은 소자를 실족하게 한 것은 큰 죄이기에 그렇게 실족하게 한 자는 반드시 연자 맷돌을 메고 바다에 빠지는 것이 더 낫다고 해요.

c. 어떤 사람들은 실족하게 하는 것이 상당히 큰 죄임을 말하는 것이지 실제로 그렇게 죽으라는 말은 아니라고 해석해요.

이렇게 사람들이 다양하게 해석을 하기도 하는데요. 양육생이 진짜 예수님께서 하신 말씀의 의도가 무엇인지 파악하도록 해 보고요. 바른 해석을 알려 주세요.

3) 연구의 예

예수님께서 중풍병자에게 죄사함을 받았다는 말과 일어나 걸어가라는 말 중 어느 것이 더 쉽겠느냐고 하셨어요. 이 때 연구할 내용들이 있어요.

a. 질병과 죄사함이 무슨 상관관계가 있는지 살펴보아야 해요.

b. 초대교회 당시에는 죄 있는 자가 질병에 걸린다고 생각하였어요. 그렇다면 죄를 사하여 준다고 하면 되는데 왜 예수님은 "일어나 걸으라!"라고 하시면서 질병을 고치려고 하셨을까요?

c. 단순히 죄를 사한다고 말씀하셔도 문제는 심각해져요. 왜 그 당시 예수님이 그런 말씀을 하시면 문제가 될까요?

이런 내용들은 단순히 성경을 본다고 쉽게 알 수는 없어요. 조금 더 초대교회 때 죄와 질병의 상관관계에 대해 알아야 하고, 단순 죄사함과 초월적 능력으로 질병을 고치는 것 중 왜 "일어나 걸어가라!"라고 하셨는지 알아야 하고, 단순 죄 사함에 대한 언급이 당시 어떤 죄로 처벌을 받게 되었는지 알아야 해요.

7. 믿은 지 얼마 안 된 양육자일지라도 어느 정도 신앙의 도전을 주도록 하세요.

"참 믿음을 소유한 자가 누릴 축복은 무엇인가요?"라는 질문을 다룰 때 초신자라도 도전을 주세요.

예를 들어, 앞으로 하루 1장씩 말씀읽기, 한 달에 한 번이라도 새벽예배 참석하기, 하루 5분이라도 기도하기 등을 결단 하도록 해 주세요.

8. 양육을 하면서 서로 기도제목을 나누세요.

밤 10시, 같은 시간 같이 기도하자고 해도 좋아요. 기도제목을 나누세요. 기도 응답을 받은 것이 있는지 묻고, 나누어야 해요.

9. 마음속으로 생각할 시간을 주세요.

가끔 질문을 하면 양육생들이 바로 대답을 못할 수 있어요. 그렇다고 바로 설명을 해서는 안 되어요. 마음으로 느끼고 생각할 시간을 주세요. 그 느끼고 생각하는 시간은 스스로 자문하고 숙고하는 귀한 시간이에요. 그 시간을 빼앗지 마세요.

10. 신앙생활을 잘하기 위해 말씀을 삶에 적용해 보도록 해 주세요.

1) 문자 혹 카톡으로 은혜로운 말씀을 아는 사람에게 전달하기

2) 다른 사람의 기도제목 받고 기도하기

3) 리더 혹 목회자와 식사하며 교제하기

4) 태신자와 차 마시며 신앙에 대해 나누기

5) 학교 혹 직장에 남들보다 5분 먼저 가 공기 환기하고 청소하기

양육생 교육 시 듣게 되는 실제적 질문들

1. 양육생이 믿음이 없을 수 있으니 삶 나눔과 몇 몇 질문 중심으로 해도 되나요?

저자의 의도를 살피세요. '총 7개의 질문 중에서 3–5개 정도는 해야 되겠다.'라고 생각할 수 있어요. 사실 제가 예전에 고 옥한흠 목사님 제자훈련 책을 사용할 때 이렇게 했어요. 1번부터 10번까지, 1번부터 12번까지의 질문이 있는데요. 각 권을 가르칠 때 저는 옥한흠 목사님의 저자 의도와 상관없이 젊은이들에게는 나눔이 중요하다고 생각했어요. 그래서 나눔을 더 풍성하게 하면서 적용하도록 의도했어요.

전, 다른 사람의 의견을 들어보는 것이 중요하다고 생각을 했어요. 그래서 10개, 12개의 질문이 있다고 하면 짝수만 골라서 6개의 질문을 하거나 홀수를 잡아서 6개 정도 했어요. 때로는 앞부분과 중간까지 나눔 하다가 뒤에는 못했어요.

그런데 제가 제자훈련에 대해 실제적인 멘토링을 해주는 곳에 가서 충격을 받았어요. 왜냐면 옥한흠 목사님이 이 책을 저작 하셨을 때 단순한 질문 같은데 그 질문을 한 의도가 있음을 알게 되었어요. 질문마다 저자의 목적이 있었던 거예요. 왜냐하면 어떤 것은 관찰의 질문으로 관찰하고 넘어가야 했고, 어떤 질문은 해석 질문으로 해석하고 넘어가야 했어요. 또 어떤 질문은 연구질문으로 깊이 묵상하며 연구하도록 목적을 가지고 집필하셨어요.

그러니까 30년 동안 계속해서 수정된 제자훈련 책은 제가 생각한 것보다 잘 구성되어 있었는데요. 전 그 구성과 목표와 방향성을 잡지 못하고 그냥 나눔 중심으로만 하려고 했던 것을 발견했어요. 나눔이 중요하니까, 적용이 중요하니까. 그런

데 그것이 아니라는 거예요.

이 제자훈련을 옥한흠 목사님과 같이 했던 분의 이야기를 들어보니 제자훈련을 하는 인도자들은 그 저자가 책을 통해 무엇을 이야기 하려고 하는지를 먼저 읽고서 펼쳐 보여줄 수 있어야한다는 거예요.

이 양육교재를 사용할 때도 선택적으로 몇 개의 질문들만 하지 않도록 주의해주세요. 어떤 것은 좀 더 시간을 사용해야 하지만 모든 질문들을 다 그렇게 할 수도 없고, 하지 않아야 해요. 어떤 질문은 아주 간단하게, 어떤 질문은 좀 더 고민해야 해요. 저자의 의도가 무엇인지 파악하고, 전체를 균형 있게 하는 것이 중요해요.

2. 초신자를 교육할 때 질문 하나 하나를 심도 있게 다루어야 하나요?

무리하여 모든 질문을 다 심도 있게 하려고는 하지 마세요. 저자의 의도를 알고, 가르치는 것은 중요해요. 그런데 초신자는 접근을 조금 다르게 해야 해요. 다 펼쳐서 보여주어야 하니까 장황하게 설명하거나 이해를 하지 못하는데 계속 진도만 나가서는 안돼요. 그러면, 너무 버거울 수 있어요.

그렇다면 초신자에게는 어떻게 효과적으로, 지루하지 않게 전할 수 있을까요? 자신만의 각 과에 대한 로드맵을 어느 정도는 가지고 있어야 해요. 그래서 이 과에 공부할 때 이런 큰 그림, 저 과를 할 때는 저런 큰 그림이 있어야 해요.

"서론을 소개하고 바로 1번 질문으로 갔다가 2번 질문으로 갔다가 3번과 4번을 관찰하고, 6번과 7번을 좀 더 심도 있게 해야겠다. 이렇게 관통해서 이 과에서 이야기하는 바가 무엇인지를 나누어야겠다."

그래서 초신자 양육에 있어서 이런 생각이 있어야 해요. "전체에서 이렇게 시간을 배분하여 알려줘야 되겠다." 효과적으로 양육을 하기 위해서는 양육교안을 잘 작성해야 해요. 초신자와 한 주 교육을 길게 한다고 항상 좋은 것이 아니에요. 20분~30분 안에 끝낼 수 있도록 해야 해요.

3. 첫 과를 시작 할 때 어떻게 해야 할까요?

은혜롭게 관계 중심적으로 시작하세요. 처음은 오리엔테이션을 하세요. 101

겨자씨 양육교재는 챕터 1부터 챕터 10까지 구성 되어 있는데요. 사실, 이 책은 12주 과정이에요. 첫 주는 오리엔테이션을 하도록 구성하였고요. 그 뒤 1과부터 10과를 양육하고요. 마지막 주 12주는 '교육을 마치며' 챕터를 하도록 구성 되어 있어요.

첫 주는 오리엔테이션을 하고요. 둘째 주부터 1과를 나가는 거예요. 첫날부터 "1과 펴세요."라고 하면 안 돼요. 이름도 모르고, 어떻게 진행할지도 이야기 하지 않고, 바로 교육하는 것은 기름칠을 하지 않고 기계를 돌리는 것과 같아요. 비효율적이고, 부담스러워 할 수 있어요. 최소한 이름도 나누고, 전화번호도 공유하고, 어떻게 교육할지 나누고, 앞으로 잘 수료하도록 격려하고, 다짐도 받아야 해요. 그래서 처음 시작하는 오리엔테이션은 단순 1페이지가 아니라 앞으로 공부할 1과부터 10과를 잘 열어갈 문의 열쇠와 같아요.

그래서 양육리더는 처음 온 사람에게 "이름이 뭐예요?", "연락처를 좀 주시겠어요?" 부탁해야 해요. 좀 아는 사이라면 "몸무게도 좀 나눠 주시겠어요?" 하거나 "상목 형제님! 결혼 날짜가 언제예요?"라고 물으며 아이스브레이크를 하면 좋아요. 살짝 교육 받는 사람들의 이름, 전화번호, 관심사를 나누면 다음에 1과를 할 때 마음 문을 열고, 더 깊이 교육하고, 각자의 삶을 나눌 때 더 진솔하게 나누어 줄 수 있어요.

사실, 초신자는 얘기를 잘 안 해요. 특히, 내성적인 초신자는 더 얘기를 못하거든요. 그렇지만 오리엔테이션을 하면서 살짝 질문해 주면 서로 마음이 포근해져요. 잘 수료할 것을 서로 다짐을 하고, 간식이 있다면 간식을 먹으면서 편하게 교제하면 더 좋겠지요.

4. 1과에서 10과를 마치고 마지막 주는 어떻게 해야 할까요?

10과를 마치면 "교육을 마치며"라는 페이지가 있어요. 이 마지막 모임을 할 때는 양육생이 더 많이 말하고, 주도하도록 해 주세요!

이'교육을 마치고' 페이지를 꼭 하세요. 첫 번째 질문은 '그동안 양육 받으면서 감사했던 것은 무엇인가요? 하나님에게, 교회 혹 목사님에게, 혹 리더에게.' 편하게 얘기해달라고 하세요. 초신자들도 의외로 잘 나누어 줄 수 있어요.

그러면서 두 번째, 지금까지 양육 받으면서 궁금한 것 좀 얘기해달라고 하면 솔직히 나눌 수 있어요.

세 번째, '양육 받으면서 배우고, 실천하며 변화 된 것은 무엇인지.' 서로 나누도록 해 주세요. 처음 시작하기 전과 지금 다른 점을 말 할 거예요. "저는 성경을 1장씩 읽기 시작했어요.", "요즘 일주일에 한번 정도는 기도하고 자요.", "요즘 교회 나오려고 술친구들 다 끊었어요."

이런 저런 삶의 변화를 듣게 될 거예요. 네 번째는 질문을 던져 주세요. '자유롭게 리더에게 하고 싶은 말은 무엇인가요?' 말로 나누게 하거나 너무 내성적이거나 하면 글로 적어서 내도록 해 주세요.

1과~10과에서는 리더가 많은 얘기를 하였지만, '교육을 마치며'에서는 리더는 듣는 위치에 서도록 하세요. 초신자가 그 동안 느꼈던 것과 자신의 생각들을 진솔하게 얘기할 수 있도록 잠잠히 기다려 주세요. 재차 묻기도 해 주세요.

말을 하지 않아도 머릿속으로 생각하고 있을 수 있어요. 이 마지막 주에 여러분이 12주 동안 어떻게 양육 교육을 했는지 모니터링과 피드백을 받을 수 있어요. 그리고 마지막으로, 앞으로 더 뛰어들 교육과 훈련을 권면해주세요. 잘 모르겠다고 하면, 무엇을 들으면 좋을지 예를 들어 "만화 성경책 프로그램이 있는데 그것 한번 들으시면 좋겠어요. 그리고 1:1 8주 양육교육이 있는데 좋아요."라고 소개를 해 주세요.

"시간을 내서 꼭 그것을 해보라"고 권면해 주세요. 뭘 더 배우고 싶은지도 한번 물어봐주시고, 여러분이 들었던 교육과 훈련을 알려 주세요. 초신자가 처음 와서 어디에서 신청하는지도 모를 수 있으니 그것도 함께 알려 주세요.

5. 오리엔테이션이 끝난 뒤 1과 혹 3과 진도에 새로운 사람이 오면 어떻게 하나요?

오리엔테이션이 끝난 뒤 들어오는 양육생이 있을 수 있어요. 이 경우 어떻게 해야 할까요? 지난 주 혹 몇 주 전 오리엔테이션은 이미 다 끝났는데요. 양육하는 리더가 많다면 매주 오리엔테이션부터 하면서 1~10과를 나갈 수 있어요. 그러나 양육하는 리더가 많지 않을 때는 양육 중간부터 들어 올 수 있어요.

그런 경우, 아주 간략한 오리엔테이션을 하고, 그 해당과를 진행 주어야 해요. 매주 오리엔테이션을 길게 하고, 매주 새로 온 사람으로 이름과 연락처를 나누고, 매번 끝까지 열심히 해서 수료를 하겠다는 결단을 받을 수는 없어요.

6. 양육생이 잘 참여하도록 어떤 방법을 사용해야 할까요?

1과를 진행할 때 이렇게 해 보세요. "우리 수경 간사님은 1과 창조를 읽어 보았나요?" 수경 간사님이 읽어 보았다면, 간략히 어떤 내용인지 요약해 주세요!"라고 부탁해 주세요.

그럼, 수경 간사님이 초신자라면 아는 내용을 정리해서 말할 거예요.

"우리 몸에는 각각 여러 가지 기능을 가지고 있는 조직들이 있는데 그 조직들은 세밀하게 만들어져있고 각 각의 일을 하지만 하나이고 그것을 사람인 누군가가 만들기에는 쉽지 않아요."

그렇게 대답할 때 격려를 해 주어야 해요. 일단, 잘 읽든 못 읽든 격려를 해 주시고요. 양육생이 수동적으로 있다가 지루한 시간을 보내지 않도록 해 주세요. 질문을 읽게 하든지, 성경 구절을 읽게 하든지, 쉬운 질문을 주고 답변하도록 해야 해요.

7. 양육생과 교육을 할 때 주의 점은 무엇이 있나요?

"네. 그게 핵심이에요.", "아주 잘 대답해 주셔서 감사해요.", "정말, 예습을 잘 해 오셨네요." 제가 처음에 교재 1과 도입 글을 쓸 때요. 조금 복잡한 세포를 예로 잡았어요. 그런데 그 내용이 너무 복잡한 거예요. 이 초신자 양육 시간이 과학 증명 시간이 아니잖아요. 도입은 1과의 내용을 연결 시켜주는 이야기잖아요. 그래서 그 내용이 아닌 더 짧고 쉬운 이야기를 가져 온 거예요. 그러니 너무 도입 질문에 많은 시간과 에너지를 소비하지는 마세요.

세포, 세포의 핵, 그 핵 안에 또 구성요소를 장황하면 설명하면 안 돼요. 그러면, 초신자가 한번 양육 받고, 더 이상 교회를 안 나올 거예요.

이 도입 이야기를 통해 강조할 내용은 바로, 복잡한 인간의 몸을 창조하신 분이 계셔야 한다는 것이 목표에요.

8. 양육생이 질문을 많이 하는데 어떻게 해야 하나요?

믿은 지 얼마 안 된 양육생 혹 교회를 오래 다닌 양육생 중 질문을 많이 하는 지체들이 있어요. 예를 들어 창조에 대해 나눌 때 우리는 성경을 통해 누가 창조하셨는지 알려 주어야 해요. 그러나 변증적으로 해야겠다고 하며 진화론의 기원, 문제점, 대안을 다 나누려고 하면 안돼요.

헤겔이 말한 정반합의 방식으로 양육교육을 할 수 없어요. 그렇게 했다가는 시간이 부족하고요. 열 띤 토론은 할 수 있지만 창조주 하나님에 대해는 배우지 못해요. 진화론 이야기로 시작하여 진화론으로 끝날 수 있어요. 이렇게 양육을 하면 초신자는 이렇게 생각해요. '야 이거 재밌다. 오늘 토론이나 해보자.' 그러면 믿음이 생기는 것이 아니라 더 강한 의문이 생기게 되어요.

그 의문을 다루기는 해야 해요. 언제 다루어야 할까요? 바로, 초신자 교육 후 바나바 1:1 양육을 할 때 더 깊이 나누고 숙고해야 해요. 12주 초신자 과정에서 진화론을 논하는데 양육시간을 다 할애 하는 것은 지혜롭지 않아요.

진화론은 301 양육 할 때, 깊이 다루어요. 그 때 논리적으로 반박하며 점검해야 해요. 301에서 다양한 창조론을 다루어요. 오래된 지구 창조론, 젊은 지구 창조론, 점진적인 창조론, 유신론적인 창조론과 지적설계론을 논해요. 여러 창조론 중에 우리가 무엇을 믿어야하는지 다루어요. 진화론도 한 가지만 있는 것이 아니며, 그 문제점들도 많기에 나중 토론하고, 변증해야 해요. 그러나 101 겨자씨 양육이 아니라 301 혹 401 다림줄 양육 때 해야 해요.

그러니까 101 양육내용과 관련 없는 질문들은 잘 커트해야 해요. "세상을 누가 창조하셨어요?"라는 질문에 "창조주 하나님이 하셨다."는 사실을 알려 주어야 해요.

그러면 어떤 양육자는 "하나님이 선하다고 그러면서 전쟁을 일으켰어요? 아프리카 사람들은 복음을 듣지 못하는데 그거는 어떻게 해요?" 거기에 다 답을 해 주기를 원해요. 그런데, 양육 시간에 이런 질문들을 다 다루면서 그 질문자의 의문을 다 불식시키면 좋겠지만 그렇지 않아요. 질문이 또 다른 질문으로 이어지고, 나누어야 할 교육 내용을 전혀 나누지 못할 수 있어요.

9. 양육을 진행 때 주의 점은 무엇인가요?

질문을 할 때 골고루 해 주세요. 서로 돌아가며 읽도록 해 주세요. "이영 자매님이 한번 읽어주겠어요?" 네, 감사해요. "옆에 있는 가은 자매님이 창세기 1장 1절을 읽어주시겠어요?" 이렇게 부탁해 주세요.

너무 한 사람에게만 질문을 많이 하지 마세요. 그리고 질문 혹 성경을 읽은 뒤 "와~ 너무 잘 읽었어요. 목소리가 너무 예뻐요." 이렇게 칭찬을 해 주세요.

너무 기분이 좋을 것이고, 다음에는 더 잘 준비해 와서 읽고, 양육에 더 적극적으로 동참하게 될 거예요.

10. 양육 가르칠 때 놓치지 않아야 할 사항은 무엇인가요?

1과에서 땅의 혼돈과 공허를 나누는데요. 단순히 이 땅의 내용만 다루어서는 안 돼요. 실제로, 사람 마음에 혼돈과 공허가 있음과 그 혼돈과 공허 속에 오는 외로움은 없는지 점검해 주어야 해요. 그래서 주님이 필요한 존재임을 알려 주어야 해요. 이렇게 성경의 내용과 실제적인 삶을 같이 논해 주어야 해요.

양육교사가 꼭 기억해야 할 것이 있어요. 바로 매 과마다 회개, 복음, 결단, 영접이 들어가 있어야 해요. 초신자는 1주 만 오고 안 올 수 있어요. 2과를 참석하고 나중에 7과를 교육할 때 올 수 있어요. 드문드문 와요. 그런데 회개, 영접, 결단 내용이 어느 한 챕터에 국한 되어 있으면 복음이 무엇인지 모르고, 주님의 자녀로 영접할 수 없어요.

그래서 각 과에 복음적 요소, 회개의 결단, 주님을 영접, 천국으로 가는 기쁨을 알려 주도록 구성 되어 있어요. 1과는 칭의, 2과는 성화, 3과는 영화 주제로 배열하지 않았어요. 언제 오든지 복음에 대해 알고, 예수님을 영접하고, 천국의 백성이 되도록 구성하였어요.

1과의 핵심은 첫째 날 무엇을 창조하고, 셋 째날 무엇을 창조하고, 여섯 째날 인간을 창조한 것이 아니에요. 예수님을 믿음으로 공허가 없고, 천국의 평화를 이 땅에서도 누리는 복음을 드러내 주는 거예요.

각과의 맨 끝에는 기도가 있어요. 타락을 포커스로 해서 무엇이 타락했는지를 알려 주고 마치는 것이 아니라 우리가 죄인이라는 것을 알고 주님을 의지하고 살도록 해야 해요.

2과에서는 '육체를 따르지 않고 성령님을 따라 살도록 같이 기도해요.' 이는 양육생이 타락한 인간에서 주님의 도움을 받아서 회복되도록 해야 해요. 이를 위해 여러분이 '항상 내가 어디에 포커스를 두고, 결단 기도까지 이끌고 가야할지 선명한 로드맵이 있어야 해요.

그래서 1과에서 중요한 것은 세상 창조 자체가 아니에요. 이를 넘어서 창조된 피조물인 우리 마음이 어떠한지 논해야 해요. 1과에 '혼돈과 공허'라는 내용이 있었죠. 그 부분을 다룰 때 내면의 혼돈과 공허도 잠시 다루어야 해요.

그런 부분은 다루지 않고, 1차적인 창조만 다루어서는 안돼요. "하나님이 창조하신 세계는 어땠냐면요. 첫째 날에는 빛, 둘째 날에는 뭐예요? 셋째 날에는 뭐예요? 넷째 날에는 뭐예요? 다섯째 날에는요? 여섯째 날에는요?" 너무 단순 질문만 하고 넘어가서는 안 돼요.

창조를 다룰 때 "사람들에게는 어떤 복을 주셨나요? 다른 피조물에는 복을 주시지 않았는데 사람에게는 어떤 복을 주셨나요?"하며 조금 생각해 볼만 한 질문을 해야 해요. "생육하고 번성하고, 땅에 충만하고, 땅을 정복하도록 하셨어요." 즉, 모든 생물을 다스리도록 하셨어요. 그런데 문제가 생기게 되죠. "이 부분을 한 번 한나 자매님이 읽어줄래요?"

"네, 사람이 번성하고, 정복하고, 다스리도록 하셨어요. 하나님의 형상으로 지음 받은 우리에게 하나님의 청지기로서 이 직무를 맡기셨어요. 이를 문화명령이라고 해요. 우리의 존재가치가 하나님의 형상에서 비롯되었다는 사실을 확신하는 자는 세상에 속박당하고 비참하게 사는 것이 아니라 힘 있고 승리하는 삶을 살 수 있어요." 이런 부분을 우리는 양육 때 강조해야 해요.

"창조의 원래 목적이 무엇인가? 생육하고 번성하고 다스리는 것인데 우리는 지금 어떠한가?" 알고, 숙고하게 해야 해요. 결국 그렇게 하지 못한다는 거죠. 인간이 이렇게 연약한 존재이고, 속박당하고 비참하게 사는 존재일 수 있음을 언급해야 해요. 그러나 단순 정죄 감으로 마치는 것이 아니라 우리가 어떻게 승리하는 삶을 살아야 할지 가이드를 주어야 하고요.

선지서는 처음과 중반에는 정죄를 하시지만 마지막에는 희망과 소망의 부분으로 마쳐요. 이처럼 양육을 할 때 죄를 지적하는 단계를 넘어 어떻게 주님께 나아가 희망과 소망을 얻을지 가르쳐 주어야 해요.

11. 결단기도는 어떻게 해야 할까요?

결단기도는 같이 하세요. 먼저, 여러분이 읽고, 양육생이 여러분을 따라하게 하세요. "제가 먼저 읽겠습니다. 저를 따라하세요. 천지를 창조하신 주님, 태초에 저를 계획하시고, 이 땅에 보내어 주셔서, 감사드립니다. 주님을 제 마음에 모시고, 제 마음 속에, 혼돈과 공허가, 사라지게 해 주세요. 이 세상에 사는 동안, 참 평안과 안식을, 누리기를 소원해요. 저를 흙으로 지으시고, 생기를 불어 넣어 주신 주님! 제가 이 땅에서, 떠나는 날, 천국으로 들어가, 영원히 살게 해 주세요. 감사드립니다. 예수님의 이름으로, 기도드립니다. 아멘."

처음에 '기도해요.' 이 부분을 한 과만 집어넣으려고 했어요. 그런데 새가족팀 오랫동안 담당한 최하나 전도사님이 다 집어 넣어야한다고 하는 거예요. 그래서 그럼, 전도사님께 만들어 달라고 부탁하려고 했었는데요. 각 기도 부분이 각 과의 핵심 내용이 들어가야 하니 제가 만들면 좋겠다고 하였어요. 그래서 각 과에 기도문이 들어가게 되었어요.

그런데 지금 와서 보면, 각 과에 가르친 내용을 입술로 고백하면서 결단할 수 있어서 너무나 좋은 것 같아요.

12. 양육을 더 풍성하게 하려면 어떻게 해야 하나요?

질문이나 궁금한 사항을 물어 보게 해야 해요. 수동적으로 듣기만 하지 않도록 해야 해요. 다 이해 할 수 없는 것은 다시 물어보도록 해 주세요.

어떤 지체는 이런 질문을 했어요. "목사님! 정말 궁금해서 그런데...도마가 주방에서 사용하는 그 도마인가요?"이런 질문은 그래도 괜찮았어요. 정말 황당한 질문은 교회를 꽤나 다녔다는 양육생이 이런 질문을 했어요. "근데...시편 기자가 방송국 기자 뭐...그런 기자인가요?"

양육생을 교육하면 생각보다 엉뚱한 질문을 많이 해요. 그런데 이렇게 양육을 1:1 혹 소그룹으로 하니 정말 궁금해 하는 것들을 들을 수 있고 거기에 제대로 답해 줄 수 있는 것 같아서 참 좋아요.

13. 양육생과와의 삶 나눔은 어떻게 해야 할까요?

초신자와의 삶 나눔이 깊이 될까요? 실제적으로 잘 안 되는 듯해요. 그래서 처음에는 짧게 하고, 단순한 삶부터 나누어야 해요. 그러다가 점점 더 익숙해지면 좀 더 길게 깊이하면 좋아요.

너무 양육생에 대한 기대가 없고, 평가를 절하해도 좋지 않아요. 너무 길게 하려고 하지 않아야 해요. 초신자들 중에는 빨리 마치고 집에 가고 싶은 사람들이 있어요. 너무 오래 붙잡고 질리게 하면 다음에는 안 올 수 있어요.

50분을 넘게 가르치는 것은 문제가 될 수 있어요. 어떤 교역자는 이렇게 얘기했어요. 질문을 1번부터 7번까지로 하면 너무 길 것 같다는 거예요. 그런데 너무 교육을 빨리 마치는 것도 문제이고, 너무 길게 해도 문제라고 생각해요. 30분 미만으로 1번에서 7번 질문 중 4~5개를 너무 짧지도 않고 길지도 않게 하는 것을 권면합니다.

14. 양육생과 말씀을 나눌 때 너무 힘들지 않을까요?

단편적이고 표면적인 이야기만 하려고 하지 않아야 해요. "하나님은 천지를 창조하시고, 칠 일 째는 무엇을 하셨나요?" 안식에 대해서 이야기 하면서 우리에게도 안식이 필요함을 말씀하셨어요. 이런 내용을 전달 할 때 양육교사는 양육생이 겪게 될 말씀의 위력에 대해 간과해서는 안 돼요.

주님 안에 거할 때 안식할 수 있음을 이렇게 전하면 되어요. 마태복음 11장 28절을 고은 자매님이 한번 읽어주세요.

"수고하고 무거운 짐 진 자들아 다 내게로 오라 내가 너희를 쉬게 하리라"

사실, 주님은 우리가 주님에게 오기를 원하세요. 세상이 줄 수 없는 안식을 주시기를 원하세요. 그런데 양육할 때 '안식을 주기를 원하세요.'라는 부분을 말하지만 훈련교사에게는 그렇게 크게 다가오지 않을 수 있어요.

우리는 이미 평안, 은혜를 누리고 있고요. 이미 배가 부르고, 춥고 배고프지 않아요. 그러니 양육생 만큼 크게 느끼는 바가 없을 거예요. 그러나 우리가 처음 믿을 때의 그 감격과 은혜를 생각하며 나누어야 해요.

예를 들어서 좋은 핸드백을 가지고 있어도 처음에만 좋지요. 1, 2년이 지나면 그냥 가지고 있는 가방으로 느껴져요. 핸드백이 없는 사람은 핸드백을 보면 '와 나도 저것 가지고 싶은데...' 이렇게 부러워하는데 말이에요.

똑같이 양육생이 '안식', '쉼'이라는 단어를 들으면 충격을 받게 되어요. 저는 태신자들이 교회에 와서 정착하고 나중에 식사를 할 때가 있는데요. 교회에 왔을 때 어떤 것이 신선한 충격이었는지 물어보면 이런 대답을 듣곤 해요. "결혼자 커플이 앞에 나와서 축복을 받는 것을 보고 충격을 받았어요."

태신자 초청예배인 For You 예배 때 예배 시간을 줄여야한다고 생각해요. 실제로, 길면 초신자들이 힘드니 결혼 축복을 빼려고 한 적이 있었어요. 왜요? 길어지니까요. 그런데 제가 안 된다고 그랬어요. 왜냐면 태신자의 눈에는 '교회는 저렇게 축복을 해주는 곳이네? 저 사람은 결혼을 하는데 교회에서 결혼을 하는구나? 나랑 결혼은 먼 것 같은데, 나랑 결혼은 상관없는 것 같은데 이 사람들이 웃으면서 밝게, 배가 아플 텐데 밝게 축복을 해주네...특이하네...' 이렇게 생각하고, 교회 안에 일반적인 것이 처음 교회 온 사람에게는 충격으로 와 닿는 거예요.

그래서 저는 태신자가 교회를 바라보는 것이 우리가 보는 것과 다르다는 것을 알아요. 교회에서 축복할 때 우리가 그냥 의례적으로 꽃다발 전해주는 것인데요. 그들에게는 다르게 보여요.

이와 마찬가지로요. "형제님이, 자매님이 안식을 누릴 수 있어요." 이 말이 아무 말도 아닌 것 같지만 양육자가 이 말을 들으면 마음이 무너질 수 있다는 거예요. 충격을 받을 수 있어요.

우리 밤에 뜨는 별 기도회 시간에 초신자들 많이 오잖아요. 그런데 초신자들 대부분이 이렇게 말해요. 밤별에 설교를 듣지 않았는데, 찬양을 하지 않았는데, 그냥 의자에 앉아 있었는데 눈물이 난다는 거예요. 처음부터 끝까지 그냥 눈물이 난데요. 자기도 모르겠대요. 그런데 이것이 하나님의 역사인 것 같아요.

양육자가 이 한 구절 "수고하고 무거운 짐 진 자들아 다 내게로 오라 내가 너희를 쉬게 하리라." 이 한 구절만 제대로 읽게 하고 그것만 붙잡게 해주어도 인생의 변화가 있을 수 있어요

마틴 루터는 로마서 1장 17절을 읽고 인생의 자유함을 가졌어요. 신앙인이었지만 이신칭의라는 교리를 깨닫게 되고 수많은 종교의 타락에서 기독교가 타락하지 않도록 종교개혁가로 거듭나게 되었다는 거예요. 수많은 구절들이 아니었어요. 한 구절이었어요. 한 구절!

그래서 여러분들이 때로는 이렇게 생각할 수 있어요. '이것을 꼭 해야 할까? 이것을 이해할 수 있을까? 너무 딱딱하지 않을까?' 그런데 성경으로 부딪혀서 성경으로 가게 하는 것이 굉장히 힘이 있다는 거예요.

제가 금요기도회 인도할 때 기도회를 와보신 분도 있겠지만 제가 금요기도회를 인도하거나 기도십일조를 인도하거나 할 때 말을 많이 하지 않아요. 기도문 읽게 하고, 바로 기도하게 하고, 또 기도제목을 주고, 기도하게 하고 찬양하게 하고, 기도하게 하는 이유가 뭐냐면 사람의 말이 많아지면 우리는 도움이 될 것 같은데 기도가 끊겨요. 그리고 파워가 끊겨요. 그러면 기도회는 어떻게 인도해야하냐면 찬양을 하고 기도제목을 주고 바로 기도하게하고, 또 기도제목을 주고 기도하게 하고, 또 기도하게 하고, 찬양하게 하고, 찬양하게 하고, 기도하게 해야 이 기도가 폭발력이 있다는 말이죠.

여러분들이 양육 인도할 때도 똑같아요. "아 있잖아요. 제가 옛날에 사귀었던 오빠가 있는데요. 여러분! 그것 알아요? 그 오빠가 아이고!!" 그렇게 하면 엄청 재밌을 것 같은데 짜증이 난다는 거예요.

현재 남자친구도 아니고 옛날 남자친구를 자꾸 왜 이야기하는지 모르겠어요. 이런 개인적인 이야기가 도움이 될 때가 있지만 독이 될 수도 있어요. 어쨌든 여러분들이 양육할 때에는 양육자가 겪게 될 말씀의 파워에 대해 간과하지 말고 말씀 자체에 집중하려고 노력해야 해요.

초신자반 실제 데모

자! 기영이가 진짜 초신자들에게 하듯 잘 보여주었는데요. 어떤 점이 좋았나요? 네, 골고루 사람들을 잘 동참 시켰고요. 네, 친절했어요. 네, 맞습니다. 실천까지 할 수 있게 해주었지요. 자신이 하는 것과는 달리 이런 부분은 좋았다 하는 것이 더 있나요?

"여유가 있었던 것 같아요. 처음에는 '언제 끝나지?' 이런 생각을 조금 했는데요. 도입을 쫙 하면서 그 안에 다룰 내용이 싹 들어갔고요. 그러면서 전체 진행이 굉장히 매끄러워서 좋았어요. 그리고 끝난 뒤에 양육자들과 같이 식사까지 하는 이야기가 신선했고요. 알아야 할 광고 내용 그리고 밤에 뜨는 별 예배도 가자고 얘기했던 것이 상당히 좋았던 것 같아요.

다음 주는 누가 데모 진행 해 주나요? 네, 진형이가 준비해 주세요. 그러면 3과를 한번 볼게요. 3과는 원죄와 자범죄에 대한 이야기이에요.

원죄와 자범죄인데 초신자에게 원죄와 자범죄 이 두 가지를 다 설명하기에는 어렵지만 두 가지를 다 설명해주어야 해요. 원죄는 예수님의 구속으로 단번에 사해지지만 자범죄는 우리가 계속해서 성화의 삶을 살면서 회개해야한다는 것을 설명을 해주어야 해요.

그래서 처음에 1번 질문은 "인간은 어떤 상태에 있는가?"에요. 인간의 상태는 죄로 인해서 무능력한 상태였다는 거죠. 그리고 2번째 질문은 원죄를 가지고 태어난다는 거예요. 그러면 왜 무능력한가요? 원죄가 있기 때문에 그렇지요. 죄가 우리를 덮치고 있기 때문에 그렇다는 거죠. 그래서 십계명과 율법을 주셨어요. 죄를 더 범하지 않도록 그래서 어떤 면에서는 더 이상 넘어가지 않도록 경계를 정해서 더 이상 이 죄가 확산되지 않도록 하셨던 거구요.

그렇지만 3번에 율법이 순기능만 가지고 있는 것이 아니고 율법이 또 죄를 짓게 할 수도 있어요. 예를 들어서 도적질을 모르는 사람이 율법에 도적질 하지 말라고 그러면 도적질이 뭐지? 하고 도적질에 대해서 관심 있게 한다는 말이죠.

여러분 예전에 사건 24시, 추적 60분 이런 프로그램들이 있었는데요. 그것이 좋은 방송인 것 같았는데 어떻게 도둑질을 하는지를 가르쳐주는 그런 프로그램이 되었던 거예요. 범죄의 재구성 이런 것 있죠? 범죄자가 우유 통에 손을 집어넣어서 문을 딸 수 있구나. 사람들은 몰랐는데 그런 것들이 오히려 도둑들에게 범죄의 방법을 알려주는 교과서 같은 역할을 하게 되었어요. 율법의 역할도 그렇게 될 수 있다는 거죠. 그것이 역기능이라는 것이고요.

그러면 하나님께서 율법으로는 인간의 죄가 다 해결될 수 없으니까 하나님께서 주신 것이 무엇이냐? 예수님을 이 땅에 보내어 주셨다는 거죠. 율법이 우리의 죄를 잡아주지만 율법의 순기능으로 우리의 죄를 다 커버할 수 없으니까 온전하신 예수님을 통해 우리를 구원하시기 위해서 예수님을 보내주셨던 거예요. 하지만 우리는 여전히 회개할 죄인이지요.

왜 우리는 여전히 회개할 죄인이라는 걸까요? 우리가 아까 자범죄에 대한 이야기를 했잖아요. 한 번 사함을 받고, 한 번 회개를 하고 죄와 상관없이 사는 존재가 아니에요. 그러면 구원파가 되어버리거든요. 원죄와 자범죄 두 가지가 다 있다는 것을 설명을 해주어야 해요.

예수님이 원죄와 자범죄 모두를 다 사해 주셨지만 우리는 아직 죄성을 가지고 이 땅에서 살아가기에 죄를 지으면 회개해야 함을 알려 주어야 해요. 구원파는 예수님이 모든 죄를 다 사해 주셨기 때문에 구원 받은 뒤 회개를 할 필요가 없다고 해요. 구원파의 이런 교리로 세월호 사건 때 선장과 선원들은 선량한 시민들을 버리고 자신들만 배에서 탈출하고 수많은 사람들을 죽이고도 양심의 가책이 없어요.

3과에 대한 질문, 혹은 추가하고 싶은 것 얘기해주세요. 자, 이 101 겨자씨 양육의 하이라이트는 제가 볼 때는 영접인 것 같아요. 영접. 그리고 죄를 고백하는 것이에요. 이것이 계속해서 양육할 때 있어야 해요. 각 과에서 영접 아니면 죄에 대해서 자기가 예수님이 필요하다는 것을 계속해서 상기시켜 주세요.

영접의 첫 번째 스토리는 뭐냐면 밴쿠버에서 5세 이하에게 무료 곤돌라 티켓을 주는 거예요. 그런데 5세 이하 아이에게도 표를 검사한다는 거예요. 표가 무료인데 왜 그럴까요? 우리가 생각할 때에는 5세 이하 어린 아이는 무료니까 그냥 태워줄 것 같잖아요. 그런데 캐나다에서는 그렇지 않아요. 거기 매표소에 가서 똑같이 줄을 서고, "무료권 주세요."하고 무료권을 받아서 가지고 와야지 아이가 무료로 탈 수 있어요. 참 희한하죠. 딱 봐도 어린아이인데요. 그런데 그 무료 티켓이 없으면 안 되고, 없으면 돈을 내야해요. 무료인데 달라고 해서 받아 와야 해요. 이것이 우리가 복음을 알고, 주님을 믿고 구원을 요청하고 거저 받는 것과 유사해요.

구원은 무료라고 하잖아요. 거저 받는 거라고 하잖아요. 그런데 내가 예수님께 "저는 죄인이에요. 구원해주세요."라고 하지 않으면 안 돼요. 교회 나온 것이 중요한 것이 아니에요. 교회생활을 오래한 것도 중요하지 않아요. 정말 구원을 받는 것은 "내가 예수님을 영접하겠어요!"라는 고백이 있어야 해요.

그러면 예수님은 어떤 분이신가요? 왕, 제사장, 선지자. 이 세 가지. 3중직을 가지고 계세요. 예수님은 어떤 역할을 하셨냐면 첫 번째 왕으로서는 그냥 다스리는 거예요. 다스림! 두 번째와 세 번째, 제사장과 선지자는 비슷한 부분이 있어요. 왜냐하면 제사장도 하나님 앞에 나아가고, 선지자도 하나님 앞에 나아가거든요. 그런데 둘의 차이는 뭐냐면 제사장은 출발이 백성에서 출발하여 하나님께로 가요. 제사를 지내기 위해서 사람들의 죄를 가져다가 하나님께 가는 사람이 제사장이에요.

반면, 선지자는 하나님이 자꾸만 계시하시는 거예요. 그리고 선지자에게 말씀하시는 거예요. 그래서 하나님이 앞에서 하나님의 마음을 백성에게 전달하는데요. 그 출발점이 하나님이에요. 이런 차이가 있다는 것이죠. 그래서 예수님은 선지자적인 날카로운 지적도 하셨고, 제사장처럼 백성들의 죄를 끌어안고 우셨고, 왕으로서 바리새인들과 종교지도자들을 혼내면서 질서를 잡으셨어요.

5번에는 구원자 예수님을 받아들이지 않은 내용이 있어요. 사람들이 안 받아들일 수 있다는 거예요. 왜 안 받아들였을까요? 영접하지 않은 자의 이유를 이렇게 말씀해요. '빛이 어둠에 비치되 어둠이 깨닫지 못하더라.' 요한복음 1장 5절은 우리의 본질상 빛을 싫어하는 인간임을 말하고 있어요.

영접하지 않은 자는 예수님에게 어떻게 행동했나요? 그 사람들은 예수님을 모욕했죠. '성전을 헐고 사흘에 짓는 자여.'라고 희롱했죠. 41절에. 그리고 42절에 '십자가에서 지금 내려올지어다.'라고 권위에 도전했죠.

그리고 7번에 구원에 있어서 양육자에게 이런 질문이 있을 수 있어요. "전 아무것도 안했는데 그런데 어떻게 제가 구원을 받아요?" 그런데 예수님이 돌아가실 때 강도는 십자가에 매달려있는 사람으로 아무것도 할 수도 없는 처지였어요. 손과 발이 묶여있지만 그때 한명은 예수님을 인정했고, 한명은 부인했죠. 그런데 그 인정한 사람을 예수님이 "오늘 네가 나와 함께 낙원에 있으리라." 하셨죠.

이것이 영접이고, 구원을 선물로 받는다는 거예요. 그리고 같이 영접기도를 하세요. "저는 천국에 갈 자격이 없는 죄인이에요. 그러나 그런 저를 위해서 이 땅에 오셔서 감사해요. 저에게 구원을 주시기 위해서 십자가에서 돌아가 주셔서 감사해요. 주님이 돌아가실 때 옆의 한 강도가 주님께 고백하였듯 이 시간 주님을 나의 주님으로 고백하오니 저를 낙원으로 인도하여 주세요."

양육 때 시간배분을 잘 하시고 너무 왕, 선지자, 제사장에 꽂혀서 거기만 길게 설명하다가 결단기도로 가지 않아야 해요. 질문 있나요?

"카톨릭은 선한 행위가 있어야 구원을 온전히 이룰 수 있다고 하는데요. 이런 질문을 어떻게 설명 하지요?"

아까 티켓을 받는다고 그랬죠? 티켓을 받아 왔어요. 그 티켓을 받으면 탈 수 있죠. 그런데 티켓이 예를 들어서 좀 지저분해졌어요. 조금 공기에 오염이 되었어요. 좀 낙서가 되어있어요. 좀 젖었어요. 좀 지저분하게 짝 잘렸어요. 그러면 그 차장이 "더러우니까 안 돼! 찢겼으니까 안 돼!" 이렇게 하지 않잖아요. "너는 티켓이 있으니까 오케이. 일단 티켓이 오래되어도 병들어도 그것이 티켓이니까 오케이." 우리에게 구원 받은 뒤 어떤 오점이 있기에, 선행이 부족하기에 구원 받지 못한다고 하면 카톨릭화 되는 거예요.

분명히 칭의를 받은 뒤 성화의 삶을 살아가려고 해요. 그러나 선행을 하기에 우리의 구원이 온전해 지는 것은 아니에요.

카톨릭의 주장이 무엇이냐 "너네 칭의만 받았다고 구원 확신할 수 있냐? 아니지 노력해서 선행을 해야지. 그러니까 선행을 안 하면 너네 구원이 사라질 수 있어." 그래서 이 구원을 선행에 의한 인간의 획득으로 천주교에서는 얘기를 하는 거예요.

그런데 우리는 그런 것이 아니에요. 하나님의 선택과 그리스도의 의로 구원을 받는 거예요. 끝까지 우리의 구원을 주님께서 이끌어 주세요. 이 그것이 무엇이냐면 성도의 견인이에요. 견인이라는 것은 뭐예요? 고장 난 차가 견인되어 갈 때 고장 난 차 안에서 핸들을 잘 돌려야 견이 될까요? 브레이크를 열심히 밟아야 할까요? 바퀴를 딱 들어가지고 브레이크를 잡던 핸들을 이리 저리 돌리던 그냥 견인해 가는 거죠. 그래서 이 성도의 견인 교리는 카톨릭과 이런 자력구원을 말하는 종파에서는 없어요.

그러나 구원 받은 성도는 아직 세상에 있으면서 죄를 지어요. 그러나 우리가 회개하면 용서해 주세요. 예를 들어서 남자친구랑 여자 친구랑 질투하고 싸울 때가 있죠? 그럴 때 서로가 사과하잖아요. "미안해!" 그러면 "그래. 그럴 수도 있지 뭐..."하고 용서해 주지요. 조그마한 죄를 지었다고 해서 "우린 절단이야. 내가 네게 준 선물 다 다시 내 놔." 이렇지는 않아요.

자녀를 키우면 거짓말하고, 게으르기도 하고, 불순종 할 때도 있어요. 그렇다고 부모와 자녀 관계가 쉽게 끊기지 않아요. 하나님께서도 예수 그리스도의 의로 자녀 된 우리를 어떤 사사로운 죄 하나로 자녀 됨을 포기하지 않으세요.

예수님이 십자가에서 돌아가실 때 양쪽에 강도들이 있었어요. 그 중 한 강도는 예수님을 영접하였어요. 십자가에 달려 아무런 선한 행위도 할 수 없는 강도에게 예수님께서는 자신과 함께 낙원에 있으리라 말씀하셨어요. 그 강도는 이미 세상 사람들이 봤을 때 진짜 죽어야하는 죄를 가지고 있는 사람이었어요. 작은 죄 정도가 아니라 누군가를 살인하였을 수도 있고, 누군가를 상당히 폭행 했을 수도 있어요. 엄청난 죄를 지었기에 십자가에서 처형 당해야 했어요.

그러나 예수님을 영접하자 지금까지의 모든 죄들을 사해주셨어요. 선한 행위로 구원 받는 것이 아니라 구원 받고, 선한 삶을 살아가는 것이지요.

네 좋은 질문이에요. 실제로 양육할 때 있을 수 있는 질문이니까요. 답변이 잘 되었는지 모르겠네요. 혹 여러분이 모르는 질문을 양육생이 물어 올 때 좀 더 알아보고 알려 주겠다고 이야기하고 나중 가르쳐 줘도 되어요.

301 양육교재
지침서 및 가이드북

Orientation

오리엔테이션

1. 교재의 끝 부분에 있는 생활과제를 매주 해 주세요.

2. 마지막 페이지에 있는 체크리스트를 매주 작성해 주세요.

3. 301 양육교재 각 과 예습을 꼭 해 주세요.

4. 지각과 결석은 주의해 주세요.

5. 성경공부가 아니라 훈련이 되도록 노력 해 주세요.

Chapter 1

다른 신들을 네게 두지 말라

“

출애굽기 20장 1-3절

다른 신들을 네게 두지 말라

말씀구절 | 출 20:1-3

01 하나님이 이 모든 말씀으로 말씀하여 이르시되
02 나는 너를 애굽 땅, 종 되었던 집에서 인도하여 낸 네 하나님 여호와니라
03 너는 나 외에는 다른 신들을 네게 두지 말라

암송구절 | 출 20:3

03 너는 나 외에는 다른 신들을 네게 두지 말라

『사랑하셔서 질투하시는 하나님』

예일대학의 심리학 교수 살로비(P. Salovey)박사는 미국 범죄의 20%가 질투 때문에 생긴다고 했습니다.

그런데 질투의 특성 중 하나가 자기와 관계없는 것에 대하여는 거의 질투를 하지 않는다는 것이었습니다. 예를 들어, 식당을 운영하는 사람이 어떤 가수가 노래를 잘 한다고 질투하지 않습니다. 운동선수가 미술가를 질투하지 않습니다. 빌딩을 건설하는 사람이 분식점 주인을 질투하지 않습니다.

질투는 같은 분야에서 경쟁관계에 있을 때 하게 됩니다. 사람에게 있어 질투는 아주 가까운 인간관계 속에서 일어납니다. 특별히 가까운 관계에서 더 질투하게 됩니다. 부부관계, 애인관계, 친구관계에서 사랑하는 만큼 더 큰 질투가 존재합니다.

하나님은 주님의 백성을 너무나 사랑하셔서 질투하십니다. 무엇보다 여호와 하나님이 아닌 헛된 우상을 신으로 섬기는 것을 견디지 못하십니다.

1. 최근에 여러분이 제일 많이 관심 갖는 사람은 누구인가요? 가장 신경 쓰고 있는 일은 무엇인가요? 서로 나누어 주세요.

(최근에 관심 갖는 사람 또는 일이 하나님보다 앞서지는 않는지 서로 나누면서 점검하게 해 주세요.)

2. 모세는 시내 산에 올라가 하나님의 말씀을 받았습니다(출 20:1). 여러분에게도 이렇게 하나님께서 강력하게 말씀 해주신 적이 있나요? 여러분이 평생 간직하고 있는 하나님의 말씀은 무엇인가요?

(출애굽기 20:1
하나님이 이 모든 말씀으로 말씀하여 이르시되

"저는 개인적으로 고린도후서 10:5-6 말씀을 듣고 평생 마음에 새기면서 살아가려고 합니다."라고 본인이 간직하고 있는 말씀을 먼저 나눠주시고, 지체들이 서로 어떤 말씀을 간직하고 사는지 나누도록 해 주세요.)

3. 왜 하나님은 십계명을 주시기 전에 자신이 과거의 하신 일을 말씀하셨을까요(출 20:2)?

(출애굽기 20:2 나는 너를 애굽 땅, 종 되었던 집에서 인도하여 낸 네 하나님 여호와니라

속박된 그의 백성을 자유롭게 하신 분이 하나님 자신임을 계시하시면서 기억하기를 원하셨습니다. 동시에 앞으로 주시는 계명을 지키면서 거룩한 백성으로 살면 축복이 있음을 알기 원하셨습니다.)

4. 고대근동에는 어떤 다른 신들이 있었을까요?

풍요와 성공의 신, 바알

고대 근동의 신들 가운데서 가장 두드러진 활동을 나타낸 신들은 자연과 연관이 있었습니다. 이 자연신을 가나안에서는 '바알'이라고 불렀습니다. 원래 바알은 최초로 유프라테스 계곡에서 숭배된 '비옥의 신'인 다간의 아들이었습니다.

가나안 사람들은 자연 현상을 통해 바알의 의지와 감정을 나타내고 표현하고 있다고 생각하였습니다. 특히, 바알 앞에 성교를 통해 다산의 결실을 가진다고 믿었습니다. 그래서 그들의 종교적인 성행위는 결코 잘못이나 부끄러움이 아니었습니다.

이스라엘 백성들은 오랜 유목 생활을 하였습니다. 그런 이스라엘 백성들은 가나안에 도착해 풍요로운 농경사회를 보고 놀랐습니다. 그리고 그 농경문화를 배우며 가나안 사람들의 생활양식을 익혔습니다. 문제는 가나안인의 생활양식은 타락한 가나안 종교와는 불가분의 관계였습니다. 결국, 이스라엘 백성은 풍요를 누리며 성적 타락에 빠져들었습니다.

쾌락의 여신, 아세라

고대 근동 지방에서 가나안족속이 숭배하였던 여신으로 '엘'의 부인이 있습니다. 팔레스타인 전 지역의 족속별 우상 70개 신들의 모신(母神)이었습니다.

한 가정의 주관자, 아내, 어머니로서의 신이었고, 행복을 가져다주는 번영과 풍요의 여신으로 성적인 방종신(신전에서 집단 혼음)이었습니다.

아세라상은 나무로 만들어서 땅에 곧게 세워졌고, 팔레스타인에서는 수천 개의 신상이 발견되었습니다. 아세라는 주로 짧은 곱슬머리에 나체를 하고 있으며, 손으로 가슴을 가리고 있는 모습으로 묘사되었습니다.

아세라는 바다의 여신이자 지혜의 여신이며, 각종 낳는 것을 주관하는 여인으로 추앙받았습니다. 다시 말해서 곡식의 생산이나 가축 혹은 인간의 출산을 관장하는 신으로 여겼습니다. 문제는 이 쾌락과 다산의 여신 아세라는 이스라엘을 심히 음란한 백성으로 만들었습니다.

성공신 바알과 쾌락의 여신 아세라의 변천사

가나안의 바알 신은 헬라 시대엔 제우스(그리스), 로마 때는 쥬피터, 이집트에선 오시리스로 시대마다 변모 되었습니다.

가나안의 쾌락의 여신 아세라는 헬라 시대에 그리스 아프로디테, 로마의 비너스 혹은 다이아나, 이집트의 이시스가 되었습니다. 후엔 미국 뉴욕의 자유의 여신상으로 변모되었습니다.

우리의 일상적인 삶 속에 바알과 아세라는 어떻게 다가와 있을까요? 어떻게 젊은이들을 유혹하고 하나님에게서 멀어지게 할까요?

(여전히 오늘날도 우리는 바알이라는 우상을 섬기며 삽니다. 대학의 스펙, 커리어, 좋은 성적을 추구하는 것, 직장에서 승진, 출세, 성공 등 21세기 자신도 모르게 스며든 세속적 문화 속에 성공의 신 바알을 섬기고 살아갑니다.)

5. 다른 신들을 예배하는 것은 무엇을 의미하는 것일까요(호 4:11-14)? 그 결과는 무엇이라고 말씀하고 있나요(호 4:14)?

(호세아 4:11-14

11. 음행과 묵은 포도주와 새 포도주가 마음을 빼앗느니라

12. 내 백성이 나무에게 묻고 그 막대기는 그들에게 고하나니 이는 그들이 음란한 마음에 미혹되어 하나님을 버리고 음행하였음이니라

13. 그들이 산 꼭대기에서 제사를 드리며 작은 산 위에서 분향하되 참나무와 버드나무와 상수리나무 아래에서 하니 이는 그 나무 그늘이 좋음이라 이러므로 너희 딸들은 음행하며 너희 며느리들은 간음을 행하는도다

14. 너희 딸들이 음행하며 너희 며느리들이 간음하여도 내가 벌하지 아니하리니 이는 남자들도 창기와 함께 나가며 음부와 함께 희생을 드림이니라 깨닫지 못하는 백성은 망하리라

다른 신들에게 예배하는 것은 하나님이 아닌 다른 것들에 마음이 빼앗겼다는 것입니다. 그리고 그러한 우상숭배는 결국 술 문화 속에 빠지며 음행과 음란함에 빠지게 됩니다. 그렇기 때문에 그것을 깨닫지 못하는 백성은 결국 망하게 됩니다.)

6. 여호와 하나님 외에 다른 신들을 섬기지 말라는 것은 “여호와 하나님을 제일 우선순위에 두라!”는 것입니다. 학개 1장 2-5절에서 나타난 이스라엘의 문제는 무엇이었나요? 하나님이 그들에게 말씀하신 우선순위는 무엇이었나요?

(학개 1:2-5

2. 만군의 여호와가 이같이 말하여 이르노라 이 백성이 말하기를 여호와의

전을 건축할 시기가 이르지 아니하였다 하느니라
3. 여호와의 말씀이 선지자 학개에게 임하여 이르시되
4. 이 성전이 황폐하였거늘 너희가 이때에 판벽한 집에 거주하는 것이 옳으냐
5. 그러므로 이제 만군의 여호와가 이같이 말하노니 너희는 너희의 행위를
살필지니라

여호와의 전을 건축할 시기가 이르지 아니하였다고 하면서 자신의 집만 지으려고 하였습니다. 우선순위가 뒤바뀌는 것이 우상숭배입니다. 성적 때문에, 출세 때문에 하나님 섬기는 것을 주저하는 것은 우상숭배입니다.)

그 결과를 무엇이라고 말씀하고 있나요(학 1:6)?

(학개 1:6 너희가 많이 뿌릴지라도 수확이 적으며 먹을지라도 배부르지 못하며 마실지라도 흡족하지 못하여 입어도 따뜻하지 못하며 일꾼이 삯을 받아도 그것을 구멍 뚫어진 전대에 넣음이 되느니라)

7. 믿는 자라 할지라도 세상 사람들처럼 살아갈 때가 있습니다. 우리가 하나님보다 우선순위에 두고 살아가고 있는 것은 무엇일까요?

(승진, 재물, 편안, 건강, 물질, 명예, 성적, 스펙, 커리어, 결혼, 쾌락 등)

여러분은 요즘 어떤 것이 주님보다 더 우선순위에 있는 것 같은가요?

8. 다른 신들을 섬긴다는 것은 여호와 하나님께 드리는 태도에 문제가 있다는 것입니다. 주님을 섬기기는 하지만 주님을 경시하고 권태롭게 느끼는 것입니다. 말라기 1장 6–9절은 이스라엘이 어떤 점에서 여호와 하나님을 경시하였다고 하나요?

(말라기 1:6–9
6. 내 이름을 멸시하는 제사장들아 나 만군의 여호와가 너희에게 이르기를
아들은 그 아버지를, 종은 그 주인을 공경하나니 내가 아버지일진대 나를
공경함이 어디 있느냐 내가 주인일진대 나를 두려워함이 어디 있느냐 하나
너희는 이르기를 우리가 어떻게 주의 이름을 멸시하였나이까 하는도다
7. 너희가 더러운 떡을 나의 제단에 드리고도 말하기를 우리가 어떻게 주를
더럽게 하였나이까 하는도다 이는 너희가 여호와의 식탁은 경멸히 여길 것
이라 말하기 때문이라
8. 만군의 여호와가 이르노라 너희가 눈 먼 희생제물을 바치는 것이 어찌 악하
지 아니하며 저는 것, 병든 것을 드리는 것이 어찌 악하지 아니하냐 이제 그것
을 너희 총독에게 드려 보라 그가 너를 기뻐하겠으며 너를 받아 주겠느냐
9. 만군의 여호와가 이르노라 너희는 나 하나님께 은혜를 구하면서 우리를
불쌍히 여기소서 하여 보라 너희가 이같이 행하였으니 내가 너희 중 하나인
들 받겠느냐

6절을 보면, 공경하지 않고, 두려워하지 않았습니다. 8절에 저는 것과 병든 것, 다시 말해서 온전하지 않은 재물을 주님께 드렸습니다. 그렇게 하고도 "우리가 어떻게 주의 이름을 멸시하였나이까"하며 깨닫지 못하고 있습니다.)

9. 팀 켈러가 말하는 거짓 신에는 여러 가지가 있습니다.

팀 켈러 목사님은『거짓 신들의 세상』이라는 책을 저술하였습니다. 이 책에서 거짓 신들을 분별하라고 이야기합니다. 또한 인생과 사회에 엉킨 실타래를 풀어주시는 참된 하나님을 발견하도록 도전을 주고 있습니다.

팀 켈러 목사님은 포스트모던시대 사람들의 마음 속에 갈망과 불만과 충동과 좌절과 꿈과 소망을 유발히는 거짓 신들이 들이있음을 지적하였습니다.

돈, 성, 권력, 명예, 인기, 승리, 성공, 행복, 가족, 안정, 영향력, 만족, 자아실현, 이념, 철학, 종교 등 사람의 마음과 사회 속에서 신적인 위엄을 차지하고 있는 것들을 거짓 신으로 말하였습니다.

복음만이 우리를 유혹하였던 탐욕의 문화와 저주로부터 자유를 가져다줄 수 있음을 강조하고 있습니다.

팀 켈러 목사님이 언급한 것들 중 무엇이 여러분과 이 시대를 사는 젊은이들에게 신이 될 수 있을까요?

10. 하나님 외에 다른 신들을 두지 않는다는 것은 삶에서 탐욕과 욕심을 가지치기하고, 성령의 마지막 열매인 절제를 가지고 사는 것입니다. 어떤 탐욕과 욕심의 열매를 가지치기하고 내려놓아야 할까요(갈 5:19-21)?

(갈라디아서 5:19-21

19. 육체의 일은 분명하니 곧 음행과 더러운 것과 호색과

20. 우상 숭배와 주술과 원수 맺는 것과 분쟁과 시기와 분냄과 당 짓는 것과 분열함과 이단과
21. 투기와 술 취함과 방탕함과 또 그와 같은 것들이라 전에 너희에게 경계한 것 같이 경계하노니 이런 일을 하는 자들은 하나님의 나라를 유업으로 받지 못할 것이요

19절은 음행과 관련된 것이고, 20절은 우상숭배와 관계에 있어서의 단절을 말합니다. 21절은 중독에 대해 말하고 있습니다. 이 모든 것들을 가지치기 하듯 삶에서 잘라내야 합니다.)

11. 우리는 하나님을 어떻게 섬겨야 할까요? 신명기 6장 4-6절을 읽고 답해 주세요!

(신명기 6:4-6
4. 이스라엘아 들으라 우리 하나님 여호와는 오직 유일한 여호와이시니
5. 너는 마음을 다하고 뜻을 다하고 힘을 다하여 네 하나님 여호와를 사랑하라
6. 오늘 내가 네게 명하는 이 말씀을 너는 마음에 새기고)

일상의 삶 가운데 신명기 6장 4-6절의 말씀을 어떻게 적용할 수 있을까요?

(마음과 뜻, 힘을 다하여 사랑하고, 말씀을 마음에 새기고 어떤 결정을 할 때 주님의 뜻대로 해야 합니다. 새벽예배, 저녁 기도, 작정 기도, 성경 읽기 등 구체적으로 어떻게 자신을 드릴지 결단해야 합니다.)

12. 21세기 다른 신들은 누구일까요? 각종 이단, 즉 신천지, J.M.S., 하나님의 교회, 통일교에서는 누구를 신이라 하나요? 왜 사람들은 이런 거짓 교주를 신으로 섬길까요?

1) 신천지 ·	· a) 정명석
2) J.M.S. ·	· b) 이만희
3) 하나님의 교회 ·	· c) 문선명
4) 통일교 ·	· d) 안상홍

(신천지는 이만희, J.M.S.는 정명석, 하나님의 교회는 안상홍과 장길자, 통일교는 문선명을 신이라고 합니다. 그들은 그들의 교주를 신으로 섬깁니다. 이런 교주는 성경을 비유 풀이로 풀면서 사람의 관심을 끌어당기지만 결국은 자신을 신으로 만드는 결론에 이르게 됩니다. 사람이 이처럼 무지하고, 우둔하여 속을 수 있는 연약한 존재이기도 합니다.)

성경은 이 땅에 섬길 유일한 구원자가 누구라고 말씀하고 있나요(행 4:12)?

(사도행전 4:12
다른 이로써는 구원을 받을 수 없나니 천하 사람 중에 구원을 받을 만한 다른 이름을 우리에게 주신 일이 없음이라 하였더라)

Chapter 2

우상을 만들지 말라

“

출애굽기 20장 4-6절

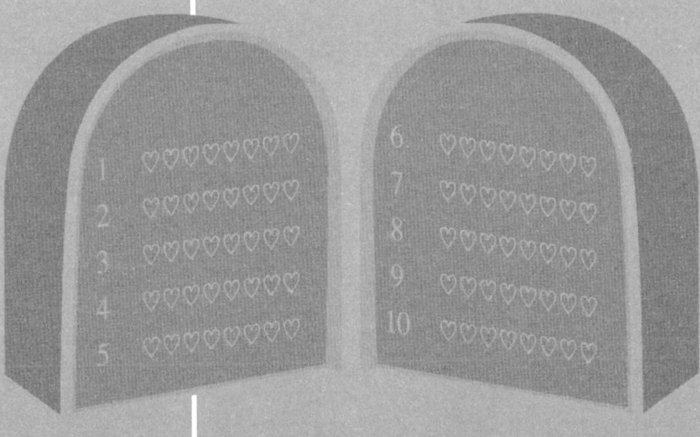

우상을 만들지 말라

말씀구절 | 출 20:4-6

04 너를 위하여 새긴 우상을 만들지 말고 또 위로 하늘에 있는 것이나 아래로 땅에
있는 것이나 땅 아래 물 속에 있는 것의 어떤 형상도 만들지 말며
05 그것들에게 절하지 말며 그것들을 섬기지 말라 나 네 하나님 여호와는 질투하는
하나님인즉 나를 미워하는 자의 죄를 갚되 아버지로부터 아들에게로 삼사 대까지
이르게 하거니와
06 나를 사랑하고 내 계명을 지키는 자에게는 천 대까지 은혜를 베푸느니라

암송구절 | 출 20:4-5

04 너를 위하여 새긴 우상을 만들지 말고 또 위로 하늘에 있는 것이나 아래로 땅에
있는 것이나 땅 아래 물 속에 있는 것의 어떤 형상도 만들지 말며
05 그것들에게 절하지 말며 그것들을 섬기지 말라 나 네 하나님 여호와는 질투하는
하나님인즉 나를 미워하는 자의 죄를 갚되 아버지로부터 아들에게로 삼사 대까지
이르게 하거니와

『자신도 보호 못하는 우상』

아브라함의 아버지 데라가 우상장사를 하다가 볼 일이 있어 아브라함에게 "우상 잘 보고 있어라!"하고는 외출을 했습니다.

그 사이 아브라함이 도끼 하나를 들고 진열되어 있는 모든 우상을 모조리 다 두들겨 부셨습니다.

그리고 마지막 서 있는 우상의 손에다 자기가 휘둘렀던 도끼를 살짝 올려놓았습니다. 그리고는 아버지가 돌아왔습니다.

아버지가 물었습니다. "우상이 왜 이렇게 엉망진창이 되었느냐?"

그랬더니 아브라함이 "저기 서 있는 저 우상이 모조리 다 두들겨 부셨습니다." 라고 했습니다.

그러자 아버지는 화를 내며 "이 녀석아! 흙으로 만든 우상이 어떻게 도끼를 들고 부술 수 있단 말이냐?"라고 말했습니다.

1. 어린 시절 아주 좋아했던 가수 혹 영화배우가 있었나요? 나의 우상은 누구였나요? 그 사람을 왜 그렇게 좋아했었나요?

(서로 어떤 사람을 더 좋아하고 사랑했는지를 나누어 주세요. 그러면서 하나님보다 더 사람을 사랑할 수도 있음을 숙고하게 해 주세요)

2. 이스라엘 백성들은 모세가 시내산에서 십계명을 받을 때 산 아래서 수송아지 형상을 만들었습니다. 왜 그들은 그런 수송아지를 만들었을까요 (출 32:1-4)?

(출애굽기 32:1-4

1. 백성이 모세가 산에서 내려옴이 더딤을 보고 모여 백성이 아론에게 이르러 말하되 일어나라 우리를 위하여 우리를 인도할 신을 만들라 이 모세 곧 우리를 애굽 땅에서 인도하여 낸 사람은 어찌 되었는지 알지 못함이니라

2. 아론이 그들에게 이르되 너희의 아내와 자녀의 귀에서 금 고리를 빼어 내게로 가져오라

3. 모든 백성이 그 귀에서 금 고리를 빼어 아론에게로 가져가매

4. 아론이 그들의 손에서 금 고리를 받아 부어서 조각칼로 새겨 송아지 형상을 만드니 그들이 말하되 이스라엘아 이는 너희를 애굽 땅에서 인도하여 낸 너희의 신이로다 하는지라

불안하여서 우상을 만들었습니다. 눈에 보이지 않는 하나님을 섬기는 것이 쉽지 않았습니다. 그러다 보니 눈에 보이고 의지하고 싶은 대상을 만들어 내고 싶어 하였습니다. 그리고 결국 백성들이 요동하지 않도록 우상을 만들었습니다. 그 당시 애굽에는 수많은 수송아지 우상들을 섬기고 있었습니다. 그래서 그것 구습에 따라 송아지 형상으로 우상을 만들었습니다.)

3. 우상을 섬겨서는 안 되는 이유를 시편 115편 3-8절은 무엇이라고 말하고 있나요?

(시편 115:3-8
3. 오직 우리 하나님은 하늘에 계셔서 원하시는 모든 것을 행하셨나이다
4. 그들의 우상들은 은과 금이요 사람이 손으로 만든 것이라
5. 입이 있어도 말하지 못하며 눈이 있어도 보지 못하며
6. 귀가 있어도 듣지 못하며 코가 있어도 냄새 맡지 못하며
7. 손이 있어도 만지지 못하며 발이 있어도 걷지 못하며 목구멍이 있어도 작은 소리조차 내지 못하느니라
8. 우상들을 만드는 자들과 그것을 의지하는 자들이 다 그와 같으리로다

우상은 사람이 만들었기 때문입니다. 눈, 코, 입, 귀, 손, 발을 사람이 만들어서 진짜 기능을 못하기 때문입니다.)

4. 출애굽기 20장 4절에서는 우상을 만들지 말라고 하시는데 그 이유를 출애굽기 20장 5절에서 말씀해 주고 있습니다. 그 이유를 무엇이라고 하나요?

(출애굽기 20:5 그것들에게 절하지 말며 그것들을 섬기지 말라 나 네 하나님 여호와는 질투하는 하나님인즉 나를 미워하는 자의 죄를 갚되 아버지로부터 아들에게로 삼사 대까지 이르게 하거니와

사람도 사랑하는 사람이 다른 어떤 사람을 사랑하면 질투를 합니다. 이렇듯 주님도 질투하십니다. 그 질투하시는 주님이 아버지로부터 아들에게로 삼사 대까지 죄를 갚는다고 하십니다. 고대 사회는 한 세대가 지금처럼 30년

이상 차이나지 않습니다. 그 당시에는 10대에 결혼을 하기에 30대에 할아버지, 할머니가 됩니다. 따라서 삼사 대라는 말은 그 집안을 대대로, 지속적으로 벌하겠다는 말씀이기보다는 그 당대에 아버지로부터 아들의 세대를 벌하시고, 돌이켜 돌아오시게 하시겠다는 말씀입니다.)

5. 그런데 질투하시는 하나님은 삼사 대까지 그 죄를 갚으신다고 하시지만, 주님을 사랑하고 계명을 지키는 자에게는 어떻게 사랑하신다고 하셨나요?

출애굽기 20:6

06 나를 사랑하고 내 계명을 지키는 자에게는 천 대까지 은혜를 베푸느니라

6. 바울은 우상숭배를 무엇이라고 정의하나요(골 3:5, 빌 3:19)?

1) 골로새서 3:5

(그러므로 땅에 있는 지체를 죽이라 곧 음란과 부정과 사욕과 악한 정욕과 탐심이니 탐심은 우상 숭배니라

땅에 있는 지체가 우상숭배라는 것입니다. 다시 말하면 구체적 음란, 부정, 사욕, 악한 정욕, 탐심이 우상숭배라고 합니다.)

2) 빌립보서 3:19

(저희의 마침은 멸망이요 저희의 신은 배요 그 영광은 저희의 부끄러움에 있고 땅의 일을 생각하는 자라)

우상은 보이는 조각상이 아니라는 것입니다. 바로, 우리 마음속에 있는 것임을 지적하고 있습니다. 그런데 정말 더 무서운 것은 바로 탐욕적 배, 곧 먹고 마시고, 편하게 살려고 하는 것, 땅의 일만 생각하는 것이 바로 우상숭배이고, 문제입니다.)

7. 21세기 사람들은 무엇을 우상으로 섬기고 살아가는 것 같습니까? 서로 각자의 의견을 나누어 주세요!

(돈, 자아실현, 인본주의, 행복, 자기 자신, 욜로, 관계, 사람중독, 자녀, 건강, 안정된 생활 등)

8. 21세기 사람들은 자신도 알지 못한 채 뉴에이지 운동에 빠져서 살아가고 있습니다.

뉴에이지 운동이란 '새 시대 운동'입니다. 이 뉴에이지 운동은 공식적인 단체가 있어서 단체적으로 활동하는 것이 아니라서 모호합니다.

그러나 그 흐름은 현대 문명을 벗어버리고 새로운 가치관을 통해서 새 시대를 건설하자는 운동입니다.

뉴에이지 운동은 오랫동안 흘러오던 기독교 사상을 철저히 배격합니다. 하나님만이 유일한 신이 아니라고 합니다. "인간도 신이 될 수 있다!"고 주장합니다. 동양의 종교들(즉 불교나 힌두교 같은 것들)과 전해 내려오는 동방의 신비주의 요소들을 통해 반기독교적 흐름으로 가게 합니다. 즉, 기독교의 정서에 반대되는 종교들이나 사상들을 모두 흡수하는 대표적인 반기독교 운동이라고 할 수 있습니다.

이러한 뉴에이지의 궁극적인 목적은 이 세상에 믿는 성도들을 하나님과 분리시켜 하나님을 모르게 만들며 세계의 여러 가지 정치와 종교를 혼합하여 단일세계를 구축하여 예수 없는 지상천국을 만들려는 운동입니다.

뉴에이지 운동의 5가지 특징은 이렇습니다.

1) 신관은 범신론

우리 눈에 보이는 모든 것, 즉 이 세상에 편안한 모든 것이 신이며 명상을 통하여 신과의 합일을 경험함으로써 구원에 이른다고 주장합니다.

2) 인간관은 신일합일, 즉 일원론

이들은 현상세계의 차이를 인정치 않고 본질적으로 같다고 믿습니다. 인간과 인간, 인간과 생물은 물론이고 인간과 무생물도 하나인 관계로 봅니다. 그래서 언제든지 서로의 의사소통이 가능하다고 믿습니다.

3) 내세관은 환생적 윤회론

점진적 진화론에 기초하여 다음 생에서는 반드시 더 나은 개체로 발전된다는 믿음을 가지고 있습니다. 죽은 뒤 다시 태어난다고 믿습니다.

4) 윤리관은 상황윤리

'모든 것은 선하다'는 개념으로부터 출발합니다. 그래서 어떠한 행위든지 죄가 되지 않는다고 합니다. 따라서 상황이 가장 중요한 판단 기준이 되는 것입니다.

5) 역사관은 인간의 신격화

"역사의 주체는 인간이다"라는 논리에서 출발하며 서양의 진화론과 동양의 윤회사상에 기인한 사상입니다. 인간에게 내재된 무한의 잠재능력을 개발하면 초월적 존재가 될 수 있음을 강조합니다. 무엇이든 할 수 있다는 믿음입니다.

창세기 3장은 이미 이런 뉴에이지 사상이 사탄에게서 기인된 것을 보여 주고 있습니다.

1) 창세기 3장 4절에서 사탄은 윤회론에 대해 말하였습니다. 사탄은 어떤 말을 던지며 그런 사상을 가지게 하였나요?

(창세기 3:4 너희가 결코 죽지 아니하리라 – 윤회론
▶ 뉴에이저들은 죽는다는 것을 부인합니다. 그리고 하나님의 심판마저도 부인합니다.)

2) 창세기 3장 5절에서 사탄은 범신론 사상을 말하였습니다. 무엇이라고 속삭였나요?

(너희가 하나님 같이 되리라 – 범신론
▶ 뉴에이지는 우리 모두가 신이라고 합니다. 신과 같은 능력을 소유하고 있다고 가르칩니다. 셜리 맥클라인은 "신과 인간 사이에 구별은 없다. 우리 각자가 신과 같고, 신은 우리 개인 속에 있다. 우리는 문자 그대로 신의 에너지로 만들어졌으며 우리가 원하는 것은 무엇이든지 창조할 수 있다. 신의 에너지는 우주 자체를 만든 힘이기 때문이다."라고 했습니다.)

3) 창세기 3장 5절은 뉴에이지의 상황윤리에 대해 말합니다. 본문에서 사탄은 어떻게 인간이 선악을 알게 된다고 말하였나요?

(창세기 3:5 너희 눈이 밝아져 하나님과 같이 되어 선악을 알 줄 하나님이 아심이니라 – 상황윤리
▶ 뉴에이지는 신이 도덕과 윤리의 심판자가 아니라, 인간이 선과 악의 판단자가 된다고 말합니다. 그러므로 절대적 도덕이란 있을 수 없습니다.)

4) 창세기 3장 5절은 마음의 눈으로 물질적 욕망을 일으키는 밀교주의가 어떤 사탄의 속임에 넘어가 시작되었다고 하나요?

(창세기 3:5 너희의 눈이 밝아지리라 – 밀교주의
▶ 사단은 하와의 마음속에 물질적인 욕망을 불러일으켜 범죄 하게 만듭니다. 이것은 고대 밀교주의에서 유래하던 사상으로 그들은 신학이나 교리, 이성, 도덕 등을 부인합니다. 중요한 것은 종교적 경험입니다. 신이라고 부르는 어떤 강력한 힘과의 합일을 체험하는 것입니다. 그리고 신과의 합일을 하며 "느끼는 대로 하라!"고 합니다.)

9. 돈, 재산, 스펙, 커리어, 인기, 스포츠, 음악, 섹스, 인간관계 등이 우상이 될 수 있습니다. 왜 이런 것들이 우상이 될까요? 심지어 부모 혹 자녀도 우상숭배의 대상이 될 수 있고, 연인도 우상이 될 수 있습니다. 주님은 어떻게 해야 제자가 될 수 있다고 하셨나요?

1) 창세기 12:1-2

(1. 여호와께서 아브람에게 이르시되 너는 너의 고향과 친척과 아버지의 집을 떠나 내가 네게 보여 줄 땅으로 가라
2. 내가 너로 큰 민족을 이루고 네게 복을 주어 네 이름을 창대하게 하리니 너는 복이 될지라

떠나면서 포기할 수 있어야 제자가 된다는 것입니다.)

2) 마태복음 8:21-22

(21. 제자 중에 또 한 사람이 이르되 주여 내가 먼저 가서 내 아버지를 장사하게 허락하옵소서
22. 예수께서 이르시되 죽은 자들이 그들의 죽은 자들을 장사하게 하고 너는 나를 따르라 하시니라

나를 때 포기하고, 삶의 우선순위를 정하라는 말씀입니다.

민주화가 되기 전 한국 정권은 3S 정책, 즉 영화(Screen), 스포츠(Sport), 섹스(Sex)에 몰두하게 하여 국민의 정신을 빼앗는, 이른바 '우민화' 정책을 추진했습니다. 그들에게 가장 좋은 시민인 '정치에 관심 없는 시민'으로 만들었습니다. 그런데 사탄은 영적으로도 이 영화(Screen), 스포츠(Sport), 섹스(Sex)를 통해 영적 우민화 정책을 펴서 하나님 나라를 바라보지 못하게 하고 있습니다.)

10. 지혜의 왕 솔로몬은 초반에는 신실하였지만 후반부에는 타락한 왕이 되었습니다. 열왕기상 11장 1-3절을 읽고 왜 그러하였는지 나누어 주세요.

열왕기상 11:1-3

01 솔로몬 왕이 바로의 딸 외에 이방의 많은 여인을 사랑하였으니 곧 모압과 암몬과 에돔과 시돈과 헷 여인이라

02 여호와께서 일찍이 이 여러 백성에 대하여 이스라엘 자손에게 말씀하시기를 너희는 그들과 서로 통혼하지 말며 그들도 너희와 서로 통혼하게 하지 말라 그들이 반드시 너희의 마음을 돌려 그들의 신들을 따르게 하리라 하셨으나 솔로몬이 그들을 사랑하였더라

03 왕은 후궁이 칠백 명이요 첩이 삼백 명이라 그의 여인들이 왕의 마음을 돌아서게 하였더라

솔로몬은 정치적 안정, 외교적, 군사적 안정을 위해서 결혼을 하였고, 결국 타락하게 되었습니다. 배우자가 우상숭배의 대상이 될 수 있고, 영향을 받을 수 있습니다.

11. 우상숭배의 가장 무서운 대상은 누구라고 생각하나요? 빌립보서 3장 18절 말씀이 의미하는 바는 무엇인가요?

(빌립보서 3:18

내가 여러 번 너희에게 말하였거니와 이제도 눈물을 흘리며 말하노니 여러 사람들이 그리스도의 십자가의 원수로 행하느니라

주님의 원수는 바로 주님의 십자가를 거스르며 사는 자신일 수 있습니다.

자신이 편하고, 자신이 성공하고, 쾌락을 누리기를 좋아하는 죄인인 내가 하나님을 대신하여 그 자리에 앉아 있을 수 있습니다.)

12. 이스라엘 백성은 성공의 우상 바알과 쾌락의 여신 아세라에 빠졌습니다. 그리고 이런 우상에서 벗어나지 못했습니다. 이런 우상에게 빠지지 않기 위해서 우리는 어떤 노력 혹 경건의 훈련을 해야 할까요? 영적 도약을 위해 지금 당신에게 필요한 부분은 무엇인가요? 어떻게 노력해야 할까요?

(성경 묵상하고, 기도하고, 찬양하는 틀이 있어야 합니다. 음식을 먹을 때도 규칙적으로 먹어야 합니다. 너무 안 먹다가 한 번에 폭식하면 더 살이 찌고, 몸은 안 좋아지는 것과 같이 영적으로도 규칙적인 틀이 있어야 합니다.)

13. 우상숭배에 빠지지 않기 위해서는 하나님보다 더 사랑하고 높아진 우상을 십자가에 매다는 것입니다. 그리고 그 십자가에서 자신도 죽어져야 합니다. 바울은 무엇이라고 고백하였나요(고전 15:31)?

날마다 십자가에 매달려 죽기 위해 나 자신은 어떤 것을 포기하고, 내려놓고, 주님을 따라 살아야 할까요?

1) 가정에서

2) 교회 공동체에서

3) 학교 혹 직장에서

301
두돌판
양 육

Chapter 3

여호와의 이름을 망령되이 일컫지 말라

“

출애굽기 20장 7절

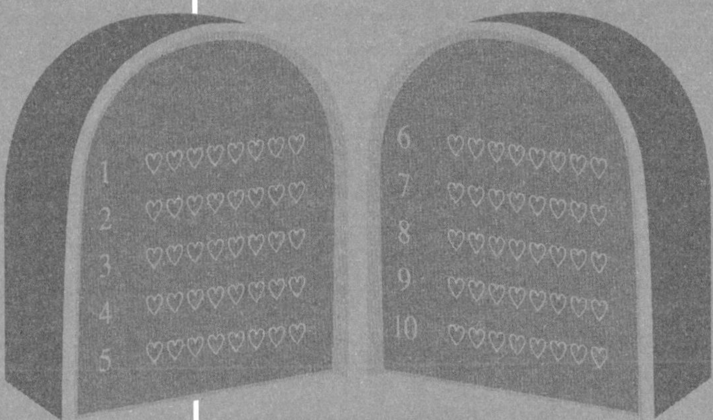

여호와의 이름을 망령되이 일컫지 말라

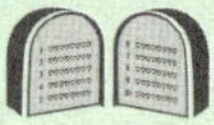

말씀 및 암송구절 | 출 20:7

너는 네 하나님 여호와의 이름을 망령되게 부르지 말라 여호와는 그의 이름을 망령되게 부르는 자를 죄 없다 하지 아니하리라

『서기관의 여호와의 이름 경외』

구약의 유대인들은 '야훼'라는 하나님의 이름이 나올 때마다 이를 입에 담기조차 두려워 '아도나이'(주)로 바꾸어 사용하였습니다.

성경을 필사하였던 서기관들은 '여호와', '주', '하나님' 이름이 나오면 옷을 빨고 다시 와서 말씀을 적어 내려갔습니다.

우리는 얼마나 주의 이름에 경외감을 가지고 부르며 사용하고 있는지 고민해 보아야 합니다.

1. 살아오면서 누군가를 나쁘게 이야기하다가 난감한 경험을 한 적이 있었나요? 혹 SNS상에서 불쾌한 말로 상처를 주고받았던 적이 있었나요? 서로 나누어 주세요.

(서로 경험을 나누도록 해 주세요.)

2. 믿음이 있다는 사람들 중에 어떤 안 좋은 일로 인해 하나님을 원망하며 교회를 떠난 사람을 본 적이 있나요? 혹 여러분은 어떤 일로 하나님을 원망했었나요?

(새신자뿐만 아니라 신앙생활을 오래 한 사람도 안 좋은 일을 겪을 때 하나님을 원망할 수 있습니다.)

3. 욥기 1장 5절에서 왜 욥은 잔치 후 자녀들을 대신해 희생제물을 드리며 예배하였나요?

(욥기 1:5
그들이 차례대로 잔치를 끝내면 욥이 그들을 불러다가 성결하게 하되 아침에 일어나서 그들의 명수대로 번제를 드렸으니 이는 욥이 말하기를 혹시 내 아들들이 죄를 범하여 마음으로 하나님을 욕되게 하였을까 함이라 욥의 행위가 항상 이러하였더라

'혹시' 하나님의 이름을 망령되게 하였을까봐 그렇게 하였습니다.)

4. 욥이 저주를 받자 그 아내는 욥에게 뭐라고 말했나요(욥 2:9)?

(욥기 2:9
그의 아내가 그에게 이르되 당신이 그래도 자기의 온전함을 굳게 지키느냐
하나님을 욕하고 죽으라)

개인적으로 하나님을 원망하고 불평한 적은 없었나요?

5. 욥기 38장 2-7절에서 욥은 하나님과 논쟁을 하다가 꾸지람을 받았습니다. 이 본문 메시지는 왜 우리가 하나님께 함부로 대꾸하고 말해서는 안 된다고 말하고 있나요?

(욥기 38:2-7
2. 무지한 말로 생각을 어둡게 하는 자가 누구냐
3. 너는 대장부처럼 허리를 묶고 내가 네게 묻는 것을 대답할지니라
4. 내가 땅의 기초를 놓을 때에 네가 어디 있었느냐 네가 깨달아 알았거든 말할지니라
5. 누가 그것의 도량법을 정하였는지, 누가 그 줄을 그것의 위에 띄웠는지 네가 아느냐
6. 그것의 주추는 무엇 위에 세웠으며 그 모퉁잇돌을 누가 놓았느냐
7. 그 때에 새벽 별들이 기뻐 노래하며 하나님의 아들들이 다 기뻐 소리를 질렀느니라

2절에 무지한 말로 생각을 어둡게 한다고 하였는데요. 무지한 말과 생각이 하나님을 망령되이 하고, 하나님을 괴롭게 하였기 때문입니다.)

6. "여호와의 이름을 망령되이 일컫는다"는 것에는 이런 의미가 담겨져 있습니다.

1) 자신의 유익을 취하려고 하나님의 이름을 이용하는 것입니다.
2) 자신의 생각, 말, 행동하는 것, 곧, 전인적인 삶을 통해서 하나님의 이름을 훼방하는 것입니다.
3) 교회 안에서는 하나님을 경외하는 것 같아도 세상에서 삶으로 여호와 하나님의 이름을 망령되게 할 수 있습니다.

나 자신이 여호와 하나님의 이름을 들먹이며 그 이름을 망령되이 일컬었던 적은 없었나요? 혹 주위에 여호와 하나님의 이름에 대항하고, 거부하고, 훼손하는 사람이 있나요? 어떻게 말하고, 행동하는지 나누어 주세요.

7. 외국에서는 말을 할 때, 제기랄(God-damned), 맙소사(Oh! my God!), 젠장(Oh Jesus! Christ!) 등 주님의 이름을 들먹이며 욕설을 합니다. 당신은 그런 욕설을 들어 보았나요? 세상에서 사람들은 왜 하나님과 교회에 관련하여 욕을 할까요?

(1) 하나님의 사람, 교회, 하나님에 대해서 기대하는 바가 있기 때문입니다.
2) 하지만 실제로 교회와 교회 사람들이 죄를 짓기 때문이며.
3) 세상과 교인과 차이가 없기 때문입니다.)

8. 믿는 자도 여호와의 이름을 자신의 결백과 확신 그리고 결단에 뒷받침 하려고 사용합니다(레 19:12). 왜 그렇게 할까요?

(레위기 19:12
너희는 내 이름으로 거짓 맹세함으로 네 하나님의 이름을 욕되게 하지 말라 나는 여호와이니라

하나님은 맹세하지 말라고 하셨습니다. 그러나 자신의 결백을 증명하려고 맹세하였습니다. 최고의 존재와 이름으로 자신의 결백, 확신, 결단을 뒷받침하는 근거로 삼으려고 하기 때문에 문제가 됩니다. 하나님을 자기 자신의 결백을 위해 사용하는 것은 자기중심적인 것입니다. 이것이 우상숭배입니다. 자신을 하나님보다 높이려고 하는 것입니다.)

9. 초대교회 당시 바리새인들은 아무리 신성한 맹세를 했어도 '하나님의 이름'을 명확하게 거론하지 않았다면 그 맹세는 깰 수도 있었습니다. 그래서 쉽게 맹세하고 지키지 않는 경향이 있었습니다. 이런것은 믿음의 삶과 위배됩니다. 하나님 앞에서 내가 지키지 않은 약속이나 맹세는 무엇인가요?

(연 초에 계획과 결단, 말씀 읽기, 기도시간, 전도, 하나님의 말씀대로 사는 것 등)

10. 올해 초 혹 최근에 여러분이 결단, 약속, 강조한 것에는 어떤 것이 있나요? 어떻게 지키려고 노력하고 있나요?

11. 하나님의 이름을 훼방하고, 실족하게 하는 것은 죄인 줄 압니다. 그러나 같은 지체를 훼방하고 실족하는 것은 죄로 여기지 않는 자가 있습니다. 성도는 말을 조심해야 합니다. 마태복음 18장 6-7절을 읽고 왜 말을 조심해야 하는지 서로 나누어 주세요. 혹 말로 누군가를 심하게 가슴 아프게 한 적이 있었나요?

(마태복음 18:6-7
6. 누구든지 나를 믿는 이 작은 자 중 하나를 실족하게 하면 차라리 연자 맷돌이 그 목에 달려서 깊은 바다에 빠뜨려지는 것이 나으니라
7. 실족하게 하는 일들이 있음으로 말미암아 세상에 화가 있도다 실족하게 하는 일이 없을 수는 없으나 실족하게 하는 그 사람에게는 화가 있도다)

12. 여호와 하나님의 이름을 망령되이 일컫지 않아야 합니다. 그럼, 주의 이름은 어떤 용도로 불러야 할까요(롬 10:13)?

(로마서 10:13 누구든지 주의 이름을 부르는 자는 구원을 받으리라)

13. 주님의 이름은 인간의 탐욕을 위해 오용될 때가 있습니다.

서기 11세기부터 14세기까지 회교도에게 빼앗긴 예루살렘을 탈환하려고 하였습니다. 그렇게 유럽 그리스도 교회가 주도한 원정 전쟁이 바로, 십자가 전쟁입니다. 1095년 시작되었던 십자군 전쟁은 1456년까지 361년 동안 계속되었습니다.

수많은 부녀자들과 노인들을 죽였고, 어린아이들이 전쟁에 동원되기도 하였습니다. 중세의 십자군 전쟁은 주님의 이름을 위한다는 표면적인 목적 아래 이방인에 대한 무자비한 살해, 강간, 폭력이 자행 되었습니다.

자신의 꿈, 교회의 섬김, 사회에서 사업과 일을 펼칠 때도 주님의 이름을 말하면서 탐욕과 욕망을 채울 때가 있습니다. 여러분에게 이런 적이 있었나요?

(성령의 마지막 열매는 절제입니다. 이처럼 탐욕을 버리고, 주님의 이름을 망령되게 해서는 안 됩니다.)

14. 주위에 여호와 하나님의 이름을 거룩하게 하고, 영화롭게 하는 사람은 누구인가요? 그 사람의 특징은 무엇인가요?

301
두돌판
양 육

Chapter 4

안식일을 거룩히 지키라

“

출애굽기 20장 8-11절

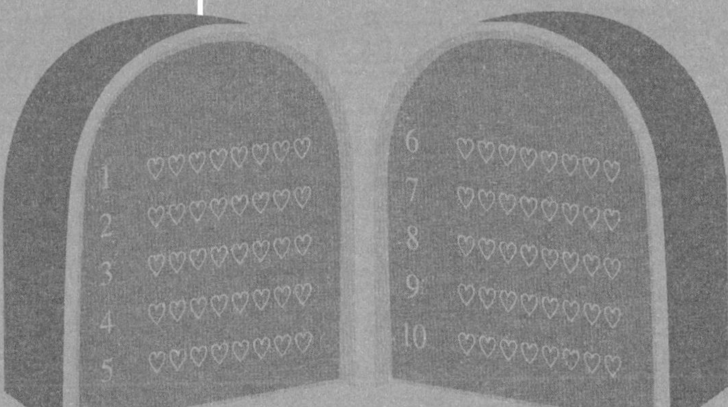

안식일을 거룩히 지키라

말씀구절 | 출 20:8-11

08 안식일을 기억하여 거룩하게 지키라
09 엿새 동안은 힘써 네 모든 일을 행할 것이나
10 일곱째 날은 네 하나님 여호와의 안식일인즉 너나 네 아들이나 네 딸이나 네 남종
이나 네 여종이나 네 가축이나 네 문안에 머무는 객이라도 아무 일도 하지 말라
11 이는 엿새 동안에 나 여호와가 하늘과 땅과 바다와 그 가운데 모든 것을 만들고
일곱째 날에 쉬었음이라 그러므로 나 여호와가 안식일을 복되게 하여 그 날을 거
룩하게 하였느니라

암송구절 | 출 20:8-10

08 안식일을 기억하여 거룩하게 지키라
09 엿새 동안은 힘써 네 모든 일을 행할 것이나
10 일곱째 날은 네 하나님 여호와의 안식일인즉 너나 네 아들이나 네 딸이나 네 남종
이나 네 여종이나 네 가축이나 네 문안에 머무는 객이라도 아무 일도 하지 말라

『물에 빠진 젖소』

어느 안식일이었습니다. 예배가 끝나고 모두들 집으로 돌아간 뒤 랍비는 뒤뜰에서 한가하게 산책을 하고 있었습니다. 바로 그때였습니다.

"랍비님! 랍비님!"

이웃에 사는 사람이 헐레벌떡 뛰어와 랍비를 불렀습니다.

"나 여기 있소, 이쪽으로 오시오!"
뒤뜰로 가 랍비 앞에 선 이웃에 사는 사람이 물었습니다.

"랍비님, 젖소가 강물에 빠져서 허우적거리는 걸 보았습니다! 오늘이 안식일인데 그 젖소를 구해 주어야 할까요?"

"안식일에는 하나님께 기도하는 일 외에는 어느 누구도 일하면 안 된다는 걸 잘 알지 않소?"

"네 잘 알고 있지요. 하지만 강물에 빠진 젖소가 빠져나오지 못하고 점점 더 깊은 데로 들어가 허우적거리는 데도요?"

"물에 빠진 젖소를 구하는 것도 일은 일이니, 가슴 아프지만 구해 주면 안 된다오!"

"물에 빠진 젖소가 빠져 죽게 생겼는데도 그냥 놔두라는 말씀이십니까?"

"안 된다고 했잖소. 우리 조상 대대로 내려오는 전통 율법에 안식일에는 아무 일도 하지 말라고 쓰여 있지 않소. 그 젖소가 당신의 것이 아니라면 너무 가슴 아파하지 마시오!"

"네, 랍비님! 다행히도 제 젖소가 아니라서 저는 가슴이 아프진 않습니다. 다만 딱할 뿐이지요!"

"그럼, 됐소!"

"하지만 강물에 빠진 젖소를 보면 랍비님 가슴이 무척 아프실 텐데요?"

"왜?"

"강물에 빠져서 허우적거리는 게 랍비님이 기르시는 젖소라서 그렇죠."

"뭐, 뭐라고?"

– 탈무드 이야기 중

1. 8절 말씀은 '안식일을 기억하여 거룩하게 지키라'고 하였습니다. 시내산 이전에도 안식이 존재하였나요(창 2:2-3)?

(창세기 2:2-3

2. 하나님이 그가 하시던 일을 일곱째 날에 마치시니 그가 하시던 모든 일을 그치고 일곱째 날에 안식하시니라

3. 하나님이 그 일곱째 날을 복되게 하사 거룩하게 하셨으니 이는 하나님이 그 창조하시며 만드시던 모든 일을 마치시고 그 날에 안식하셨음이니라

율법 이전에 안식일이 있었습니다. 왜 하나님은 쉬셨을까요? 하나님이 안식하시는 것을 통해 모범을 보이셨습니다. 요즘에는 직장에서도 쉼을 강조하고 있습니다. 쉼은 인간에게 필요합니다.)

2. 구약 출애굽 시 광야에서는 안식일을 어떻게 지켰나요(출 16:22-30)?

(출애굽기 16:22-30

22. 여섯째 날에는 각 사람이 갑절의 식물 곧 하나에 두 오멜씩 거둔지라 회중의 모든 지도자가 와서 모세에게 알리매

23. 모세가 그들에게 이르되 여호와께서 이같이 말씀하셨느니라 내일은 휴일이니 여호와께 거룩한 안식일이라 너희가 구울 것은 굽고 삶을 것은 삶고 그 나머지는 다 너희를 위하여 아침까지 간수하라

24. 그들이 모세의 명령대로 아침까지 간수하였으나 냄새도 나지 아니하고 벌레도 생기지 아니한지라

25. 모세가 이르되 오늘은 그것을 먹으라 오늘은 여호와의 안식일인즉 오늘은 너희가 들에서 그것을 얻지 못하리라

26. 엿새 동안은 너희가 그것을 거두되 일곱째 날은 안식일인즉 그 날에는

없으리라 하였으나
27. 일곱째 날에 백성 중 어떤 사람들이 거두러 나갔다가 얻지 못하니라
28. 여호와께서 모세에게 이르시되 어느 때까지 너희가 내 계명과 내 율법을 지키지 아니하려느냐
29. 볼지어다 여호와가 너희에게 안식일을 줌으로 여섯째 날에는 이틀 양식을 너희에게 주는 것이니 너희는 각기 처소에 있고 일곱째 날에는 아무도 그의 처소에서 나오지 말지니라
30. 그러므로 백성이 일곱째 날에 안식하니라

안식일을 지키도록 하나님께서 여섯째 날에는 양식을 두 배로 주셨습니다. 그것을 믿고 신뢰함으로 하나님을 섬길 수 있었습니다. 안식일을 지킨다는 것은 믿음과 신뢰가 밑받침되어야 가능합니다. 여기서 중요한 것은 육일 동안 일하고, 칠일 째 안식하도록 하셨다는 것입니다.)

3. 구약에는 안식일을, 신약에는 주일을 지키고 있습니다. 창조와 출애굽을 기념하는 한 주의 일곱 번째 날이 구약의 안식일입니다(신 5:15). **그리고 예수님의 부활을 기념하는 날이 주일입니다**(막 16:9, 요 20:19).

토마스 아퀴나스와 웨스트민스터 신앙고백서에 따르면, 단지 날을 세는 방식의 차이라고 합니다. 그러나 제칠일 안식일 예수재림교회는 토요일을 안식일로 지켜야 한다고 합니다.
토요일과 일요일 어느 날에 안식을 하는 것이 더 중요할까요?

(신명기 5:15
너는 기억하라 네가 애굽 땅에서 종이 되었더니 네 하나님 여호와가 강한 손과 편 팔로 거기서 너를 인도하여 내었나니 그러므로 네 하나님 여호와가

네게 명령하여 안식일을 지키라 하느니라

마가복음 16:9
예수께서 안식 후 첫날 이른 아침에 살아나신 후 전에 일곱 귀신을 좇아 내어 주신 막달라 마리아에게 먼저 보이시니

요한복음 20:19
이 날 곧 안식 후 첫날 저녁 때에 제자들이 유대인들을 두려워하여 모인 곳의 문들을 닫았더니 예수님께서 오사 가운데 서서 이르시되 너희에게 평강이 있을지어다

안식일교에서는 토요일이 안식일이라고 하지만 일 년 365일이 정확히 맞아떨어지지 않습니다. 그래서 4년마다 2월에 하루를 더 넣은 윤달이 생기는 것입니다.

1) 수십억 년 지나면서 1분씩 차이가 난다면 오늘날의 안식일은 진짜 안식일이 아닌 지금 안식일교가 말하는 토요일이 주일 혹 금요일일 수도 있습니다.

2) 나라마다 시차가 다릅니다. 어떤 나라에서는 토요일이지만 다른 나라에서는 주일입니다. 같은 시간이지만 시간대가 다르고, 요일이 다릅니다. 그러나 그 날이 토요일이라서 주님이 예배를 받으시고, 주일이라고 받으시는 것이 아닙니다. 이 장소가 거룩하고, 저 장소가 거룩하기에 받으시는 것이 아니라 신령과 진정으로 드리는 예배를 받으신다고 하셨습니다.

3) 안식교는 계시록에 나오는 짐승의 표를 주일(일요일)로 해석하고, 하나님의 인을 안식일(토요일)로 해석하여 토요일에 예배하는 안식교만 참 교회로서 하나님의 인을 받는 교회요, 주일(일요일)에 예배하는 기성교회들은 거짓 교회 즉, 바벨론으로서 짐승의 표를 받는다고 주장하고 있습니다.

이러한 안식교의 주장을 이단으로 비판하지 않는다면 주일(일요일)에 예배하는 기성교회는 짐승의 표를 받은 거짓 교회가 되고, 계시록에 나타나는 음녀 바벨론이라고 주장하는 안식교의 주장을 스스로 인정하는 결과가 될 것입니다.

안식교는 다음과 같은 치명적인 교리적 오류도 있습니다.

1. 불의한 자는 영혼이 없어진다는 영혼 멸절설을 주장
2. 율법을 완벽히 지켜야만 영원한 구원에 이른다는 주장
3. 성부가 성자와 성령보다 우월함을 주장 -삼위일체를 부인)

4. 유대인들은 안식일에 엄격한 1,521가지의 율법적 규율을 가지고 있었습니다.

유대인들은 금요일 해 질 때부터 토요일 해 질 때 까지를 '샤바트', 즉 안식일이라고 부르며 다음과 같은 것들을 금지합니다.

1. 안식일에는 마른 나뭇가지 보다 무거운 것을 들 수 없다.
2. 안식일 직전 새 일을 시작해서는 안 된다.
3. 서기관은 새 펜을 들고 다녀서는 안 된다.
4. 재단사는 바늘을 들고 다녀서는 안 된다.
5. 여인들은 핀을 꽂고 다니면 안 되고 거울을 보아서도 안 된다.
6. 엘리베이터를 이용해서는 안 된다.
7. 공부를 할 수 없다.
8. 음식을 할 수 없다.
9. 설거지, 청소를 할 수 없다.
10. 전기를 켰다가 끌 수 없다.

이런 율법들의 문제점은 무엇인가요?

(주객이 전도 되는 것입니다. 사람이 안식일을 위하여 있는 것처럼 되는 문제가 있습니다.)

5. 율법적 유대인들은 너무 엄격하게 안식일을 지키려다 보니 그것이 오히려 족쇄가 되었습니다. 그러나 21세기 크리스천들은 너무 편하게 주일을 자기가 원하는 대로 자유롭게 보내다 보니 고삐 풀린 망아지 같이 되었습니다. 그렇다면 주님께 참 안식하며 하루를 보낸다는 의미는 무엇일까요? 우리가 주일을 어떻게 지내야 할지 함께 나누어 보세요.

(유대인의 문제는 너무 율법적인 것이지만 반면 크리스천은 너무 자유분방합니다. 그렇기 때문에 균형을 잘 잡아야 합니다. 규율도 필요하지만, 자유도 있어야 합니다.)

6. 크리스천은 주중과 주말 시간을 아주 잘 사용해야 합니다. 우리의 시간을 어떻게 사용하면 더 잘 사용할 수 있을까요?

1) 에베소서 5:16
(세월을 아끼라 때가 악하니라

2) 골로새서 4:5
외인을 향하여서는 지혜로 행하여 세월을 아끼라
(스케줄을 짜야 합니다. 우선순위를 정해야 합니다. 스마트 폰과 인터넷을 줄여야 합니다.)

7. 21세기를 사는 성도는 아주 바쁘게 살아가고 있습니다. 몸도 마음도 많이 지쳐 있습니다. 예수님은 하루 종일 사역하였지만 마음에 참 안식을 누리셨습니다. 그 '안식'의 비결은 무엇이었을까요? 예수님이 새벽과 밤에 하신 일을 살펴보세요(막 1:35).

(마가복음 1:35
새벽 아직도 밝기 전에 예수께서 일어나 나가 한적한 곳으로 가사 거기서 기도하시더니)

8. 바리새인들과 안식일 논쟁에서 예수님이 강조하며 말씀하신 내용은 무엇인가요(막 2:23-27)? 무엇을 알려 주시려고 하셨나요?

(마가복음 2:23-27
23. 안식일에 예수께서 밀밭 사이로 지나가실 새 그의 제자들이 길을 열며 이삭을 자르니
24. 바리새인들이 예수께 말하되 보시오 저들이 어찌하여 안식일에 하지 못할 일을 하나이까
25. 예수께서 이르시되 다윗이 자기와 및 함께 한 자들이 먹을 것이 없어 시장할 때에 한 일을 읽지 못하였느냐
26. 그가 아비아달 대제사장 때에 하나님의 전에 들어가서 제사장 외에는 먹어서는 안 되는 진설병을 먹고 함께 한 자들에게도 주지 아니하였느냐
27. 또 이르시되 안식일이 사람을 위하여 있는 것이요 사람이 안식일을 위하여 있는 것이 아니니

다윗과 함께 한 자들이 제사장만 먹는 진설병을 먹은 것처럼, 안식일의 주인인 예수님이 그렇게 하실 수 있다고 하셨고, 안식일이 중요하지만, 사람이 안식을 누리는 것에 더 초점을 두셨습니다.)

9. 하나님께서 모세를 통해 이스라엘을 출애굽 시키려 하셨습니다. 출애굽기 5장 1-4절을 읽고, 왜 하나님께서 바로에게 이스라엘 백성들을 광야로 보내라고 하셨나요(출 5:1)?

(출애굽기 5:1-4

1. 그 후에 모세와 아론이 바로에게 가서 이르되 이스라엘의 하나님 여호와께서 이렇게 말씀하시기를 내 백성을 보내라 그러면 그들이 광야에서 내 앞에 절기를 지킬 것이니라 하셨나이다

2. 바로가 이르되 여호와가 누구이기에 내가 그의 목소리를 듣고 이스라엘을 보내겠느냐 나는 여호와를 알지 못하니 이스라엘을 보내지 아니하리라

3. 그들이 이르되 히브리인의 하나님이 우리에게 나타나셨은즉 우리가 광야로 사흘 길쯤 가서 우리 하나님 여호와께 제사를 드리려 하오니 가도록 허락하소서 여호와께서 전염병이나 칼로 우리를 치실까 두려워하나이다

4. 애굽 왕이 그들에게 이르되 모세와 아론아 너희가 어찌하여 백성의 노역을 쉬게 하려느냐 가서 너희의 노역이나 하라

출애굽 하게 하신 이유는 단순히 노예제도에서의 해방이 아닙니다. 거룩한 예배자가 되도록 그 시간을 통해 훈련시키신 것입니다.)

10. 윌리엄 윌버포스는 평생 노예제 금지 법안을 통과시키기 위해 노력하였습니다.

'노예 해방의 영웅'이라고 하면 링컨을 떠올리는 이들은 많습니다. 윌버포스라는 이름은 많은 이들에게 여전히 낯섭니다. '영국의 양심' 윌리엄 윌버포스는 영국에서 노예 제도 폐지를 주도한 정치인이었습니다.

1562년에 시작된 영국의 노예무역은 18세기 후반에 이르러서는 국가 기간산업으로 부상했습니다. 당시 바다를 주름잡던 영국은 아프리카에서 끌고 온 흑인들을 신대륙으로 팔아넘기는 중개 무역으로 큰돈을 벌어들이고 있었습니다. 국가 재정 수입의 3분의 1 정도가 노예무역에 의존하고 있을 정도였습니다.

노예선 회물칸에 갇힌 흑인들은 인간 이하의 대접을 받으며 극도로 열악하고 비위생적인 환경에 시달렸습니다. 대서양을 건너는 도중 4분의 1이 넘는 흑인 노예들이 사망했습니다. 그렇지만 노예무역이 비인간적, 비윤리적이라는 지적을 하는 사람은 '국익에 어긋난다.'는 이유로 매국노 취급을 받기 일쑤였습니다. 노예무역 폐지를 부르짖는 것은 정치적 자살 행위나 다름없었습니다.

1780년 21세의 젊은 나이로 하원의원에 당선되면서 정계에 입문한 윌버포스는 이러한 상황에서 지속적으로 노예무역 폐지 법안을 내놓았습니다. 그리고 1787년 첫 법안이 제출되었습니다. 하지만 그 법안에 대해서 고위직에 관심이 있거나 다음 선거를 의식하는 동료 의원들의 반응은 싸늘했습니다. 양심적인 의원들도 노예무역으로 재미를 보던 왕족, 귀족, 농장주, 무역상들의 눈치를 보거나 국가 경제에 미칠 파급을 우려해 차마 윌버포스의 손을 들어주지 못했습니다.

두 차례나 암살 위기가 있었고, 온갖 중상모략이 그를 괴롭혔습니다. 그러나 윌버포스는 포기하지 않았습니다.

그는 의회에서 150여 차례나 노예 제도 폐지의 필요성을 역설하는 연설을 했습니다. 그리고 마침내 그의 노력과 의지가 동료 의원들을 움직였습니다. 1807년 노예무역을 금지하는 법안이 의회에서 통과되었습니다. 20년 동안 투쟁한 결과였습니다.

월버포스는 여기에 그치지 않고 영국 내의 모든 노예들을 해방시키기 위한 노예 제도 완전 폐지 운동을 벌여 나갔습니다. 그리고 1833년 7월 26일, 의회는 대영 제국 내의 모든 노예들을 1년 안에 해방시킨다는 법안을 통과시켰습니다. 병상에 누워 있던 윌버포스는 이 소식을 들은 지 사흘 만에 눈을 감았습니다.

우리는 어떤 사람에게 참 안식을 주도록 부르심을 받았나요? 어떤 부류의 사람이 눈에 들어오고 섬기고 싶나요? 서로 나누어 주세요.

(각자 어떤 사람을 보면 그런지 나누어 주세요. 가난한 사람, 외로운 사람, 지친 사람, 마음이 곤고한 자에게 마음이 갑니다.)

11. 한 유대 랍비는 이렇게 고백하였습니다. "유대인이 안식일을 지킨 것이 아니라 안식일이 유대인을 지켰다" 그렇다면 우리가 이 땅에서 행복하게 살기 위해 우리 자신은 앞으로 어떻게 주일을 거룩히 지킬 것인지를 적고, 나누어 주세요.

1)

2)

3)

12. 앞으로 주일은 주님의 날로 보내야 해요. 이를 위해 토요일 밤부터 주일 밤까지 어떻게 시간을 보낼 것인지 구체적으로 계획을 세우고 서로 나누어 주세요.

Chapter 5

부모를 공경하라

"

출애굽기 20장 12절

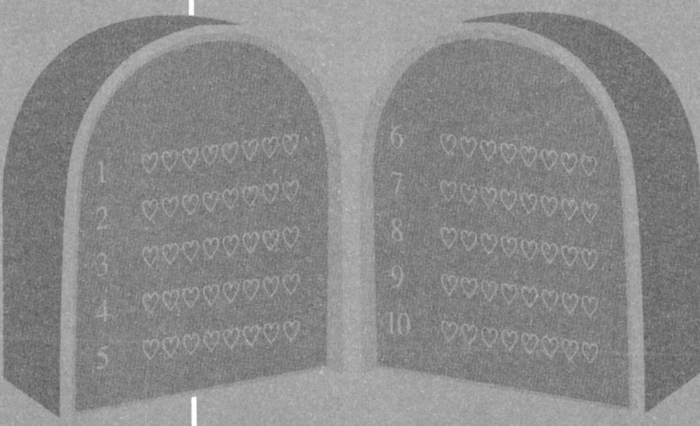

부모를 공경하라

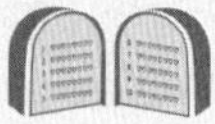

말씀 및 암송구절 | **출 20:12**

네 부모를 공경하라 그리하면 네 하나님 여호와가 네게 준 땅에서 네 생명이 길리라

2007년 울릉군지편찬위원회에서 편찬한 『울릉군지』에 왜 고려장이 없어지게 되었는지에 대한 이야기가 수록되어 있습니다.

『고려장을 폐지하게 한 효심』

옛날 고려시대 울릉도에 효성이 지극한 아들과 나이 일흔이 되는 어머니가 있었습니다. 아들은 나이가 일흔이 넘으면 고려장을 하는 나라의 법을 따라야 했으나, 살아 있는 어머니를 묻을 수가 없어 망설였습니다. 결국 아들은 산속 높은 곳에 넓고 평평한 반석이 있어 이곳에 어머니를 고려장하기로 마음을 먹었습니다. 어머니는 아들이 괴로워할까 봐 걱정이 되어 말도 못하고, 아들은 어머니에게 죄스러워 말도 못하고 서로의 가슴은 찢어지는 것처럼 괴로워했습니다.

갈 길이 멀어서 몇 번씩 쉬면서 가는데, 어머니는 먼 길을 업고 오느라고 힘들 아들 생각을 하니 혹시 아들이 길을 잃지 않을까 걱정이 되어 쉴 때마다 나뭇가지를 꺾었습니다. 드디어 목적지에 도착하였습니다. 어머니는 슬펐지만, 아들의 섭섭해 하는 마음을 잘 알고 있어 겉으로 드러내지 않았습니다. 아들은 어머니가 아들이 잘 살기를 바라는 말을 하자, 가슴이 메어지는 것 같았습니다.

해가 서산으로 뉘엿뉘엿 넘어가려고 하자 아들은 거짓말로 집에 가서 저녁 밥을 가져온다고 하였습니다. 어머니는 혹시 내려가는 길을 모르면 나뭇가지 꺾인 것을 보고 따라가라고 하였습니다. 이 말을 듣고 아들의 가슴은 더욱 찢어지는 것 같았습니다. 집에 돌아와서 어머니가 살림 걱정이며 길을 잃을까 걱정하여 나뭇가지를 꺾어 두었더라는 이야기를 아내에게 하자 아내는 어머니를 다시 모셔오자고 하였습니다.

고려장을 하지 않고 어머니를 모셔 온 일이 나라 전체에 알려지면서 아들은 임금 앞에 불려 가게 되었습니다. 아들의 전후 사정 이야기를 들은 임금도 아들의 효성과 어머니의 자식 사랑에 감동하여 어명을 내려 고려장을 없애게 되었습니다.

1. 어린 시절 혹 최근 부모님께 반항한 적이 있나요?
무엇 때문에 그랬나요?

2. 구약에서 부모를 멸시하거나 저주한 사람을 하나님께서 가만 두지 않으셨습니다. 어떤 벌을 받았나요(출 21:17, 레 20:9)?

1) 출애굽기 21:17

(자기의 아버지나 어머니를 저주하는 자는 반드시 죽일지니라)

2) 레위기 20:9

(만일 누구든지 자기의 아버지나 어머니를 저주하는 자는 반드시 죽일지니 그가 자기의 아버지나 어머니를 저주하였은즉 그의 피가 자기에게로 돌아가리라)

3. 창세기 9장 20-27절을 읽고, 함은 왜 아버지 노아에게 저주를 받았는지 말해 보세요.

(창세기 9:20-27

20. 노아가 농사를 시작하여 포도나무를 심었더니

21. 포도주를 마시고 취하여 그 장막 안에서 벌거벗은지라

22. 가나안의 아버지 함이 그의 아버지의 하체를 보고 밖으로 나가서 그의 두 형제에게 알리매

23. 셈과 야벳이 옷을 가져다가 자기들의 어깨에 메고 뒷걸음쳐 들어가서

그들의 아버지의 하체를 덮었으며 그들이 얼굴을 돌이키고 그들의 아버지의 하체를 보지 아니하였더라
24. 노아가 술이 깨어 그의 작은 아들이 자기에게 행한 일을 알고
25. 이에 이르되 가나안은 저주를 받아 그의 형제의 종들의 종이 되기를 원하노라 하고
26. 또 이르되 셈의 하나님 여호와를 찬송하리로다 가나안은 셈의 종이 되고
27. 하나님이 야벳을 창대하게 하사 셈의 장막에 거하게 하시고 가나안은 그의 종이 되게 하시기를 원하노라 하였더라

치부를 드러내고 감추지 않았기 때문입니다. 우리는 그렇지 않았는지 나누어 주세요.)

4. 로마서 1장 30절과 디모데후서 3장 2절은 부모에게 불순종하는 것을 어떻게 보고 있나요?

1) 로마서 1:30

(비방하는 자요 하나님께서 미워하시는 자요 능욕하는 자요 교만한 자요 자랑하는 자요 악을 도모하는 자요 부모를 거역하는 자요)

2) 디모데후서 3:2

(사람들이 자기를 사랑하며 돈을 사랑하며 자랑하며 교만하며 비방하며 부모를 거역하며 감사하지 아니하며 거룩하지 아니하며

타락성의 일부를 보여주는 것이고, 마지막 때에 그리스도를 배신하는 일의 전조로 보고 있습니다.)

5. **출애굽기 20장 12절과 신명기 5장 16절은 부모를 공경하는 사람들에게 무엇을 약속하나요?**

1) 출애굽기 20:12

(네 부모를 공경하라 그리하면 네 하나님 여호와가 네게 준 땅에서 네 생명이 길리라)

2) 신명기 5:16

(너는 네 하나님 여호와께서 명령한 대로 네 부모를 공경하라 그리하면 네 하나님 여호와가 네게 준 땅에서 네 생명이 길고 복을 누리리라)

왜 십계명 중 5계명만 유일하게 복을 약속하셨을까요?

(하나님 사랑과 연관 되어 있기 때문입니다. 잘 지키지 않기 때문에 보상을 거신 것입니다.)

6. **마가복음 7장 6-13절을 읽고 왜 예수님께서 바리새인들을 책망하셨는지 나누어 주세요.**

(마가복음 7:6-13

6. 이르시되 이사야가 너희 외식하는 자에 대하여 잘 예언하였도다 기록하였으되 이 백성이 입술로는 나를 공경하되 마음은 내게서 멀도다

7. 사람의 계명으로 교훈을 삼아 가르치니 나를 헛되이 경배하는도다 하였느니라

8. 너희가 하나님의 계명은 버리고 사람의 전통을 지키느니라
9. 또 이르시되 너희가 너희 전통을 지키려고 하나님의 계명을 잘 저버리는도다
10. 모세는 네 부모를 공경하라 하고 또 아버지나 어머니를 모욕하는 자는
죽임을 당하리라 하였거늘
11. 너희는 이르되 사람이 아버지에게나 어머니에게나 말하기를 내가 드려
유익하게 할 것이 고르반 곧 하나님께 드림이 되었다고 하기만 하면 그만이
라 하고
12. 자기 아버지나 어머니에게 다시 아무 것도 하여 드리기를 허락하지 아
니하여
13.너희가 전한 전통으로 하나님의 말씀을 폐하며 또 이같은 일을 많이 행
하느니라 하시고

고르반 곧 하나님께 드리는 헌물이라고 하면 부모를 공경하지 않아도 되었습니다. 그렇게 하면서 죄책감이 없었습니다. 하지만 그런 것들은 구원파에서 구원을 이미 다 받았기 때문에 죄가 없다고 하면서 살인을 방조하는 것과 같습니다.

말씀을 올바르게 보지 못했기 때문에 책망하신 것입니다.)

7. 골로새서 3장 18-21절을 읽고, 가정생활의 지침을 적어 보세요.

1)

2)

3)

(골로새서 3:18-21
18. 아내들아 남편에게 복종하라 이는 주 안에서 마땅하니라
19. 남편들아 아내를 사랑하며 괴롭게 하지 말라
20. 자녀들아 모든 일에 부모에게 순종하라 이는 주 안에서 기쁘게 하는 것이니라
21. 아비들아 너희 자녀를 노엽게 하지 말지니 낙심할까 함이라

첫째는 남자에게 복종해야 합니다. 그러나 아내를 사랑하며 괴롭게 하지 않는 범위 내에서 복종하고, 순종해야 합니다. 그리고 주 안에서 복종하며, 선한 일에 복종해야 합니다. 자녀가 부모에게 순종해야 합니다. 그런데 부모는 자녀를 노엽게 하지 않아야 합니다.)

8. 요한복음 2장 1-11절과 19장 25-27절을 읽고, 예수님께서 어머니를 어떻게 공경하셨는지 나누어 보세요.

1) 요한복음 2:1-11

(1. 사흘째 되던 날 갈릴리 가나에 혼례가 있어 예수의 어머니도 거기 계시고
2. 예수와 그 제자들도 혼례에 청함을 받았더니
3. 포도주가 떨어진지라 예수의 어머니가 예수에게 이르되 저들에게 포도주가 없다 하니
4. 예수께서 이르시되 여자여 나와 무슨 상관이 있나이까 내 때가 아직 이르지 아니하였나이다
5. 그의 어머니가 하인들에게 이르되 너희에게 무슨 말씀을 하시든지 그대로 하라 하니라
6. 거기에 유대인의 정결 예식을 따라 두세 통 드는 돌항아리 여섯이 놓였는

지라
7. 예수께서 그들에게 이르시되 항아리에 물을 채우라 하신즉 아귀까지 채우니
8. 이제는 떠서 연회장에게 갖다 주라 하시매 갖다 주었더니
9. 연회장은 물로 된 포도주를 맛보고도 어디서 났는지 알지 못하되 물 떠온 하인들은 알더라 연회장이 신랑을 불러
10. 말하되 사람마다 먼저 좋은 포도주를 내고 취한 후에 낮은 것을 내거늘 그대는 지금까지 좋은 포도주를 두었도다 하니라
11. 예수께서 이 첫 표적을 갈릴리 가나에서 행하여 그의 영광을 나타내시매 제자들이 그를 믿으니라

이 본문은 가나의 혼인 잔치 이야기입니다. 물로 포도주를 만드실 필요가 없었지만 어머니의 말씀에 순종하여 기적을 일으키셨습니다.)

2) 요한복음 19:25-27

(25. 예수의 십자가 곁에는 그 어머니와 이모와 글로바의 아내 마리아와 막달라 마리아가 섰는지라
26. 예수께서 자기의 어머니와 사랑하시는 제자가 곁에 서 있는 것을 보시고 자기 어머니께 말씀하시되 여자여 보소서 아들이니이다 하시고
27. 또 그 제자에게 이르시되 보라 네 어머니라 하신대 그 때부터 그 제자가 자기 집에 모시니라

어머니를 제자를 통해 돌보게 하셨습니다. 부모를 돌보아야합니다.)

9. 성경은 단순히 자녀가 부모만 공경하라고 하지 않습니다. 에베소서 6장 4절과 골로새서 3장 21절은 부모가 자녀에게 어떻게 해야 한다고 말씀하고 있나요?

1) 에베소서 6:4

(또 아비들아 너희 자녀를 노엽게 하지 말고 오직 주의 교훈과 훈계로 양육하라)

2) 골로새서 3:21

(아비들아 너희 자녀를 노엽게 하지 말지니 낙심할까 함이라

이렇게 건강한 자녀를 키우는 것이 건강한 부모가 되는 것입니다.)

10. 이렇게 자녀가 부모를 공경하도록 하기 위해서 잠언 22장 6절은 어떻게 해야 한다고 말씀하고 있나요?

(잠언 22:6

마땅히 행할 길을 아이에게 가르치라 그리하면 늙어도 그것을 떠나지 아니하리라

어릴 때부터 자녀를 훈계하고 가르쳐야 합니다.

매를 든다면 언제부터 매를 들면서 훈계해야 할까요?)

11. 앞으로 어떻게 부모님을 공경해야 할지 세 가지 정도 구체적으로 행동 지침을 적어 보세요!

1)

2)

3)

12. 나의 부모님만 돌보는 것은 주님께서 기뻐하지 않으실 것입니다. 혹, 내가 돌보고, 기도해 드려야 할 주위 어르신은 누가 있을까요? 서로 나누어 주세요.

Chapter 6

살인하지 말라

“

출애굽기 20장 13절

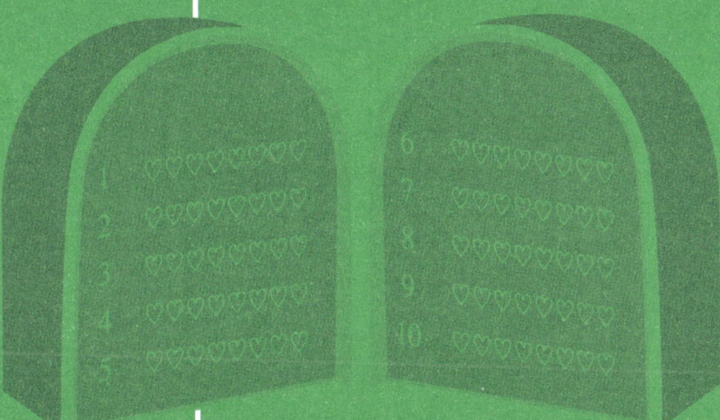

살인하지 말라

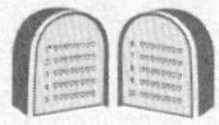

말씀 및 암송구절 | 출 20:13

살인하지 말라

『죽음의 들판 킬링필드』

2018년 캄보디아를 2번이나 갔습니다. 아주 평화로운 나라처럼 보였습니다. 자연도 아름답고, 사람들은 아주 선해 보였습니다. 그런데 '죽음의 들판'을 뜻하는 킬링필드가 그 곳에 있었습니다. 이 킬링필드는 크게 두 가지 의미를 가지고 있습니다.

첫째, 좁은 의미의 '킬링필드'는 1975년 4월 17일 집권한 폴 포트의 크메르루즈 정권이 캄보디아를 지배한 때를 말합니다. 이 기간 3년 8개월 10일 동안 학살, 기아 등으로 인해 캄보디아인 100만 명 이상이 사망한 사건이 벌어졌습니다. 이에 더해 1969~1973년 미군이 베트남군의 보급로를 끊는다며 캄보디아 북부에 폭탄을 대량 투하해 60~80만 명이 사망한 사건을 '1차 킬링필드'로 명명합니다.

둘째, 넓은 의미의 킬링필드는 크메르루즈 정권이 저지른 학살로 죽은 시체들을 한꺼번에 묻은 집단 매장지를 지칭하는 말합니다. 1954년 프랑스로부터 독립한 이후 캄보디아 초대 수상이 된 옛 왕가의 후손 노로돔 시아누크는 비밀경찰을 앞세운 철권통치를 해왔습니다. 1963년 베트남전쟁 때 미국에 대해

비동맹노선을 내세워 거부하고, 베트남군이 캄보디아 동부지역을 군수물자 루트로 이용하도록 하였습니다.

이를 못마땅하게 여긴 미국이 론 놀 장군(크메르 공화국)을 지원해 쿠데타를 일으켜 시아누크 국왕을 쫓아냈습니다. 론 놀 정권(크메르 공화국)은 극심한 좌익탄압을 벌였습니다.

폴 포트(크메르루주 정권)는 1968년 1월 바탐방 부대 습격을 시작으로 무장 투쟁을 개시했고, 크메르루주 세력은 점점 커져 1973년 국토의 3분의 2를 점령하였습니다. 론 놀 군대(크메르 공화국)와 폴 포트(크메르루주 정권) 양측 내전 동안 사망자수가 엄청났습니다.

1975년 미국이 베트남에서 병력을 철수하자 론 놀 정권도 무너졌습니다. 4월 17일 크메르루주 정권이 수도인 프놈펜으로 입성했습니다. 내전으로 인해 대부분 난민 신세가 된 사람들은 향후 벌어질 학살은 예상하지 못한 채 폴 포트(크메르루주 정권)가 이끄는 군대를 해방군이라 부르며 환영했습니다. 그러나 선량한 시민들을 학살하고 말았습니다.

이 학살로 약 1만 7000명의 시신을 매장한 수도 프놈펜 인근의 쯔응아익(Cheung Ek)을 비롯해 캄보디아 전국에서 2만 여개의 집단 매장지들이 생겨났습니다. 수많은 선량한 시민들이 무고하게 죽어갔습니다. 이렇게 캄보디아에는 대량학살로 인한 킬링필드의 아픈 역사를 가지고 있습니다.

1. 어릴 적 키우던 애완동물이 죽어서 슬퍼해 본 적이 있었나요? 혹 다큐멘터리에서 죽는 동물을 보고 가슴 아팠던 적이 있었나요? 서로 나누어 주세요.

(양육반 멤버 중 애완동물이 죽은 적이 있는지 물어봐주시고, 나누도록 해 주세요. 애완동물의 죽음을 안쓰럽게 보고 느끼듯 사람에게도 그렇게 해야 함을 알려 주세요)

2. 창세기 4장 1-8절에서 최초의 살인은 어떻게 일어났나요? 가인의 인생에 어떤 위협을 당하게 되었나요(창 4:14)?

(창세기 4:1-8

1. 아담이 그의 아내 하와와 동침하매 하와가 임신하여 가인을 낳고 이르되 내가 여호와로 말미암아 득남하였다 하니라

2. 그가 또 가인의 아우 아벨을 낳았는데 아벨은 양 치는 자였고 가인은 농사하는 자였더라

3. 세월이 지난 후에 가인은 땅의 소산으로 제물을 삼아 여호와께 드렸고

4. 아벨은 자기도 양의 첫 새끼와 그 기름으로 드렸더니 여호와께서 아벨과 그의 제물은 받으셨으나

5. 가인과 그의 제물은 받지 아니하신지라 가인이 몹시 분하여 안색이 변하니

6. 여호와께서 가인에게 이르시되 네가 분하여 함은 어찌 됨이며 안색이 변함은 어찌 됨이냐

7. 네가 선을 행하면 어찌 낯을 들지 못하겠느냐 선을 행하지 아니하면 죄가 문에 엎드려 있느니라 죄가 너를 원하나 너는 죄를 다스릴지니라

8. 가인이 그의 아우 아벨에게 말하고 그들이 들에 있을 때에 가인이 그의 아우 아벨을 쳐죽이니라

창세기 4:14-15

14주께서 오늘 이 지면에서 나를 쫓아내시온즉 내가 주의 낯을 뵈옵지 못하리니 내가 땅에서 피하며 유리하는 자가 될지라 무릇 나를 만나는 자마다 나를 죽이겠나이다

15 여호와께서 그에게 이르시되 그렇지 아니하다 가인을 죽이는 자는 벌을 칠배나 받으리라 하시고 가인에게 표를 주사 그를 만나는 모든 사람에게서 죽임을 면하게 하시니라

만나는 자마다 가인을 죽이려고 하지만 하나님은 이런 상황 가운데에서도 보호해 주시려는 긍휼의 마음을 베푸십니다.)

3. 제 6계명은 "살인하지 말라!"고 합니다. 그런데 고의가 아닌 실수로 사람을 죽인 자를 위해 어떻게 하라고 말씀하고 있나요(출 21:12-14)?

(출애굽기 21:12-17

12. 사람을 쳐죽인 자는 반드시 죽일 것이나

13. 만일 사람이 고의적으로 한 것이 아니라 나 하나님이 사람을 그의 손에 넘긴 것이면 내가 그를 위하여 한 곳을 정하리니 그 사람이 그리로 도망할 것이며

14. 사람이 그의 이웃을 고의로 죽였으면 너는 그를 내 제단에서라도 잡아 내려 죽일지니라

도피성으로 피하도록 하였습니다.)

4. 성경은 전쟁에서 적군을 죽이는 것을 어떻게 보고 있나요(신 20:10–18)? 하나님은 왜 이런 살인을 허락하셨을까요?

(신명기 20:10-18

10. 네가 어떤 성읍으로 나아가서 치려 할 때에는 그 성읍에 먼저 화평을 선언하라

11. 그 성읍이 만일 화평하기로 회답하고 너를 향하여 성문을 열거든 그 모든 주민들에게 네게 조공을 바치고 너를 섬기게 할 것이요

12. 만일 너와 화평하기를 거부하고 너를 대적하여 싸우려 하거든 너는 그 성읍을 에워쌀 것이며

13. 네 하나님 여호와께서 그 성읍을 네 손에 넘기시거든 너는 칼날로 그 안의 남자를 다 쳐죽이고

14. 너는 오직 여자들과 유아들과 가축들과 성읍 가운데에 있는 모든 것을 너를 위하여 탈취물로 삼을 것이며 너는 네 하나님 여호와께서 네게 주신 적군에게서 빼앗은 것을 먹을지니라

15. 네가 네게서 멀리 떠난 성읍들 곧 이 민족들에게 속하지 아니한 성읍들에게는 이같이 행하려니와

16. 오직 네 하나님 여호와께서 네게 기업으로 주시는 이 민족들의 성읍에서는 호흡 있는 자를 하나도 살리지 말지니

17. 곧 헷 족속과 아모리 족속과 가나안 족속과 브리스 족속과 히위 족속과 여부스 족속을 네가 진멸하되 네 하나님 여호와께서 네게 명령하신 대로 하라

18. 이는 그들이 그 신들에게 행하는 모든 가증한 일을 너희에게 가르쳐 본받게 하여 너희가 너희의 하나님 여호와께 범죄하게 할까 함이니라

화평하겠다면 죽이지 않았지만 그렇지 않으면 전쟁을 하게 하시고, 이방 민족과 문화에 점령당하지 않게 하려고 하셨습니다.)

5. 2016년 11월 9일 오전 10시 낙태죄를 폐지해야 한다는 모임이 있었습니다. 그 내용은 다음과 같습니다.

세종문화회관 계단 앞에서 낙태죄 폐지 결의 범시민사회 공동기자회견 〈더 이상 미룰 수 없다, 낙태죄를 폐지하라〉가 진행되었습니다.

지난 2017년 9월 28일에는 '모두를 위한 낙태죄 폐지 공동행동'이 발족되었습니다. 헌법재판소에서는 낙태죄에 대한 위헌소송이 진행되고 있으며, 청와대 게시판에 235,372명이 '낙태죄 폐지'를 청원하는 등 '낙태죄 폐지'에 대한 사회적 관심이 확산 되었습니다. 이를 지지하는 전국 100여개 범시민 사회단체가 함께 하였습니다.

각 발언은 그 동안 국가가 '낙태죄'와 '모자보건법'을 인구 통제의 수단으로 삼고 그 책임을 모두 여성에게만 전가해 온 역사가 문제라고 고발하고, 국가에 의해 여성의 재 생산권과 건강권이 침해되는 현실이 얼마나 부조리하고 불합리한지 알리려 한다고 주장하였습니다.

– 낙태죄 폐지 요구 기자회견 자료 일부

낙태는 살인일까요? 아니면 여성의 인권을 위해 허용 되어야 할까요? 위의 글을 읽고, 서로의 의견을 나누어 주세요.

6. 이런 경우에 낙태를 찬성해도 될까요?

의대생들이 모인 세미나 자리에서 한 강사가 낙태를 해야 할지 물었습니다.

아버지는 매독에 걸렸습니다. 어머니는 결핵 환자였습니다. 그 부모들 밑에 네 명의 자녀가 태어났습니다. 첫째는 장님이 되었습니다. 둘째는 죽었습니다. 셋째는 눈과 귀가 멀었습니다. 넷째는 결핵 환자였습니다. 이제 그 어머니는 다섯째를 임신하였습니다. 이 자녀가 또 다시 태어나자마자 죽을 수도 있고, 장애 아기가 될 수도 있습니다.

이 다섯째를 낙태 시켜도 될까요? 여러분은 어떻게 생각하세요?

의대생 절반 이상은 낙태를 시켜야 한다고 하였습니다. 그 때 강사는 이렇게 말하였습니다.

"이 아이를 낙태 시켰다면 우리는 세계적인 피아니스트 베토벤을 죽인 것입니다."

강간을 당해 임신한 경우는 낙태를 해도 될까요? 서로의 생각을 나누어 주세요.

7. 성경은 언제부터 사람을 생명체로 인식하고 있을까요?

1) 호세아 12:3

(야곱은 모태에서 그의 형의 발뒤꿈치를 잡았고 또 힘으로는 하나님과 겨루되)

2) 누가복음 1:15

(이는 그가 주 앞에 큰 자가 되며 포도주나 독한 술을 마시지 아니하며 모태로부터 성령의 충만함을 받아)

3) 시편 139:13

(주께서 내 내장을 지으시며 나의 모태에서 나를 만드셨나이다

호세아서 12장 3절에 보면 태중에 있는 야곱과 에서의 관계를 묘사하면서 이렇게 말합니다.

"야곱은 태에서 그 형의 발뒤꿈치를 잡았고." 자궁 속에 있는 야곱이 영혼을 가진 인격적 주체가 아니라면 야곱이 형의 발뒤꿈치를 잡았다는 표현은 이해할 수 있는 길이 없습니다.

누가복음 1장 15절을 읽으면 자궁 속의 세례요한을 가리켜서 "모태로부터 성령의 충만함을 입었다."고 되어 있습니다. 자궁 속의 세례요한이 영혼을 가진 인격체가 아니면 어떻게 성령의 충만함을 입을 수가 있을까요?

예수님을 수태한 마리아가 문안차 찾아 왔다는 소식을 듣고 세례요한이 "복중에서 뛰놀았다."고 하는데(누가복음 1:41), 영혼을 가진 인격적 주체가 아니면 이런 반응을 보일 수가 없습니다.)

8. 대한민국이 OECD 국가 중 자살률 1위라는 건 이미 유명한 이야기가 됐습니다.

2012년 통계에서는 OECD 평균에 비해 2.6배 높은 1등 국가였습니다. 즉 OECD를 넘어 전 세계적으로 자살률 1~2위를 넘나들고 있으며 2018년 기준 15년째 1위가 될 추세입니다.

대한민국의 네이버와 같은 유명 포털 사이트에서는 자살이라는 단어가 자살 방조, 자살 방법 소개와 같은 악영향을 줄 수 있다고 판단하여 검열합니다. 다만 이렇게 막으려 들면서도 상담을 해봤단 얘기는 별로 들리지 않는데, 이는 정신과에 대한 부정적인 생각과 자살하려는 사람의 심각성을 모르는 데에서 기인한 것으로 보입니다.

과학기술이 발전할수록, 거주하는 사회가 조밀해질수록, 국민소득이 높아질수록 더욱더 정신적인 영역에서 공허함을 느끼는 것이 자살의 큰 원인 중 하나입니다.

과거로 갈수록, 사회가 단순하고 지엽적이고, 국민소득이 적을수록 인간의 자살은 물리적인 요인, 즉 빈곤, 기아 등의 영향이 컸던 반면 21세기의 자살 요인은 외부 요인에 의한 개인의 심리적 변화, 자신이 믿고 있는 종교의 교리, 자신의 철학에 크게 좌우되기 때문입니다.

그렇다면 자기 자신을 죽이는 자살은 살인죄에 해당할까요? 아니면, 그렇지 않을까요? 그렇다면, 자살한 사람은 구원받지 못할까요? 자신의 의견을 나누어 주세요.

9. 성경에서 자살한 사람들은 어떤 사람들인가요? 성경은 그런 사람들을 어떻게 보고 있나요?

1) 사사기 9:54

2) 사무엘상 31:4

3) 사무엘하 17:23

4) 열왕기상 16:18

5) 마태복음 27:5

자살은 정말 자살일까요? 아니면 타살일 수도 있을까요? 자살한 자는 모두 다 지옥에 가게 될까요? 서로의 생각을 나누어 주세요.

(성경에 자살한 인물

1) 아비멜렉(삿 9:54 아비멜렉이 자기의 무기를 든 청년을 급히 불러 그에게 이르되 너는 칼을 빼어 나를 죽이라 사람들이 나를 가리켜 이르기를 여자가 그를 죽였다 할까 하노라 하니 그 청년이 그를 찌르매 그가 죽은지라).

2) 사울(사무엘상 31:4
그가 무기를 든 자에게 이르되 네 칼을 빼어 그것으로 나를 찌르라 할례 받지 않은 자들이 와서 나를 찌르고 모욕할까 두려워하노라 하나 무기를 든 자가 심히 두려워하여 감히 행하지 아니하는지라 이에 사울이 자기의 칼을 뽑아서 그 위에 엎드러지매).

3) 아히도벨(사무엘하 17:23 아히도벨이 자기 계략이 시행되지 못함을 보고 나귀에 안장을 지우고 일어나 고향으로 돌아가 자기 집에 이르러 집을

정리하고 스스로 목매어 죽으매 그의 조상의 묘에 장사되니라).

4) 시므리(열왕기상 16:18 시므리가 성읍이 함락됨을 보고 왕궁 요새에 들어가서 왕궁에 불을 지르고 그 가운데에서 죽었으니).

5) 유다(마태복음 27:5 유다가 은을 성소에 던져 넣고 물러가서 스스로 목매어 죽은지라)

이 사람들은 악하고 죄 많은 사람들이었습니다. 성경은 자살을 살인과 동일하게 보는데, 말하자면, 자기 자신을 살인하는 것입니다.

자살한 자는 모두 다 지옥에 가게 될까요?)

10. 고통이 극에 달한 사람을 죽이는 안락사는 살인일까요? 아니면, 의학적으로 도움을 주는 유용한 의료처방일까요? 서로의 의견을 나누어 주세요.

(1) 선택, 2) 권리, 3) 자유를 빼앗는 것. 이중에 어떤 것이라 생각하나요?)

11. 성경은 단순히 육체적 살인만을 살인으로 보지 않습니다. 마태복음 5장 22-24절에서는 어떤 자가 심판을 받게 되고, 지옥 불에 들어가게 된다고 하나요?

(마태복음 5:22-24

22. 나는 너희에게 이르노니 형제에게 노하는 자마다 심판을 받게 되고 형

제를 대하여 라가라 하는 자는 공회에 잡혀가게 되고 미련한 놈이라 하는 자는 지옥 불에 들어가게 되리라
23. 그러므로 예물을 제단에 드리려다가 거기서 네 형제에게 원망들을 만한 일이 있는 것이 생각나거든
24. 예물을 제단 앞에 두고 먼저 가서 형제와 화목하고 그 후에 와서 예물을 드리라)

12. 누가복음 17장 2절은 실족에 대해 말합니다. 그러면서 소자를 실족하게 한 자는 어떻게 해야 한다고 말씀하고 있나요? 왜 실족이 그리 큰 죄일까요?

(누가복음 17:2
그가 이 작은 자 중의 하나를 실족하게 할진대 차라리 연자맷돌이 그 목에 매여 바다에 던져지는 것이 나으리라)

13. 인터넷과 SNS 글을 읽고 죽는 경우가 있습니다. 이렇게 누군가를 죽게 만드는 사람도 문제이지만 어떤 사람의 말과 글로 죽음을 택하는 것도 문제입니다. 잠언 4장 23절은 우리가 어떻게 해야 한다고 말씀하고 있나요?

(잠언 4:23
모든 지킬 만한 것 중에 더욱 네 마음을 지키라 생명의 근원이 이에서 남이니라

상처를 주는 것도 문제이지만 본인이 받은 상처로 인해 죽으려고 하는 것도 문제입니다.)

14. 살인은 사람을 죽이는 것만이 아니라 자연을 훼손하고, 동물을 학대하는 것도 문제입니다.

영국 메트로는 러시아 크라스노다르에 사는 남성이 고양이를 물에 담가 차 보닛을 세척한 것을 보도했습니다. 그 남성은 영상을 인스타그램에 올렸다가 급히 삭제했습니다. 영상에서 남성은 물을 받은 양동이에 고양이를 여러 차례 담갔다가 뺐습니다. 그는 고양이를 마치 스펀지처럼 쥐고 보닛, 범퍼, 앞쪽 헤드라이트까지 구석구석 닦았습니다. 차에 물을 끼얹는 동안에는 고양이 목덜미를 한 손으로 쥐고 있었습니다. 중간에 고양이를 내팽개치려는듯한 동작을 취하기도 했습니다.

남성은 세차하며 "헤드라이트 광내기에 딱이다"라고 말했습니다. 영상을 찍던 친구는 "고양이가 좋아하는 것 같은데?"라며 내내 웃었습니다.

성경은 우리가 타락한 뒤 만물이 어떠한 상태에 있다고 말씀하고 있나요(롬 8:10-22)?

(로마서 8:19-22
19. 피조물이 고대하는 바는 하나님의 아들들이 나타나는 것이니
20. 피조물이 허무한 데 굴복하는 것은 자기 뜻이 아니요 오직 굴복하게 하시는 이로 말미암음이라
21. 그 바라는 것은 피조물도 썩어짐의 종 노릇 한 데서 해방되어 하나님의 자녀들의 영광의 자유에 이르는 것이니라

미세먼지도 우리가 환경을 파괴하여서 발생한 것입니다. 그로 인해 현대에 우리를 포함한 많은 사람들이 이 미세먼지로 인해 위협을 받고 있습니다.)

301
두돌판
양 육

Chapter 7

간음하지 말라

“

출애굽기 20장 14절

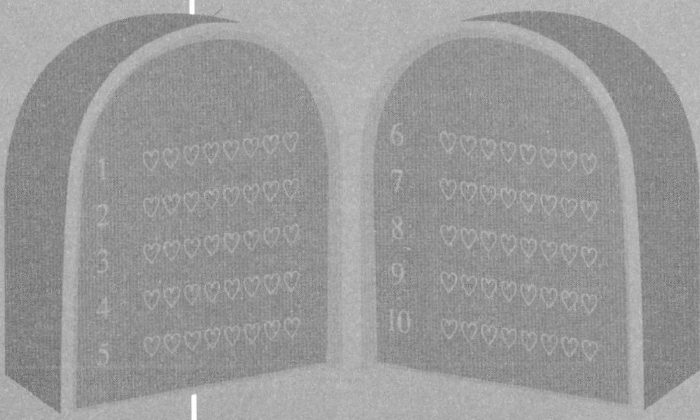

간음하지 말라

말씀 및 암송구절 | 출 20:14

간음하지 말라

『30대 크리스천 여선생님 초등 남학생과 성관계』

2017년 8월 초등학교 여교사가 자신의 학교 6학년 남학생과 성관계를 가진 사건이 있었습니다. 이 일로 경남교육청이 사과도 하고 조치도 취하였습니다. 이 여교사는 본인의 반나체 사진을 전송을 하고, 만두를 사주겠다고 아이를 불러내 만두를 먹였습니다. 그러다가 교실이나 본인의 차 같은 곳에서 아이와 총 9차례의 성관계를 가졌습니다.

이 여교사는 아이가 둘이나 있었다고 합니다. 어린 남학생이 한창 사춘기에 접어들면서 성적으로 성숙해 나가야 하는 중요한 때에 아이를 성적으로 짓밟아 버렸습니다. 더 충격적인 것은 이 여교사가 크리스천이었습니다.

1. 사무엘하 11장 1-17절을 읽고, 다윗이 음욕에 빠진 뒤 범한 십계명은 어떤 것들이 있는지 나누어 주세요.

(사무엘하 11:1-17

1. 그 해가 돌아와 왕들이 출전할 때가 되매 다윗이 요압과 그에게 있는 그의 부하들과 온 이스라엘 군대를 보내니 그들이 암몬 자손을 멸하고 랍바를 에워쌌고 다윗은 예루살렘에 그대로 있더라

2. 저녁 때에 다윗이 그의 침상에서 일어나 왕궁 옥상에서 거닐다가 그 곳에서 보니 한 여인이 목욕을 하는데 심히 아름다워 보이는지라

3. 다윗이 사람을 보내 그 여인을 알아보게 하였더니 그가 아뢰되 그는 엘리암의 딸이요 헷 사람 우리아의 아내 밧세바가 아니니이까 하니

4. 다윗이 전령을 보내어 그 여자를 자기에게로 데려오게 하고 그 여자가 그 부정함을 깨끗하게 하였으므로 더불어 동침하매 그 여자가 자기 집으로 돌아가니라

5. 그 여인이 임신하매 사람을 보내 다윗에게 말하여 이르되 내가 임신하였나이다 하니라

6. 다윗이 요압에게 기별하여 헷 사람 우리아를 내게 보내라 하매 요압이 우리아를 다윗에게로 보내니

7. 우리아가 다윗에게 이르매 다윗이 요압의 안부와 군사의 안부와 싸움이 어떠했는지를 묻고

8. 그가 또 우리아에게 이르되 네 집으로 내려가서 발을 씻으라 하니 우리아가 왕궁에서 나가매 왕의 음식물이 뒤따라 가니라

9. 그러나 우리아는 집으로 내려가지 아니하고 왕궁 문에서 그의 주의 모든 부하들과 더불어 잔지라

10. 어떤 사람이 다윗에게 아뢰되 우리아가 그의 집으로 내려가지 아니하였나이다 다윗이 우리아에게 이르되 네가 길 갔다가 돌아온 것이 아니냐 어찌하여 네 집으로 내려가지 아니하였느냐 하니

11. 우리아가 다윗에게 아뢰되 언약궤와 이스라엘과 유다가 야영 중에 있고
내 주 요압과 내 왕의 부하들이 바깥 들에 진 치고 있거늘 내가 어찌 내 집
으로 가서 먹고 마시고 내 처와 같이 자리이까 내가 이 일을 행하지 아니하
기로 왕의 살아 계심과 왕의 혼의 살아 계심을 두고 맹세하나이다 하니라
12. 다윗이 우리아에게 이르되 오늘도 여기 있으라 내일은 내가 너를 보내
리라 우리아가 그 날에 예루살렘에 머무니라 이튿날
13. 다윗이 그를 불러서 그로 그 앞에서 먹고 마시고 취하게 하니 저녁 때에
그가 나가서 그의 주의 부하들과 더불어 침상에 눕고 그의 집으로 내려가지
아니하니라
14. 아침이 되매 다윗이 편지를 써서 우리아의 손에 들려 요압에게 보내니
15. 그 편지에 써서 이르기를 너희가 우리아를 맹렬한 싸움에 앞세워 두고
너희는 뒤로 물러가서 그로 맞아 죽게 하라 하였더라
16. 요압이 그 성을 살펴 용사들이 있는 것을 아는 그 곳에 우리아를 두니
17. 그 성 사람들이 나와서 요압과 더불어 싸울 때에 다윗의 부하 중 몇 사
람이 엎드러지고 헷 사람 우리아도 죽으니라

다윗은 십계명의 여러 가지를 범하게 되었습니다.

6계명 – 살인하지 말라

7계명 – 간음하지 말라

8계명 – 도둑질하지 말라

9계명 – 거짓증거하지 말라

10계명 – 네 이웃의 물건을 탐내지 말라)

2. 21세기 크리스천 젊은이들의 혼전 성관계는 어떠할까요?

한 기관의 설문조사에 의하면 남자는 59.4%, 여자는 44.4%가 혼전에 성관계를 했다는 결과가 나왔는데 놀라운 것은 이 설문조사가 기독교인 남녀 1,000명을 대상으로 한 결과였습니다.

"결혼 전에 순결을 지켜야 하는가?"라는 질문에는 38.7%만이 "네. 지켜야 합니다!"라고 대답했고, 61.3%가 "잘 모르겠습니다. 꼭 그래야만 합니까?"라고 대답했습니다. 믿는다는 청년들 61.3%가 '혼전 순결'에 대한 성경적 관점도 없고 그 가치도 전혀 모르고 있습니다. 정말 교육과 훈련이 시급한 상황입니다.

결혼 전 성관계를 가진 사람의 수도 조사했습니다. 다시 한 번 말하지만, 기독교인 남녀를 대상으로 한 조사입니다. 여자들은 평균 3.2명, 남자는 평균 6명과 성 경험을 한 후 결혼을 합니다.

정말 가슴 아픈 위선입니다. 한 남자와 한 여자가 부모를 떠나 비로소 한 몸이 되는 거룩해야 할 결혼 서약은 이미 거룩함을 잃어버렸습니다. 거룩함을 잃어버린 서약이 얼마나 단단할지 정말 의문입니다.

– 〈청년아! 깨어나라!!!〉 중

결혼하기 전 "간음하지 말라"는 계명은 무슨 의미일까요?

1) 성관계는 오직 결혼생활을 위한 것이라는 의미입니다.

2) 결혼생활 전 평생 정절을 지키라는 의미입니다.

3) 다른 사람의 결혼관계를 침범해서는 안 된다는 의미입니다.

그럼, 혼외정사가 왜 잘못된 것일까요?

(1) 무분별한 성관계는 그 대상을 사랑하는 것이 아니라 이용하는 것이기 때문입니다.
2) 가정을 무너트리기 때문입니다.
3) 영혼의 상태를 보지 않고 육적인 관계만 가지려고 하기 때문입니다.)

3. 성적 유혹에 빠지면 어떻게 되나요(잠 6:24-26)?

(잠언 6:24-26
24. 이것이 너를 지켜 악한 여인에게, 이방 여인의 혀로 호리는 말에 빠지지 않게 하리라
25. 네 마음에 그의 아름다움을 탐하지 말며 그 눈꺼풀에 홀리지 말라
26. 음녀로 말미암아 사람이 한 조각 떡만 남게 됨이며 음란한 여인은 귀한 생명을 사냥함이니라)

4. 동성애에 대해 어떻게 생각하나요? 자신의 생각을 나누어 주세요.

5. 성경은 동성애를 어떻게 말하고 있나요?

1) 레위기 18:22

(너는 여자와 동침함 같이 남자와 동침하지 말라 이는 가증한 일이니라)

2) 레위기 20:13

(누구든지 여인과 동침하듯 남자와 동침하면 둘 다 가증한 일을 행함인즉 반드시 죽일지니 자기의 피가 자기에게로 돌아가리라)

3) 신명기 23:17-18

(17. 이스라엘 여자 중에 창기가 있지 못할 것이요 이스라엘 남자 중에 남창이 있지 못할지니

18. 창기가 번 돈과 개 같은 자의 소득은 어떤 서원하는 일로든지 네 하나님 여호와의 전에 가져오지 말라 이 둘은 다 네 하나님 여호와께 가증한 것임이니라)

4) 로마서 1:27

(그와 같이 남자들도 순리대로 여자 쓰기를 버리고 서로 향하여 음욕이 불일듯 하매 남자가 남자와 더불어 부끄러운 일을 행하여 그들의 그릇됨에 상당한 보응을 그들 자신이 받았느니라)

5) 고린도전서 6:9-10

(9.불의한 자가 하나님의 나라를 유업으로 받지 못할 줄을 알지 못하느냐 미혹을 받지 말라 음행하는 자나 우상 숭배하는 자나 간음하는 자나 탐색하는 자나 남색하는 자나

10. 도적이나 탐욕을 부리는 자나 술 취하는 자나 모욕하는 자나 속여 빼앗는 자들은 하나님의 나라를 유업으로 받지 못하리라)

6. 동성애가 어떤 사회적 이슈를 만들게 될까요?

(동성애는 가정과 사회에 큰 문제를 일으킵니다.

1) 저출산으로 인한 사회적 이슈를 일으킵니다.
2) 동성애 커플이 입양한 자녀의 정체성에 문제가 있게 됩니다.
3) 에이즈의 확산이 일어나고, 성병이 퍼집니다.)

7. 동성애도 문제이지만 잘못된 이성애도 문제입니다. 결혼 전 무분별한 성관계와 음란물을 즐기는 것은 왜 문제가 될까요?

그렇다면, 스스로 성적 자위를 즐기는 것은 왜 문제가 될 수 있을까요?

(1. 음란과 성 중독에 빠질 수 있습니다.
2. 스스로 자위하기에 결혼 생활 중 부부관계를 갖지 않게 합니다.
3. 자위는 하나님과 사랑하는 사람과의 사이에 깊은 교감을 갖지 못하게 합니다.

8. 성경은 잘못된 성관계에 대해 무엇이라고 말씀하고 있나요?

1) 레위기 20:10-12
(10. 누구든지 남의 아내와 간음하는 자 곧 그의 이웃의 아내와 간음하는 자는 그 간부와 음부를 반드시 죽일지니라
11. 누구든지 그의 아버지의 아내와 동침하는 자는 그의 아버지의 하체를 범하였은즉 둘 다 반드시 죽일지니 그들의 피가 자기들에게로 돌아가리라

12. 누구든지 그의 며느리와 동침하거든 둘 다 반드시 죽일지니 그들이 가증한 일을 행하였음이라 그들의 피가 자기들에게로 돌아가리라)

2) 레위기 20:15-16

(남자가 짐승과 교합하면 반드시 죽이고 너희는 그 짐승도 죽일 것이며
16. 여자가 짐승에게 가까이 하여 교합하면 너는 여자와 짐승을 죽이되 그들을 반드시 죽일지니 그들의 피가 자기들에게로 돌아가리라)

3) 레위기 20:17-18

(17. 누구든지 그의 자매 곧 그의 아버지의 딸이나 그의 어머니의 딸을 데려다가 그 여자의 하체를 보고 여자는 그 남자의 하체를 보면 부끄러운 일이라 그들의 민족 앞에서 그들이 끊어질지니 그가 자기의 자매의 하체를 범하였은즉 그가 그의 죄를 담당하리라
18. 누구든지 월경 중의 여인과 동침하여 그의 하체를 범하면 남자는 그 여인의 근원을 드러냈고 여인은 자기의 피 근원을 드러내었음인즉 둘 다 백성 중에서 끊어지리라)

9. 포르노 산업(음란물, 음란 잡지)이 자동차 산업보다 더 많은 돈을 벌고 있다고 합니다. 이는 그런 음란물을 이용하는 사람들이 많기 때문에 그런 영상물을 제작하고, 몰래 카메라를 찍어 판매하는 사람들이 많아지고 있습니다. 구약의 이스라엘은 어떻게 음란함에 빠졌나요?

1) 민수기 24:25-25:4

25 발람이 일어나 자기 곳으로 돌아가고 발락도 자기 길로 갔더라
01 이스라엘이 싯딤에 머물러 있더니 그 백성이 모압 여자들과 음행하기를
시작하니라
02 그 여자들이 자기 신들에게 제사할 때에 이스라엘 백성을 청하매 백성이
먹고 그들의 신들에게 절하므로
03 이스라엘이 바알브올에게 가담한지라 여호와께서 이스라엘에게 진노하시
니라
04 여호와께서 모세에게 이르시되 백성의 수령들을 잡아 태양을 향하여 여호
와 앞에 목매어 달라 그리하면 여호와의 진노가 이스라엘에게서 떠나리라

2) 요한계시록 2:14

14 그러나 네게 두어 가지 책망할 것이 있나니 거기 네게 발람의 교훈을 지키
는 자들이 있도다 발람이 발락을 가르쳐 이스라엘 자손 앞에 걸림돌을 놓
아 우상의 제물을 먹게 하였고 또 행음하게 하였느니라

당신은 언제 음란물을 처음 보았나요? 음란물을 보는 것이 왜 죄일까요?

(음란물을 이용하는 사람이 많기 때문에 그런 영상물을 제작하고, 몰래 카메라를 찍어 판매하는 사람들이 더욱 증가하고 있습니다.)

10. 그렇다면 결혼하기 전 스킨십은 어느 정도로 하는 것이 가장 좋을까요?

11. 인간의 본능은 잘못된 것이 아닙니다. 음식에 대한 욕구, 수면에 대한 욕구가 자연스러운 것처럼 성에 대한 욕구는 주님께서 주신 것입니다. 이런 성적 욕구를 통해 이성에게 끌리게 되기도 합니다. 그러나 불을 잘못 사용하면 사람을 해치듯 성적 욕구를 잘못 사용하게 되면 다른 사람을 해치게 됩니다. 이처럼 강력한 파워를 가진 '성'을 잘 통제하려면 우리는 어떻게 해야 할까요?

(1. 절제하려고 해야 합니다.
2. 자신의 연약함을 고백하고 서로 조심해야 합니다.
3. 결혼을 하도록 노력해야 합니다.)

12. 요한복음 8장 1-11절을 읽고, 예수님께서 간음한 여인에게 마지막 무엇이라고 말씀하셨나요(11절)?

요한복음 8:1-11

01 예수는 감람 산으로 가시니라
02 아침에 다시 성전으로 들어오시니 백성이 다 나아오는지라 앉으사 그들을
가르치시더니
03 서기관들과 바리새인들이 음행중에 잡힌 여자를 끌고 와서 가운데 세우고
04 예수께 말하되 선생이여 이 여자가 간음하다가 현장에서 잡혔나이다
05 모세는 율법에 이러한 여자를 돌로 치라 명하였거니와 선생은 어떻게 말
하겠나이까
06 그들이 이렇게 말함은 고발할 조건을 얻고자 하여 예수를 시험함이러라
예수께서 몸을 굽히사 손가락으로 땅에 쓰시니
07 그들이 묻기를 마지 아니하는지라 이에 일어나 이르시되 너희 중에 죄 없
는 자가 먼저 돌로 치라 하시고

08 다시 몸을 굽혀 손가락으로 땅에 쓰시니
09 그들이 이 말씀을 듣고 양심에 가책을 느껴 어른으로 시작하여 젊은이까
지 하나씩 하나씩 나가고 오직 예수와 그 가운데 섰는 여자만 남았더라
10 예수께서 일어나사 여자 외에 아무도 없는 것을 보시고 이르시되 여자여
너를 고발하던 그들이 어디 있느냐 너를 정죄한 자가 없느냐
11 대답하되 주여 없나이다 예수께서 이르시되 나도 너를 정죄하지 아니하노
니 가서 다시는 죄를 범하지 말라 하시니라

13. 잘못된 성관계는 원치 않는 임신으로 이어지며 생명을 죽이는 '낙태'에까지 이르게 합니다. 낙태는 신성한 생명의 영역을 함부로 침범하는 행위입니다.

한국의 거룩함을 잃어버린 청년들의 무분별한 '성'은 '낙태'로 이어지고 이로 인해 세상에 나오지도 못하고 생을 마감하는 생명들이 무수합니다. 현재 대한민국의 낙태율은 인구대비 세계 1위라고 합니다. 우리나라 출산율은 세계 최하위인데 말입니다. 이것이야말로 아이러니가 아니고 무엇이겠습니까.

한국의 경우 출산(60~80만)의 약 2.5배 정도의 아기가 낙태(150만~200만)되고 있습니다. 설문조사에 의하면 기혼여성의 53%가 1회 이상의 낙태 경력을 가지고 있습니다. 그리고 더 놀라운 것은 미혼여성의 약 30%가 낙태를 경험했다는 사실입니다. 출산경력이 없는 미산부의 46.6%가 낙태를 한 것으로 보고된 것으로 보아 첫아기의 낙태가 대단히 많습니다.

세계적으로는 일 년에 약 5천 5백만~7천만 명 정도의 어린 아기가 낙태되는 것으로 추정되고 있습니다. 낙태가 합법화된 대표적인 나라인 미국에서는 일 년에 약 160만 건의 낙태가 보고되고 있습니다. 그런데, 낙태가 원칙적으로는 불법인 우리 대한민국 땅(5천백만 명)에서 미국(3억 2천만 명)과 거의 비슷한 낙태가 일어나고 있습니다. 이것은 인구비례로 보면 미국의 6배입니다.

뉴스에선 7쌍 중 1쌍의 가정이 불임으로 고통스러워한다고 하는데 미혼 여성에게서 태어난 어린 생명들이 쓰레기처럼 버려지고 있습니다. 공식 자료만 해도 이렇게 많은데, 비공식적으로는 얼마나 더 많은 생명이 죽어가고 있겠습니까? 이건 믿지 않는 사람들만의 문제가 아닙니다! 믿는 사람들! 예수를 믿는다는 청년들이 생명을 죽이는 일에 앞장선 겁니다. 이게 혼전 성관계와 무관한 일이 아니라는 겁니다.

영성이라는 것은 추상적인 것이 아닙니다. 영성은 생명과 깊은 관계가 있습니다. '선'을 넘지 않기 위해'생명'을 지키기 위해 우리는 절제해야 합니다.

– 〈청년아! 깨어나라!!!〉 중

낙태는 분명 생명을 죽이는 것입니다. 그러면, 누군가에 의해 강간당한 여인의 낙태는 어떻게 해야 할까요? 그런 아이의 임신은 낙태를 허락해도 될까요? 어떻게 생각하는지 서로의 의견을 나누어 주세요.

(강간은 죄입니다. 그런데, 낙태도 죄입니다. 악을 악으로 갚는 것은 성경적이지 않습니다. 죄에 더 큰 살인죄로 갚는 것은 합당하지 않을 수 있습니다.)

Chapter 8

도둑질하지 말라

"

출애굽기 20장 15절

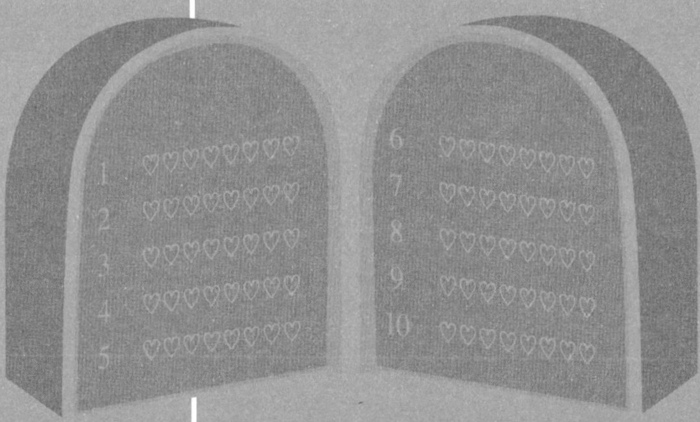

도둑질하지 말라

말씀 및 암송구절 | **출 20:15**

도둑질하지 말라

『임금 도둑질하는 크리스천 기업』

외식사업과 의류를 판매하는 한 기독 기업인이 2016년 1년간 83억 7200만 원에 해당하는 아르바이트 임금을 체불했습니다. 근로자 4만 4360명에게 주어야 할 임금을 주지 않았습니다.

피해자들은 대부분 기간 계약직이나 단시간 근로자들이었습니다. 사원들이 수련회와 예배에 참석하도록 하는 기독교 기업이라고 자부하는 회사입니다.

근로자가 1개월 개근한 경우에는 1일의 유급휴가를 받을 수 있고, 이를 사용하지 못한다면 하루치 임금을 연차수당으로 받을 수 있습니다. 1년 미만 근속한 노동자도 마찬가지입니다. 그러나 이러한 원칙은 지켜지지 않았고, 응당 받을 임금을 받지 못했습니다. 1만 7,388명에게 20억 6800만원이 미지급됐습니다.

근로자를 약정한 근무시간보다 일찍 퇴근시키고, 조퇴 처리하는 경우에는 휴업수당을 줘야 합니다. 왜냐하면 근무자는 사업자의 요구로 인해 약정한 근무시간까지 못 채우기 때문이죠. 그러나 이 회사는 그만큼의 임금을 삭감하여 지급합니다. 3만8690명에게 31억 6900만원을 미지급했습니다.

이 기업은 연장수당과 야간수당도 지급하지 않았습니다. 근무자가 약정한 근무시간을 초과해 일할 경우에는 통상임금의 50% 이상을 연장수당으로 지급해야 합니다. 3만 3,233명에게 23억 500만원의 연장수당을 미지급했습니다.

또한 밤 10시부터 새벽 6시까지 노동시간에 대해서는 통상임금의 50% 이상에 해당하는 야간수당을 지급해야 하지만 이 역시 지켜지지 않았습니다. 1만 6,951명에게 4억 800만원을 미지급했습니다.

그리고 근무시간을 15분 단위로 체크해 추가분의 임금을 지급하지 않았습니다. 소위 말하는 '임금 꺾기'를 하였습니다. 15분을 지나 십 몇 분 더 일했더라도 이에 해당하는 임금을 지급하지 않았습니다. 자투리 시간이라 적게 느껴질 수 있지만 모이면 다릅니다. 2만 3,324명에게 4억 2,200만원을 미지급했습니다.

1. 모든 법전에서는 하나같이 소유권을 보호했고 도둑질을 금했습니다. 민수기 5장 7절은 단순 도둑질을 금할 뿐만 아니라 도둑질한 자에게 무엇을 요구하였습니까?

(민수기 5:7
그 지은 죄를 자복하고 그 죄 값을 온전히 갚되 오분의 일을 더하여 그가 죄를 지었던 그 사람에게 돌려줄 것이요

오분의 일을 더하여 돌려 주라고 하셨습니다.)

2. 야곱은 가정에서 도둑질과 사기를 쳤습니다. 창세기 27장 18–19절은 그가 무엇을 도둑질하였다고 하나요?

(창세기 27:18–19
18. 야곱이 아버지에게 나아가서 내 아버지여 하고 부르니 이르되 내가 여기 있노라 내 아들아 네가 누구냐
19. 야곱이 아버지에게 대답하되 나는 아버지의 맏아들 에서 로소이다 아버지께서 내게 명하신 대로 내가 하였사오니 원하건대 일어나 앉아서 내가 사냥한 고기를 잡수시고 아버지 마음껏 내게 축복하소서

보이지 않는 장자의 축복권을 도적질하였습니다. 물건만이 아니라 축복을 도적질하였습니다. 사회에서 학생이나 조교가 논문을 쓰고, 논문을 쓴 사람의 이름을 교수로 하는 것도 도적질일 것입니다.)

3. 신명기 24장 7절은 물질만 도둑질하는 것을 말씀하는 것이 아니라 사람도 훔쳐서 파는 인신매매에 대해서도 언급합니다. 이런 사람을 어떻게 해야 한다고 말씀하고 있나요?

(신명기 24:7
사람이 자기 형제 곧 이스라엘 자손 중 한 사람을 유인하여 종으로 삼거나 판 것이 발견되면 그 유인한 자를 죽일지니 이같이 하여 너희 중에서 악을 제할지니라

유인한 자를 죽여 악을 제하라고 말씀하고 있습니다.)

4. 도둑질은 남의 것을 빼앗는 것입니다. 그러나 자신에게 주어진 일을 방관하면서 자신의 이익만 추구하는 것도 도둑질입니다. 즉, 게으르게 시간을 보내거나 책임감 없이 일하지 않아야 합니다. 요한복음 10장 12-15절은 이런 사람을 누구라고 하나요?

(요한복음 10:12-15
12. 삯꾼은 목자가 아니요 양도 제 양이 아니라 이리가 오는 것을 보면 양을 버리고 달아나나니 이리가 양을 물어 가고 또 헤치느니라
13. 달아나는 것은 그가 삯꾼인 까닭에 양을 돌보지 아니함이나
14. 나는 선한 목자라 나는 내 양을 알고 양도 나를 아는 것이
15. 아버지께서 나를 아시고 내가 아버지를 아는 것 같으니 나는 양을 위하여 목숨을 버리노라

선한 목자와 대조 되는 인물은 늑대가 아니라 삯만 바라는 삯꾼입니다.)

이런 사람의 특징은 무엇인가요?

1. 목자가 아니라서 위험시 양을 버립니다.
2. 삯을 바라며 자신의 유익만 구하고, 공동체를 돌보지 않고 내팽개쳐 버립니다.
3. 양을 위하여 희생하거나 목숨을 버리지 않습니다.)

5. 장사를 하면서 돈에 해당하는 만큼 물건을 주지 않는 것도 문제입니다. 신명기 25장 13-15절은 장사할 때 어떻게 하라고 말씀하고 있나요?

(신명기 25:13-15
13. 너는 네 주머니에 두 종류의 저울추 곧 큰 것과 작은 것을 넣지 말 것이며
14. 네 집에 두 종류의 되 곧 큰 것과 작은 것을 두지 말 것이요
15. 오직 온전하고 공정한 저울추를 두며 온전하고 공정한 되를 둘 것이라 그리하면 네 하나님 여호와께서 네게 주시는 땅에서 네 날이 길리라)

6. 신명기 24장 15절은 일하는 사람의 품삯을 언제 주어야 한다고 하나요? 왜 그렇게 해야 하나요?

(신명기 24:15
그 품삯을 당일에 주고 해 진 후까지 미루지 말라 이는 그가 가난하므로 그 품삯을 간절히 바람이라 그가 너를 여호와께 호소하지 않게 하라 그렇지 않으면 그것이 네게 죄가 될 것임이라

당일에 주라고 하신 이유는 품삯이 없으면 먹고 살지 못하기 때문입니다.)

여러분은 아르바이트를 하거나 혹 취업 시 품삯을 받지 못하거나 부당하게 적게 받은 적이 있었나요?

7. 영화나 노래를 불법으로 다운 받는 것을 어떻게 봐야 하는가요? 무엇이 문제일까요?

(합당한 돈을 지불하지 않고, 얻는 것은 성경적이지 않습니다. 상업적 가치를 떨어뜨리고, 더 이상 투자할 자금을 얻지 못하게 합니다.)

8. 누가복음 19장 1-9절을 읽으세요. 예수님을 만난 삭개오는 회개하면서 어떻게 부당하게 취한 것을 배상하겠다고 하였나요(눅 19:8)?

(누가복음 19:8
삭개오가 서서 주께 여짜오되 주여 보시옵소서 내 소유의 절반을 가난한 자들에게 주겠사오며 만일 누구의 것을 속여 빼앗은 일이 있으면 네 갑절이나 갚겠나이다

소유의 절반을 주겠다고 하고, 속여 빼앗은 일에 대해서는 네 갑절이나 갚겠다고 하였습니다.)

9. 말라기 3장 7-12절은 우리가 하나님께 도둑질을 했다고 합니다. 무엇을 도둑질 하였다고 하나요(말 3:8)? 하나님은 온전한 십일조를 드리는 자를 어떻게 보호하시고 축복하신다고 하시나요(말 3:12)?

(말라기 3:7-12
7. 만군의 여호와가 이르노라 너희 조상들의 날로부터 너희가 나의 규례를
떠나 지키지 아니하였도다 그런즉 내게로 돌아오라 그리하면 나도 너희에게
로 돌아가리라 하였더니 너희가 이르기를 우리가 어떻게 하여야 돌아가리이
까 하는도다
8. 사람이 어찌 하나님의 것을 도둑질하겠느냐 그러나 너희는 나의 것을 도
둑질하고도 말하기를 우리가 어떻게 주의 것을 도둑질하였나이까 하는도다
이는 곧 십일조와 봉헌물이라
9. 너희 곧 온 나라가 나의 것을 도둑질하였으므로 너희가 저주를 받았느니라
10. 만군의 여호와가 이르노라 너희의 온전한 십일조를 창고에 들여 나의
집에 양식이 있게 하고 그것으로 나를 시험하여 내가 하늘 문을 열고 너희
에게 복을 쌓을 곳이 없도록 붓지 아니하나 보라
11. 만군의 여호와가 이르노라 내가 너희를 위하여 메뚜기를 금하여 너희
토지 소산을 먹어 없애지 못하게 하며 너희 밭의 포도나무 열매가 기한 전
에 떨어지지 않게 하리니
12. 너희 땅이 아름다워지므로 모든 이방인들이 너희를 복되다 하리라 만군
의 여호와의 말이니라

십일조와 봉헌물을 드리지 않은 이유는 자기 것이라는 생각 때문이었습니다. 그리고 봉헌물을 드릴 때 저는 것으로 드리고 온전한 것을 드리지 않았기 때문입니다. 온전한 십일조를 드리는 자에게는 복을 쌓을 곳이 없도록 부어주신다고 하십니다.)

10. 사실, 이 세상에 우리의 것은 아무 것도 없습니다. 우리 몸과 영혼도 우리가 만들지 않았습니다. 만들어지고 주어졌습니다. 우리가 사용하는 물건도 다 우리가 만들지 않았습니다. 공부를 하고 일을 할 수 있

는 것도 다 선물로 주님께로부터 잠시 주어진 것입니다. 그런데 우리는 내 것이라고 합니다. 우리는 청지기적 삶을 살아야 합니다. 마가복음 12장 1-12절에서 그 종들의 문제는 무엇이었나요?

(마가복음 12:1-12
1. 예수께서 비유로 그들에게 말씀하시되 한 사람이 포도원을 만들어 산울타리로 두르고 즙 짜는 틀을 만들고 망대를 지어서 농부들에게 세로 주고 타국에 갔더니
2. 때가 이르매 농부들에게 포도원 소출 얼마를 받으려고 한 종을 보내니
3. 그들이 종을 잡아 심히 때리고 거저 보내었거늘
4. 다시 다른 종을 보내니 그의 머리에 상처를 내고 능욕하였거늘
5. 또 다른 종을 보내니 그들이 그를 죽이고 또 그 외 많은 종들도 더러는 때리고 더러는 죽인지라
6. 이제 한 사람이 남았으니 곧 그가 사랑하는 아들이라 최후로 이를 보내며 이르되 내 아들은 존대하리라 하였더니
7. 그 농부들이 서로 말하되 이는 상속자니 자 죽이자 그러면 그 유산이 우리 것이 되리라 하고
8. 이에 잡아 죽여 포도원 밖에 내던졌느니라
9. 포도원 주인이 어떻게 하겠느냐 와서 그 농부들을 진멸하고 포도원을 다른 사람들에게 주리라
10. 너희가 성경에 건축자들이 버린 돌이 모퉁이의 머릿돌이 되었나니
11. 이것은 주로 말미암아 된 것이요 우리 눈에 놀랍도다 함을 읽어 보지도 못하였느냐 하시니라
12. 그들이 예수의 이 비유가 자기들을 가리켜 말씀하심인 줄 알고 잡고자 하되 무리를 두려워하여 예수를 두고 가니라

종들임에도 불구하고, 주인의 아들까지 죽이고 그 재산을 가지려고 하였습니다.)

11. 가진 자가 가난한 자의 재물을 가로챌 때가 있습니다. 사무엘하 12장 1-11절에 나단 선지자는 다윗에게 와서 무엇을 잘못하였다고 하였나요(삼하 12:9)?

(사무엘하 12:1-11

1. 여호와께서 나단을 다윗에게 보내시니 그가 다윗에게 가서 그에게 이르되 한 성읍에 두 사람이 있는데 한 사람은 부하고 한 사람은 가난하니

2. 그 부한 사람은 양과 소가 심히 많으나

3. 가난한 사람은 아무것도 없고 자기가 사서 기르는 작은 암양 새끼 한 마리뿐이라 그 암양 새끼는 그와 그의 자식과 함께 자라며 그가 먹는 것을 먹으며 그의 잔으로 마시며 그의 품에 누우므로 그에게는 딸처럼 되었거늘

4. 어떤 행인이 그 부자에게 오매 부자가 자기에게 온 행인을 위하여 자기의 양과 소를 아껴 잡지 아니하고 가난한 사람의 양 새끼를 빼앗아다가 자기에게 온 사람을 위하여 잡았나이다 하니

5. 다윗이 그 사람으로 말미암아 노하여 나단에게 이르되 여호와의 살아 계심을 두고 맹세하노니 이 일을 행한 그 사람은 마땅히 죽을 자라

6. 그가 불쌍히 여기지 아니하고 이런 일을 행하였으니 그 양 새끼를 네 배나 갚아 주어야 하리라 한지라

7. 나단이 다윗에게 이르되 당신이 그 사람이라 이스라엘의 하나님 여호와께서 이와 같이 이르시기를 내가 너를 이스라엘 왕으로 기름 붓기 위하여 너를 사울의 손에서 구원하고

8. 네 주인의 집을 네게 주고 네 주인의 아내들을 네 품에 두고 이스라엘과 유다 족속을 네게 맡겼느니라 만일 그것이 부족하였을 것 같으면 내가 네게 이것 저것을 더 주었으리라

9. 그러한데 어찌하여 네가 여호와의 말씀을 업신여기고 나 보기에 악을 행하였느냐 네가 칼로 헷 사람 우리아를 치되 암몬 자손의 칼로 죽이고 그의 아내를 빼앗아 네 아내로 삼았도다

10. 이제 네가 나를 업신여기고 헷 사람 우리아의 아내를 빼앗아 네 아내로
삼았은즉 칼이 네 집에서 영원토록 떠나지 아니하리라 하셨고
11. 여호와께서 또 이와 같이 이르시기를 보라 내가 너와 네 집에 재앙을 일
으키고 내가 네 눈앞에서 네 아내를 빼앗아 네 이웃들에게 주리니 그 사람
들이 네 아내들과 더불어 백주에 동침하리라)

영화, 〈베이비 드라이버〉를 보면 도둑들이 은행을 털기 전 이렇게 이야기를 합니다. "우린, 우리의 잃어버린 것을 다시 은행으로부터 가져와야 한다! 가자!" 도둑질이 아니라 자신들이 누리고 가졌어야 했던 것을 다시 찾아온다고 이야기를 하고 탐욕 가운데 총을 들고 은행으로 갔습니다. 빌립보서 4장 11-13절은 우리의 생각, 마음이 어떠해야 한다고 말씀하고 있나요?

(빌립보서 4:11-13
11. 내가 궁핍하므로 말하는 것이 아니니라 어떠한 형편에든지 나는 자족하
기를 배웠노니
12. 나는 비천에 처할 줄도 알고 풍부에 처할 줄도 알아 모든 일 곧 배부름
과 배고픔과 풍부와 궁핍에도 처할 줄 아는 일체의 비결을 배웠노라
13. 내게 능력 주시는 자 안에서 내가 모든 것을 할 수 있느니라

이미 가진 것으로 족히 여기라!)

12. 사도행전 10장 1-5절에는 고넬료가 등장합니다. 이 고넬료에게 배울 점은 무엇인가요?

(사도행전 10:1-5

1. 가이사랴에 고넬료라 하는 사람이 있으니 이달리야 부대라 하는 군대의 백부장이라

2. 그가 경건하여 온 집안과 더불어 하나님을 경외하며 백성을 많이 구제하고 하나님께 항상 기도하더니

3. 하루는 제 구 시쯤 되어 환상 중에 밝히 보매 하나님의 사자가 들어와 이르되 고넬료야 하니

4. 고넬료가 주목하여 보고 두려워 이르되 주여 무슨 일이니이까 천사가 이르되 네 기도와 구제가 하나님 앞에 상달되어 기억하신 바가 되었으니

5. 네가 지금 사람들을 욥바에 보내어 베드로라 하는 시몬을 청하라

고넬료는 당시에 노예로 있었던 사람들, 다시 말해 낮은 자들을 돌보았습니다.)

13. 세금을 내지 않는 것도 도둑질입니다. 예수님은 마태복음 17장 24-27절에서 무엇이라고 말씀하셨나요?

(마태복음 17:24-27

24. 가버나움에 이르니 반 세겔 받는 자들이 베드로에게 나아와 이르되 너의 선생은 반 세겔을 내지 아니하느냐

25. 이르되 내신다 하고 집에 들어가니 예수께서 먼저 이르시되 시몬아 네 생각은 어떠하냐 세상 임금들이 누구에게 관세와 국세를 받느냐 자기 아들에게냐 타인에게냐

26. 베드로가 이르되 타인에게니이다 예수께서 이르시되 그렇다면 아들들

은 세를 면하리라
27. 그러나 우리가 그들이 실족하지 않게 하기 위하여 네가 바다에 가서 낚시를 던져 먼저 오르는 고기를 가져 입을 열면 돈 한 세겔을 얻을 것이니 가져다가 나와 너를 위하여 주라 하시니라
세금을 내지 않는 크리스천들이 많습니다. 그러나 국가가 잘 운영되도록 세금은 내야 하는 것입니다.)

여러분은 현찰로 내면 세금을 내지 않게 되기에 가격을 깎아 주겠다고 하면 어떻게 하겠습니까? 적게 지출하기 위해 현찰로 계산할 것인가요? 아니면, 더 비싸게 지불 하더라도 카드로 결제하고 세금을 낼 것인가요? 서로 나누어 주세요.

14. 도둑질하지 말라는 말씀은 반대로 오히려 열심히 일하라는 말씀입니다. 성도는 일하고 벌어서 나누어 줄 수 있어야 합니다. 여러분은 얼마나 다른 사람을 구제하고, 도와주고 있나요? 누군가를 더 돕고 섬겨야 할지 서로 나누어 주세요!

1) 가족 혹 친척 중에 섬길 사람이 있나요?

2) 교회 혹 세상에서 섬길 사람이 있나요?

(귀찮니즘을 경계해야 합니다. 열심히 일해서 나누어야 합니다.)

Chapter 9

거짓 증거하지 말라

“

출애굽기 20장 16절

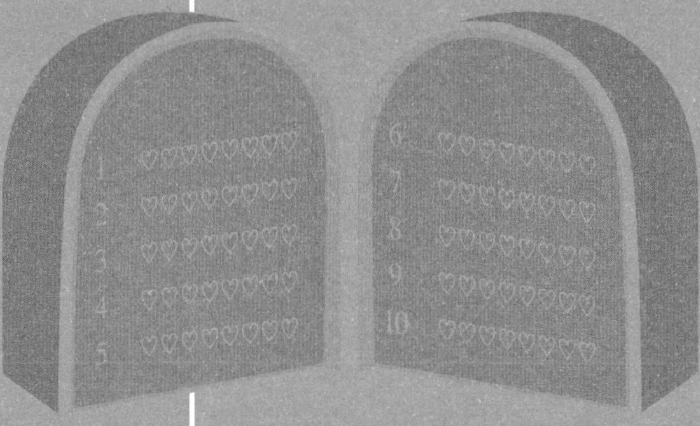

거짓 증거하지 말라

말씀 및 암송구절 | 출 20:16

네 이웃에 대하여 거짓 증거하지 말라

『워터게이트 사건』

베트남전이 끝나기 약 6개월 전 1972년의 대통령 선거전이 한창 열기를 뿜고 있었습니다. 1972년 6월 17일 아침, 경찰은 워싱턴 D.C.에 있는 워터게이트 사무소 건물에 위치한 민주당 전국위원회 사무실에서 카메라와 전자 도청 장치를 휴대하고 침입한 5명의 괴한을 체포하였습니다. 이들 침입자들 중 한 명은 닉슨 재선 선거위원회의 수석 경호원이었습니다. 다른 한 명은 백악관에서 일하던 사람이었습니다. 게다가 이들은 〈워싱턴 포스트〉지 기자들이 조사한 바에 의하면 재선위원회의 비밀자금, 즉 백악관 참모진이 관리하는 자금의 지원을 받고 있었습니다. 기자들의 조사가 확대될수록 이 사건이 닉슨 행정부와 관련 있다는 인상이 짙어졌습니다.

공화당 정권에 맞서 열띤 선거전을 벌이고 있던 민주당은 이 문제를 정치문제로 삼으려 했지만, 이 사건은 사실상 선거 결과에는 거의 영향을 미치지 못했습니다.

그러나 닉슨이 재선된 다음 1973년 봄부터 열린 재판에서 이 사건에 닉슨 대통령의 측근인 할데만과 엘리히만이 관련된 것으로 밝혀졌습니다. 이 사건을 은폐하기 위하여 백악관이 상당한 공작을 하였음이 드러나게 되었습니다. 그럼에도 닉슨은 사건과의 관련을 부인하였고, 한 기자 회견에서는 이렇게 선언까지 하였습니다.

"나는 결코 부정직한 사람이 아니다."

문제가 발생한 기간에 대통령 집무실에서 행해진 모든 대화를 기록한 백악관 녹음 시스템이 상원 청문회에서 폭로되지 않았더라면 진상은 밝혀지지 않을 수도 있었습니다.

조사 과정에서 대통령의 통화내용이 녹음되었다는 것이 밝혀지고 녹음된 테이프마저 공개되자 닉슨이 거짓말을 했다는 것이 분명히 드러났습니다. 이 때문에 민주당이 우세한 하원에서는 닉슨을 탄핵할 준비를 시작했습니다.

결국 닉슨은 1974년 8월 8일 빗발치는 비난 속에 행해진 연설을 통해 사임을 발표하였습니다.

1. 왜 우리는 거짓말하는 것일까요? 자신의 생각을 나누어 주세요.

(1. 손해 보지 않으려고,
2. 자신을 더 좋은 사람으로 포장하려고,
3. 더 많은 이득을 위해서
4. 죄인이기에 거짓을 말합니다.)

2. 거짓말은 잘못된 것이라고 알고 있습니다. 그러면 선의의 거짓말은 어떤가요? 각자의 생각을 나누어 주세요.

3. 창세기 3장 4-5절에 사탄은 아담과 하와에게 나타나 거짓말을 하였습니다. 사탄은 어떤 거짓말을 하였나요?

(창세기 3:4-5
4. 뱀이 여자에게 이르되 너희가 결코 죽지 아니하리라
5. 너희가 그것을 먹는 날에는 너희 눈이 밝아져 하나님과 같이 되어 선악을 알 줄 하나님이 아심이니라)

4. 성경은 하나님이 어떤 분이라고 묘사하고 있나요?

1) 민수기 23:19

(하나님은 사람이 아니시니 거짓말을 하지 않으시고 인생이 아니시니 후회가 없으시도다 어찌 그 말씀하신 바를 행하지 않으시며 하신 말씀을 실행하지 않으시랴)

(2) 사무엘상 15:29

(이스라엘의 지존자는 거짓이나 변개함이 없으시니 그는 사람이 아니시므로 결코 변개하지 않으심이니이다 하니

마음에 있어 거짓과 변심이 없으십니다.)

3) 디도서 1:2

(디도서 1:2

영생의 소망을 위함이라 이 영생은 거짓이 없으신 하나님이 영원 전부터 약속하신 것인데

구원에 있어 거짓이 없으십니다.)

5. 잠언 6장 16-19절에서 하나님은 어떤 사람을 싫어하신다고 하셨나요? 우리 신체의 각 부분이 어떻게 악한 일을 도모하는지 구체적으로 열거해 보세요.

(잠언 6:16-19

16. 여호와께서 미워하시는 것 곧 그의 마음에 싫어하시는 것이 예닐곱 가지이니

17. 곧 교만한 눈과 거짓된 혀와 무죄한 자의 피를 흘리는 손과
18. 악한 계교를 꾀하는 마음과 빨리 악으로 달려가는 발과
19. 거짓을 말하는 망령된 증인과 및 형제 사이를 이간하는 자이니라

거짓된 혀와 거짓을 말하는 망령된 증언을 하지 않아야 한다고 합니다.)

6. 야고보서 3장 1-12절을 읽으라. 야고보는 혀에 대해서 무엇이라고 정의 하였나요(약 3:8)?

(야고보서 3:8
혀는 능히 길들일 사람이 없나니 쉬지 아니하는 악이요 죽이는 독이 가득한 것이라

혀는 사람을 죽이는 살인 도구가 될 수도 있습니다.)

7. 요한계시록 22장 15절은 어떤 자는 심지어 하나님의 도성에 들어가지 못한다고 하였나요?

(요한계시록 22:15
개들과 점술가들과 음행하는 자들과 살인자들과 우상 숭배자들과 및 거짓말을 좋아하며 지어내는 자는 다 성 밖에 있으리라

거짓말을 좋아하고 지어낸 자는 개들, 점술가들, 음행하는 자들, 살인자들, 우상 숭배자들과 같다는 것입니다. 그 정도로 심각한 죄인이라는 것입니다.)

8. 사도행전 5장 1-11절에서 아나니아와 삽비라는 어떤 거짓말을 하였고, 그 결과는 어떠하였는가요?

(사도행전 5:1-11
1. 아나니아라 하는 사람이 그의 아내 삽비라와 더불어 소유를 팔아
2. 그 값에서 얼마를 감추매 그 아내도 알더라 얼마만 가져다가 사도들의 발 앞에 두니
3. 베드로가 이르되 아나니아야 어찌하여 사탄이 네 마음에 가득하여 네가 성령을 속이고 땅 값 얼마를 감추었느냐
4. 땅이 그대로 있을 때에는 네 땅이 아니며 판 후에도 네 마음대로 할 수가 없더냐 어찌하여 이 일을 네 마음에 두었느냐 사람에게 거짓말한 것이 아니요 하나님께로다
5. 아나니아가 이 말을 듣고 엎드러져 혼이 떠나니 이 일을 듣는 사람이 다 크게 두려워하더라
6. 젊은 사람들이 일어나 시신을 싸서 메고 나가 장사하니라
7. 세 시간쯤 지나 그의 아내가 그 일어난 일을 알지 못하고 들어오니
8. 베드로가 이르되 그 땅 판 값이 이것뿐이냐 내게 말하라 하니 이르되 예 이것뿐이라 하더라
9. 베드로가 이르되 너희가 어찌 함께 꾀하여 주의 영을 시험하려 하느냐 보라 네 남편을 장사하고 오는 사람들의 발이 문 앞에 이르렀으니 또 너를 메어 내가리라 하니
10. 곧 그가 베드로의 발 앞에 엎드러져 혼이 떠나는지라 젊은 사람들이 들어와 죽은 것을 보고 메어다가 그의 남편 곁에 장사하니
11. 온 교회와 이 일을 듣는 사람들이 다 크게 두려워하니라)

왜 아나니아와 삽비라 사건을 크게 다루었을까요?

(1) 지도자를 속여서

2) 성령님을 속여서

3) 자기를 드러내려고 한 것이 큰 죄였습니다.

왜냐하면 바나바가 자기의 땅을 다 바칠 때 존경을 받자 자기도 그렇게 하려고 한 것이 문제였습니다.)

9. SNS에서 악플을 달고 거짓 사실을 유포하는 사람이 있습니다. 이렇게 거짓 사실이나 헛소문을 내면 명에 훼손으로 고발을 당하기도 합니다. 그런데 왜 SNS상에서 나눈 내용이 명예 훼손까지 적용이 될까요? 그리고 왜 이런 법적인 제재를 받게 될까요? 서로의 생각을 나누어 주세요.

(1) 한 번 유포가 되면 정정을 해도 사람들은 거짓을 진실로 받아들입니다.

2) 그 상처를 지울 수 없습니다.

3) 한 영혼을 자살로 이끌 수도 있습니다.)

10. 종교인 과세를 하면서 비영리 단체인 교회도 이제 세금을 내고 있습니다. 그런데 종종 사회에서 세금을 덜 내고, 거짓으로 신고하는 경우가 있습니다. 성경은 이런 부분에 대해서 어떻게 말하고 있습니까(막 12:13-17)?

(마가복음 12:13-17

13. 그들이 예수의 말씀을 책잡으려 하여 바리새인과 헤롯당 중에서 사람을 보내매

14. 와서 이르되 선생님이여 우리가 아노니 당신은 참되시고 아무도 꺼리는

일이 없으시니 이는 사람을 외모로 보지 않고 오직 진리로써 하나님의 도를 가르치심이니이다 가이사에게 세금을 바치는 것이 옳으니이까 옳지 아니하니이까

15. 우리가 바치리이까 말리이까 한대 예수께서 그 외식함을 아시고 이르시되 어찌하여 나를 시험하느냐 데나리온 하나를 가져다가 내게 보이라 하시니

16. 가져왔거늘 예수께서 이르시되 이 형상과 이 글이 누구의 것이냐 이르되 가이사의 것이니이다

17. 이에 예수께서 이르시되 가이사의 것은 가이사에게, 하나님의 것은 하나님께 바치라 하시니 그들이 예수께 대하여 매우 놀랍게 여기더라

가이사의 것은 가이사에게 하나님의 것은 하나님에게 드리라고 말씀하고 있습니다. 세금을 안 내려고 하는 사람들이 있습니다. 헌금을 더 하려고 한다고 합니다. 그러나 헌금을 덜 내더라도 본인에게 주어진 세금은 온전히 내는 것이 좋습니다.)

11. 학교나 직장 생활을 하면서 거짓의 유혹에 빠질 때가 있나요? 우리는 어떤 거짓의 유혹을 받을까요? 혹 거래를 하거나 매매 할 때 어떤 거짓과 속임수가 있을까요? 서로 나누어 주세요.

(1) 학교에서 시험 볼 때 커닝하기도 합니다.

2) 대리 출석을 합니다.

3) 과제 공유를 합니다.

4) 페이퍼를 쓸 때 표절합니다.

5) 논문을 쓸 때 데이터를 조작하기도 합니다.

1) 학교 혹 직장에서 거짓 영수증을 쓰는 것도 문제입니다.

2) 가격을 더 비싸게 받으려고 할 수 있습니다.
3) 안 좋은 상품을 팔거나 끼워 팔수도 있습니다.
4) 인맥을 동원하거나 갑질을 할 수도 있습니다.
5) 월급을 적게 주려고 할 수 있습니다.
6) 나라에 세금을 내지 않으려고 할 수도 있습니다.
7) 주어진 시간 게으르게 일하고 일한 척 행동하는 것도 거짓입니다.)

12. 이력서를 쓸 때나 혹 인터뷰를 볼 때 어떤 거짓의 유혹을 받기도 하나요? 서로의 생각을 나누어 주세요.

(1) 거짓 이력을 쓰도록 유혹을 받습니다.
2) 과장되게 자신을 어필하려고도 합니다.
3) 자신의 단점은 숨기고 없는 것처럼 합니다.)

13. 종교에도 거짓 속임수가 있습니다. 1992년 다미 선교회는 시한부 종말론을 주장하면서 성도들에게 어떻게 피해를 입혔나요?

다미선교회는 1992년 당시 해외에도 40개 지부 1,000여 명의 신도가 있었습니다. 당시 한 신도가 미국에서 '92년 10월 28일 예수가 재림하고 99년에 인류가 멸망한다.'며 포교 활동을 하였습니다. 공공방송에서 10월 28일 휴거를 기다린 자들이 휴거 되지 않음을 방송하였습니다.

적지 않은 가정이 10월 28일 재림론으로 인해 가정이 붕괴되거나 치유할 수 없는 상처를 입었습니다.

건강한 가치관과 시민의식을 심어주어야 할 교회가 사회적 무질서와 혼란을 가중시키는 결과를 초래하자 사회가 교회를 외면하기 시작했습니다.

교회는 광신자들의 집단으로 인식되기 시작했으며 방송과 언론들의 곱지 않은 시각이 연이어졌습니다. 이후 줄기차게 교회의 부정적인 면들이 언론에 계속적으로 노출되어 반기독교 정서가 눈에 띄게 증가했습니다.

휴거 소동이 낳은 이러한 부정적 결과들로 인해 해방 후 계속 성장하던 한국교회는 1992년 시한부종말론을 기점으로 교세 감소가 급격히 진행되었던 것입니다.

이런 이단의 광적인 모습은 기독교에 대한 혐오감을 자극하고 반기독교 정서를 확산시켰습니다.

헌데 기가 막히게도 요즘은 베리칩 광신도들이 이장림 목사의 다미선교회를 계승한 조직처럼 열성적으로 활동하며 미혹하고 있습니다.

우리는 이렇게 미혹 당하지 않기 위하여 어떻게 해야 할까요? 교회는 다니지만 믿음이 없고, 요한계시록의 종말의 말씀을 알지 못하는 믿지 않는 자를 어떻게 잘 이끌 수 있을까요?

14. 개인의 SNS에도 실제와 다른 사진과 이야기를 쓸 수 있습니다. 이런 현상은 마케팅과 광고에 더 심각합니다. 때로, 이런 것은 거짓 증거가 될 수도 있습니다. 성경은 우리가 '이생의 자랑'의 유혹을 받을 수 있다고 합니다(요일 2:15-17)**. 너무 잘 자신을 포장하려다 이런 유혹을 받아 본 적이 있었나요?**

(요한일서 2:15-17
15. 이 세상이나 세상에 있는 것들을 사랑하지 말라 누구든지 세상을 사랑하면 아버지의 사랑이 그 안에 있지 아니하니
16. 이는 세상에 있는 모든 것이 육신의 정욕과 안목의 정욕과 이생의 자랑이니 다 아버지께로부터 온 것이 아니요 세상으로부터 온 것이라
17. 이 세상도, 그 정욕도 지나가되 오직 하나님의 뜻을 행하는 자는 영원히 거하느니라)

Chapter 10

네 이웃의 소유를 탐내지 말라

"

출애굽기 20장 17절

네 이웃의 소유를 탐내지 말라

말씀 및 암송구절 | 출 20:17

네 이웃의 집을 탐내지 말라 네 이웃의 아내나 그의 남종이나 그의 여종이나 그의 소나 그의 나귀나 무릇 네 이웃의 소유를 탐내지 말라

『탐욕스러운 눈』

알렉산더는 전 세계를 정복한 후에 고국인 마게도니아를 향해서 귀국 길에 올랐습니다. 도중에 그는 한 시내를 만나 물가로 내려갔습니다. 그리고 배낭에서 소금에 절인 물고기 몇 마리를 꺼내서 물에 깨끗하게 씻기 시작했습니다. 그런데 아주 놀라운 일이 벌어졌습니다. 절인 물고기가 물에 닿자마자 살아서 움직이게 된 것입니다.

깜짝 놀란 알렉산더는 시냇물 속으로 뛰어 들어가 목욕을 하였습니다.

"이제 나는 알았다. 이 시냇물은 낙원에서 흘러나오는구나! 빨리 이 물로 얼굴을 씻자. 그리고 물줄기를 따라 올라가 보자. 그러면 반드시 낙원이 있을 것이다."

그가 얼굴을 씻자 눈빛은 별처럼 초롱초롱 빛나기 시작했습니다. 얼굴에서는 광채가 났습니다. 몸에서는 새 힘이 솟아올랐습니다. 그는 과거에 단 한 번도 느껴본 적이 없는 행복을 맛보았습니다. 그는 재빨리 낙원의 문으로 올라갔습니다. 그러나 아쉽게도 문은 굳게 닫혀 있었습니다.

그는 크게 소리를 질렀습니다.

"문을 열어라! 알렉산더가 들어간다!"

그 즉시 대답이 들려왔습니다. "이곳은 영원으로 통하는 문이다. 오직 경건한 자들만이 이리로 들어올 수가 있다." 알렉산더는 문이 열리지 않는 것을 보고 간청하였습니다.

"오, 천국의 문들이여. 내가 천국 문 앞까지 왔다간다는 증거를 하나만 주시옵소서."

그러자 낙원의 문들은 긍휼을 베풀어서 잠깐 동안 열렸습니다. 그때 사람의 눈알 하나가 그를 향해 굴러왔습니다. 깜짝 놀란 알렉산더는 그것을 집어서 자신의 배낭 안에 넣었습니다. 그리고 그는 마게도니야를 향한 귀국 길에 올랐습니다. 알렉산더는 고국에 도착하자마자 현인들을 한데 불러 모았습니다. 그는 자신이 겪었던 모든 일들을 그들에게 이야기 하였습니다.

"내가 받은 그 이상한 선물은 무엇을 의미합니까?"

왕이 이렇게 묻자 현인들이 말했습니다.

"오, 왕이시여, 그 눈알을 저울 위에 놓고 달아 보십시오."

"뭐라고요?"

알렉산더가 되물었습니다. "눈알 무게는 얼마 나가지 않습니다."

현인들이 말했습니다.

"그대로 하셔야 합니다. 저울 반대편에는 금 한 조각을 달아보십시오. 그러면 어느 것이 더 무거운지 알게 될 것입니다."

알렉산더는 그들이 요청한 대로 하였습니다. 놀랍게도 그 눈알이 금 한 조각보다 더 무거웠습니다. 알렉산더는 그 저울에 또 다른 금화 하나를 올렸습니다. 그런데 아직도 눈이 더 무거웠습니다. 그러자 그는 손에 쥔 모든 금화들을 저울에 달았습니다. 그리고 가지고 있는 모든 금은보화도 달아보라고 명령하였습니다. 그런데 아직도 모든 보물보다 눈알이 더 무거웠습니다.

"폐하께서 모든 병거와 말과 궁전을 가져다가 그 천칭저울에 단다고 해도, 그 눈알은 그 모든 것 보다도 더 무거울 것입니다."

현인들은 그렇게 말했습니다. 왕이 물었습니다.

"그대들은 이 일을 어떻게 설명하시겠소?"

현인들이 또 말했습니다.

"이 일에서 교훈을 배우셔야 합니다. 오, 왕이시여, 인간의 눈은 그 무엇을 보아도 절대로 만족할 줄 모릅니다. 당신이 아무리 많은 보물을 보여준다 하더라도, 그 눈에는 결코 차지 않고, 더욱 보려고 할 뿐이지요."

– 탈무드 이야기 중

1. 미국은 공공교육기관의 예산을 다 합쳐도 광고에 드는 비용보다 적다고 합니다. 그만큼 광고비를 많이 사용합니다. 광고는 기존의 물건에 만족하지 않고 사람들이 새로운 것을 구입하도록 합니다. 오래 되지 않고 불편하지 않은 제품을 다시 새로운 것으로 교체하도록 열망하도록 합니다. 당신이 최근에 필요하지 않은데도 구입한 것이 있나요? 왜 그것을 구입하였나요?

(옷, 핸드백, 핸드폰, 삼성이나 아이폰이 매년 새로운 제품을 생산합니다. 마케팅으로 소비 욕구를 조장합니다. 맥시멀 라이프를 사는 사람도 있습니다. 이것저것 사고 집에 두는 것입니다.)

2. 21세기 2008년 미국은 서프라임 모지기 사건으로 재정적인 난국을 경험했습니다. 한국도 버블경제로 언제 무너질지 모르는 상황입니다. 그런 가운데 나라, 기업, 개인 부채가 6천조에 달하고 있습니다. 과소비를 조장하는 문화 속에 살고 있습니다. 신용카드 또한 과소비에 한 몫을 하고 있습니다. 과소비를 피할 수 있는 방법은 무엇이 있을까요?

3. 열왕기상 21장 1–16절을 읽고, 아합과 이세벨은 어떤 횡포를 행했나요?

(열왕기상 21:1–16
1. 그 후에 이 일이 있으니라 이스르엘 사람 나봇에게 이스르엘에 포도원이 있어 사마리아의 왕 아합의 왕궁에서 가깝더니

2. 아합이 나봇에게 말하여 이르되 네 포도원이 내 왕궁 곁에 가까이 있으니 내게 주어 채소 밭을 삼게 하라 내가 그 대신에 그보다 더 아름다운 포도원을 네게 줄 것이요 만일 네가 좋게 여기면 그 값을 돈으로 네게 주리라
3. 나봇이 아합에게 말하되 내 조상의 유산을 왕에게 주기를 여호와께서 금하실지로다 하니
4. 이스르엘 사람 나봇이 아합에게 대답하여 이르기를 내 조상의 유산을 왕께 줄 수 없다 하므로 아합이 근심하고 답답하여 왕궁으로 돌아와 침상에 누워 얼굴을 돌리고 식사를 아니하니
5. 그의 아내 이세벨이 그에게 나아와 이르되 왕의 마음에 무엇을 근심하여 식사를 아니하나이까
6. 왕이 그에게 이르되 내가 이스르엘 사람 나봇에게 말하여 이르기를 네 포도원을 내게 주되 돈으로 바꾸거나 만일 네가 좋아하면 내가 그 대신에 포도원을 네게 주리라 한즉 그가 대답하기를 내가 내 포도원을 네게 주지 아니하겠노라 하기 때문이로다
7. 그의 아내 이세벨이 그에게 이르되 왕이 지금 이스라엘 나라를 다스리시나이까 일어나 식사를 하시고 마음을 즐겁게 하소서 내가 이스르엘 사람 나봇의 포도원을 왕께 드리리이다 하고
8. 아합의 이름으로 편지들을 쓰고 그 인을 치고 봉하여 그의 성읍에서 나봇과 함께 사는 장로와 귀족들에게 보내니
9. 그 편지 사연에 이르기를 금식을 선포하고 나봇을 백성 가운데에 높이 앉힌 후에
10. 불량자 두 사람을 그의 앞에 마주 앉히고 그에게 대하여 증거하기를 네가 하나님과 왕을 저주하였다 하게 하고 곧 그를 끌고 나가서 돌로 쳐죽이라 하였더라
11. 그의 성읍 사람 곧 그의 성읍에 사는 장로와 귀족들이 이세벨의 지시 곧 그가 자기들에게 보낸 편지에 쓴 대로 하여
12. 금식을 선포하고 나봇을 백성 가운데 높이 앉히매

13. 때에 불량자 두 사람이 들어와 그의 앞에 앉고 백성 앞에서 나봇에게 대하여 증언을 하여 이르기를 나봇이 하나님과 왕을 저주하였다 하매 무리가 그를 성읍 밖으로 끌고 나가서 돌로 쳐죽이고

14. 이세벨에게 통보하기를 나봇이 돌에 맞아 죽었나이다 하니

15. 이세벨이 나봇이 돌에 맞아 죽었다 함을 듣고 이세벨이 아합에게 이르되 일어나 그 이스르엘 사람 나봇이 돈으로 바꾸어 주기를 싫어하던 나봇의 포도원을 차지하소서 나봇이 살아 있지 아니하고 죽었나이다

16. 아합은 나봇이 죽었다 함을 듣고 곧 일어나 이스르엘 사람 나봇의 포도원을 차지하러 그리로 내려갔더라)

4. 여호수아 7장 19–26절에서 아간은 어떤 죄를 저질렀고 그의 최후는 어떠하였나요?

(여호수아 7:19–26

19. 그러므로 여호수아가 아간에게 이르되 내 아들아 청하노니 이스라엘의 하나님 여호와께 영광을 돌려 그 앞에 자복하고 네가 행한 일을 내게 알게 하라 그 일을 내게 숨기지 말라 하니

20. 아간이 여호수아에게 대답하여 이르되 참으로 나는 이스라엘의 하나님 여호와께 범죄하여 이러이러하게 행하였나이다

21. 내가 노략한 물건 중에 시날 산의 아름다운 외투 한 벌과 은 이백 세겔과 그 무게가 오십 세겔 되는 금덩이 하나를 보고 탐내어 가졌나이다 보소서 이제 그 물건들을 내 장막 가운데 땅 속에 감추었는데 은은 그 밑에 있나이다 하더라

22. 이에 여호수아가 사자들을 보내매 그의 장막에 달려가 본즉 물건이 그의 장막 안에 감추어져 있는데 은은 그 밑에 있는지라

23. 그들이 그것을 장막 가운데서 취하여 여호수아와 이스라엘 모든 자손에게 가지고 오매 그들이 그것을 여호와 앞에 쏟아 놓으니라
24. 여호수아가 이스라엘 모든 사람과 더불어 세라의 아들 아간을 잡고 그 은과 그 외투와 그 금덩이와 그의 아들들과 그의 딸들과 그의 소들과 그의 나귀들과 그의 양들과 그의 장막과 그에게 속한 모든 것을 이끌고 아골 골짜기로 가서
25. 여호수아가 이르되 네가 어찌하여 우리를 괴롭게 하였느냐 여호와께서 오늘 너를 괴롭게 하시리라 하니 온 이스라엘이 그를 돌로 치고 물건들도 돌로 치고 불사르고
26. 그 위에 돌 무더기를 크게 쌓았더니 오늘까지 있더라 여호와께서 그의 맹렬한 진노를 그치시니 그러므로 그 곳 이름을 오늘까지 아골 골짜기라 부르더라

그의 최후는 가족 전체가 수치와 고통을 당하였습니다.)

5. 바울은 디모데전서 6장 10절에서 돈을 사랑하는 것을 어떻게 묘사하고 있나요?

(디모데전서 6:10
돈을 사랑함이 일만 악의 뿌리가 되나니 이것을 탐내는 자들은 미혹을 받아 믿음에서 떠나 많은 근심으로써 자기를 찔렀도다

돈 자체는 악이 아닙니다. 돈을 사랑하는 타락한 마음이 문제입니다.)

6. 골로새서 3장 5절은 탐심을 무엇이라고 정의하고 있나요?

(골로새서 3:5
그러므로 땅에 있는 지체를 죽이라 곧 음란과 부정과 사욕과 악한 정욕과 탐심이니 탐심은 우상 숭배니라

우싱 숭배는 추상적인 것이 아닙니다. 탐심과 탐욕이 우상을 만들고 숭배하게 만듭니다.)

7. 디모데전서 6장 6절은 이런 탐심을 이겨 내고 성도로 살기 위해서 무엇이 필요하다고 하는가요?

(디모데전서 6:6
그러나 자족하는 마음이 있으면 경건은 큰 이익이 되느니라

자족하는 마음이 있으면 경건에 큰 이익이 된다고 합니다.
책을 쓰거나, 운동을 하거나, 인맥을 쌓거나 할 때 자족하는 마음이 필요합니다.)

성경은 만족함에 있어 치명적인 적이 무엇이라고 하는가요(마 6:27)?

(마태복음 6:25-34
25. 그러므로 내가 너희에게 이르노니 목숨을 위하여 무엇을 먹을까 무엇을 마실까 몸을 위하여 무엇을 입을까 염려하지 말라 목숨이 음식보다 중하지 아니하며 몸이 의복보다 중하지 아니하냐

26. 공중의 새를 보라 심지도 않고 거두지도 않고 창고에 모아들이지도 아니
하되 너희 하늘 아버지께서 기르시나니 너희는 이것들보다 귀하지 아니하냐
27. 너희 중에 누가 염려함으로 그 키를 한 자라도 더할 수 있겠느냐
28. 또 너희가 어찌 의복을 위하여 염려하느냐 들의 백합화가 어떻게 자라
는가 생각하여 보라 수고도 아니하고 길쌈도 아니하느니라
29. 그러나 내가 너희에게 말하노니 솔로몬의 모든 영광으로도 입은 것이
이 꽃 하나만 같지 못하였느니라
30. 오늘 있다가 내일 아궁이에 던져지는 들풀도 하나님이 이렇게 입히시거
든 하물며 너희일까보냐 믿음이 작은 자들아
31. 그러므로 염려하여 이르기를 무엇을 먹을까 무엇을 마실까 무엇을 입을
까 하지 말라
32. 이는 다 이방인들이 구하는 것이라 너희 하늘 아버지께서 이 모든 것이
너희에게 있어야 할 줄을 아시느니라
33. 그런즉 너희는 먼저 그의 나라와 그의 의를 구하라 그리하면 이 모든 것
을 너희에게 더하시리라
34. 그러므로 내일 일을 위하여 염려하지 말라 내일 일은 내일이 염려할 것
이요 한 날의 괴로움은 그 날로 족하니라)

8. 예수님은 마태복음 6장 33절에서 성도가 어떻게 해야 모든 것을 더하는 축복을 받는다고 하셨나요?

(마태복음 6:33

그런즉 너희는 먼저 그의 나라와 그의 의를 구하라 그리하면 이 모든 것을 너희에게 더하시리라)

9. 바울이 돈에 관한 바른 가치관을 가졌던 이유가 무엇일까요? 히브리서 13장 5-6절에서 나타난 그의 재정관과 일체의 비결을 찾아보세요.

(히브리서 13:5-6
5. 돈을 사랑하지 말고 있는 바를 족한 줄로 알라 그가 친히 말씀하시기를 내가 결코 너희를 버리지 아니하고 너희를 떠나지 아니하리라 하셨느니라
6. 그러므로 우리가 담대히 말하되 주는 나를 돕는 이시니 내가 무서워하지 아니하겠노라 사람이 내게 어찌하리요 하노라)

10. 너무 지나친 금욕적 무소유주의도 문제이고, 너무 지나치게 과도한 물질주의도 문제입니다. 그 이유는 무엇일까요?

(금욕적 무소유 주의는 성경의 청지기 정신과 다릅니다. 청지기는 주어진 물질을 잘 관리하고 늘려서 주인이 원하는 기업을 유지하고 선을 베푸는 것입니다. 반면 금욕적 무소유 주의자들은 물질을 사랑하고 그 욕심에 사로잡혀 삽니다. 주님이 원하시는 곳에 마음과 물질을 흘려보내지 못합니다.)

11. 한국에는 복권을 사며 일확천금을 얻으려고 하는 사람들이 많습니다. 복권은 성경적으로 볼 때 합당한 것일까요? 아니면 주님이 원하지 않는 투기일까요? 서로 나누어 주세요.

(성경은 "일하지 않은 자 먹지도 말라"(데살로니가후서 3:10)고 하였습니다.)

12. 우리는 자본주의 사회에서 살아가고 있습니다. 한국은 특히 부동산을 매입하고 판매하여 이익을 추구하는 사람들이 있습니다. 이런 방법으로 돈을 벌며 사는 것이 성경적으로 볼 때 어떨까요? 합리적인 경제활동일까요? 아닐까요?

(부동산은 다른 사람의 생존과 관계됩니다. 살 곳과 경작할 땅을 얻지 못하게 하는 것입니다. 투기라고 볼 수 있는 것은 집값을 올리고, 다른 사람들이 집을 살 수 없게 만들기 때문에 성경적으로 볼 때 합리적인 경제활동은 아닙니다.)

13. 누가복음 12장 16-21절에 나오는 부자의 문제는 무엇인가요?

(누가복음 12:16-21
16. 또 비유로 그들에게 말하여 이르시되 한 부자가 그 밭에 소출이 풍성하매
17. 심중에 생각하여 이르되 내가 곡식 쌓아 둘 곳이 없으니 어찌할까 하고
18. 또 이르되 내가 이렇게 하리라 내 곳간을 헐고 더 크게 짓고 내 모든 곡식과 물건을 거기 쌓아 두리라
19. 또 내가 내 영혼에게 이르되 영혼아 여러 해 쓸 물건을 많이 쌓아 두었으니 평안히 쉬고 먹고 마시고 즐거워하자 하리라 하되
20. 하나님은 이르시되 어리석은 자여 오늘 밤에 네 영혼을 도로 찾으리니 그러면 네 준비한 것이 누구의 것이 되겠느냐 하셨으니
21. 자기를 위하여 재물을 쌓아 두고 하나님께 대하여 부요하지 못한 자가 이와 같으니라

자기를 위하여 재물을 쌓아 두고 하나님께 대하여 부요하지 못한 것이 문제입니다.)

14. 마태복음 6장 24-25절은 우리가 이방인들처럼 살지 않기를 원하십니다. 이방인들처럼 사는 삶은 어떤 것인가요?

(마태복음 6:24-25
24. 한 사람이 두 주인을 섬기지 못할 것이니 혹 이를 미워하고 저를 사랑하거나 혹 이를 중히 여기고 저를 경히 여김이라 너희가 하나님과 재물을 겸하여 섬기지 못하느니라
25. 그러므로 내가 너희에게 이르노니 목숨을 위하여 무엇을 먹을까 무엇을 마실까 몸을 위하여 무엇을 입을까 염려하지 말라 목숨이 음식보다 중하지 아니하며 몸이 의복보다 중하지 아니하냐)

301 두 돌판 양육 생활과제	
1과	3명에게 말씀 문자 혹 카톡 주기
2과	부모님 혹 가족에게 편지쓰기
3과	미디어(인터넷, TV, SNS)금식
4과	주중 교회 와서 1시간 기도하고 가기
5과	3명에게 작은 선물(1-3천원)하기
6과	인생계획표(5년 주기 80세 까지) 짜기
7과	자신의 기도제목 3명에게 나누기
8과	태신자와 식사하기
9과	3명 이상 기도제목 받고 기도하기
10과	찬양 인도자에게 편지쓰기

1. 매주 생활 과제를 해 주세요.
2. 모이기 전 날 밤 9시까지 단체 카톡방에 느낀 점을 올려 주세요.

301 두 돌판 양육 체크 리스트

이름 :   전화번호 : 010 -   -

	복음전도 (2분 이상)	기도 (20분 이상)	수요 혹 금요 예배	성경 (2장 이상)	새벽예배 (1회 이상)
1과					
2과					
3과					
4과					
5과					
6과					
7과					
8과					
9과					
10과					

매주 체크 리스트를 작성해 주세요~*

1. 복음전도 유무를 O X로 표기해 주세요.
2. 기도를 하루 20분씩 일주일 동안 한 것 아라비아 숫자로 적어 주세요.
3. 수요 혹 금요 예배 참석 여부 O X로 표기해 주세요.
4. 성경 하루 2장 씩 읽은 총 장수를 아라비아로 숫자로 적어 주세요.
5. 새벽예배를 참석한 횟수를 아라비아 숫자로 적어 주세요.

4이 양육교재
지침서 및 가이드북

Orientation

오리엔테이션

1. 끝부분에 생활과제를 매주 해 주세요.

2. 마지막 페이지에 있는 체크리스트를 매주 작성해 주세요.

3. 401 양육교재 각 과 예습을 꼭 해 주세요.

4. 지각과 결석은 주의해 주세요.

5. 성경공부가 아니라 훈련이 되도록 노력 해 주세요.

Chapter 1

"전능하셔서 천지를 창조하신 하나님"

전능하셔서 천지를 창조하신 하나님

암송구절 | "전능하사 천지를 만드신 하나님 아버지를 내가 믿사오며"

『나는 아버지입니다』

헌신적인 아버지 딕 호이트의 스토리는 아주 감동적입니다. 책과 유튜브 영상을 통해 수많은 사람들에게 따뜻한 메시지를 주고 있습니다.

딕 호이트의 아들 릭은 태어날 때 목에 탯줄이 감겨 있었습니다. 불행하게도 뇌에 산소공급이 중단되었습니다. 결국, 뇌성마비와 경련성 전신마비의 장애를 가지고 태어났습니다. 의사들은 식물인간 같은 아들을 포기하라고 했습니다. 하지만 아버지 딕 호이트는 절대 포기할 수 없었습니다.

그런 딕 호이트는 말을 할 수 없는 아들 릭을 위해 특수 컴퓨터 장치를 설치해 주었습니다. 릭은 컴퓨터를 통해 처음으로 자신의 감정을 이렇게 표현했습니다.

"아빠, 달리고 싶어요."

그날 이후 아버지는 자신의 모든 것을 바쳤습니다. 아들의 소원을 들어주려고 아들의 휠체어를 밀며 도로를 질주하였습니다. 달리고 또 달렸습니다.

첫 레이스에 참가하였습니다. 등수는 꼴찌에서 두 번째였습니다. 그러나 그날 아들은 이렇게 말했습니다.

"오늘 처음으로 내 몸의 장애가 사라진 것 같았어요!"

그 말에 아버지 딕 호이트와 아들 릭은 서로를 끌어안았습니다. 그리고는 뜨거운 눈물을 흘렸습니다.

이 부자의 도전은 여기서 끝이 아니었습니다. 보스톤 마라톤을 비롯하여 수많은 레이스에 참가했습니다. 나중에는 철인3종 경기에도 도전했습니다. 일반인도 힘든 철인3종 경기에 도전하려고 했을 때 사람들은 미친 짓이라며 말렸습니다. 하지만 이들은 끊임없는 도전과 실패를 딛고, 마침내 수영 3.9km, 자전거 180.2km, 마라톤 42.195km의 철인3종 경기를 완주했습니다.

그 후에도 이들 부자의 놀라운 도전은 계속되었습니다. 마라톤 64회, 단축 철인3종 경기 206회, 보스턴 마라톤 24회 연속 완주의 대기록을 세웠습니다. 마라톤 최고 기록은 2시간 40분 47초. 이것은 비장애인도 내기 힘든 기록이었습니다. 또한 달리기와 자전거로 6,000km에 이르는 미국 대륙을 횡단하기도 했습니다.

대기록을 작성한 후 아들 릭은 말했습니다.

"아버지가 없었다면 할 수 없었을 거예요."

아버지 딕 호이트가 대답했습니다.

"네가 없었다면 아버지는 하지도 않았다."

자녀를 향한 아버지의 사랑을 볼 수 있는 스토리입니다. 여러분에게도 이와 같은 스토리가 있습니다. 바로, 하늘의 하나님 아버지께서 여러분을 구원하고자 그런 사랑을 베풀어 주셨습니다. 자신의 독생자 예수 그리스도를 내어 주시면서 죄의 질병에서 우리를 구원하고자 하셨습니다. 우리는 그 사랑을 받은 존귀한 자입니다.

1. 어린 시절 여러분의 아빠 혹 엄마로부터 받은 감동적인 일은 무엇이었나요?

(부모님으로부터 깊은 상처를 받은 양육생이 있을 것입니다. 그 내용은 성경적 상담을 통해 더 깊이 가이드 해 주시고요. 이 질문에서는 부모님의 사랑, 헌신, 희생적인 스토리를 나누도록 해주세요.)

2. 주님을 하나님 아버지라고 부를 때 드는 생각과 느낌은 어떤 것인가요? 요즘, 하나님 아버지는 여러분에게 어떤 분이신가요? 서로 나누어 주세요.

(이 질문에서 하나님 아버지가 어떤 분으로 양육생에게 각인되어있는지 나누어 주세요.
이런 나눔을 통해 그 양육생이 어떤 신앙의 여정으로 살아왔는지를 알 수 있을 겁니다. 나눔 중에 가르치는 것보다 서로의 이야기에 더 귀를 기울이며 들을 수 있도록 해주세요.)

3. 하나님의 이름을 통해 하나님이 어떤 분이신지 우리는 알 수 있습니다. 성경 각 구절에서 말하는 하나님은 어떤 분인지 서로 연결해보세요.

1) 출애굽기 3:14 – 여호와 ·	· 스스로 있는 자
2) 이사야 33:2 – 주 ·	· 절대주권자
3) 창세기 17:1 – 엘샤다이 ·	· 여기까지 도우신 분
4) 사무엘상 7:12 – 에벤에셀 ·	· 모든 전능하신 분

(1) 출애굽기 3:14 – 여호와

하나님이 모세에게 이르시되 나는 스스로 있는 자이니라 또 이르시되 너는 이스라엘 자손에게 이같이 이르기를 스스로 있는 자가 나를 너희에게 보내셨다 하라

여호와 하나님은 모세가 떨기나무 근처에 있을 때 나타나셨습니다. 그때 여호와 하나님은 자신을 '여호와' 곧, '스스로 있는 자'(I am who I am)라고 하나님 자신을 나타내주셨습니다.

2) 이사야 33:2 – 주

여호와여 우리에게 은혜를 베푸소서 우리가 주를 앙망하오니 주는 아침마다 우리의 팔이 되시며 환난 때에 우리의 구원이 되소서

여호와 하나님은 환난 때에 구원의 '주'(Lord)이십니다. 주는 아도나이로 절대주권자라는 이름입니다.

3) 창세기 17:1 – 엘샤다이

아브람이 구십구 세 때에 여호와께서 아브람에게 나타나서 그에게 이르시되 나는 전능한 하나님이라 너는 내 앞에서 행하여 완전하라

엘샤다이는 하늘과 땅에서 전능하신 분이라는 뜻입니다.

4) 사무엘상 7:12 – 에벤에셀

사무엘이 돌을 취하여 미스바와 센 사이에 세워 이르되 여호와께서 여기까지 우리를 도우셨다 하고 그 이름을 에벤에셀이라 하니라

에벤에셀은 '여기까지 도우셨다'는 의미입니다.
양육생은 하나님의 이름에 대해 알아가며 하나님에 대한 바른 이해와 믿음이 생길 것 입니다.)

4. 다음과 같은 하나님의 이름은 하나님께서 어떤 일을 하시는지 알려 주고 있나요?

1) 창세기 22:14 – 여호와 이레 :

2) 출애굽기 15:26 – 여호와 라파 :

3) 출애굽기 17:15~16 – 여호와 닛시 :

4) 사사기 6:24 – 여호와 살롬 :

5) 에스겔 48:35 – 여호와 삼마 :

(1) 창세기 22:14 – 여호와 이레: 준비하시는 하나님

아브라함이 그 땅 이름을 여호와 이레라 하였으므로 오늘날까지 사람들이 이르기를 여호와의 산에서 준비되리라 하더라

2) 출애굽기 15:26 – 여호와 라파: 치료하시는 하나님

이르시되 너희가 너희 하나님 나 여호와의 말을 들어 순종하고 내가 보기에 의를 행하며 내 계명에 귀를 기울이며 내 모든 규례를 지키면 내가 애굽 사람에게 내린 모든 질병 중 하나도 너희에게 내리지 아니하리니 나는 너희를 치료하는 여호와임이라

3) 출애굽기 17:15~16 – 여호와 닛시: 싸움에서 승리하게 하시는 하나님

모세가 제단을 쌓고 그 이름을 여호와 닛시라 하고 이르되 여호와께서 맹세하시기를 여호와가 아말렉과 더불어 대대로 싸우리라 하셨다 하였더라

4) 사사기 6:24 – 여호와 샬롬: 평강의 하나님

기드온이 여호와를 위하여 거기서 제단을 쌓고 그것을 여호와 샬롬이라 하였더라 그것이 오늘까지 아비에셀 사람에게 속한 오브라에 있더라

5) 에스겔 48:35 – 여호와 삼마: 거기에 계신 하나님=임재.

그 사방의 합계는 만 팔천 척이라 그 날 후로는 그 성읍의 이름을 여호와삼마라 하리라

여기 개역개정은 원어를 잘 번역하고 반영하고 있지 못합니다. 그러나 킹제임스 한글 번역은 이렇게 되어 있습니다.

"그것을 측량하면 돌아가며 만 팔천 갈대더라. 그 날 이후로 그 도시의 이름은 '주께서 거기에 계신다.'가 되리라."

영어로 "주께서 거기에 계시다."는 "The Lord is there."입니다. 이 의미는 "거기 계시다.", 혹 "함께 하심"을 뜻합니다.)

요즘 여호와 하나님은 여러분에게 어떤 주님으로 역사하고 계십니까? 어떤 주님의 일하심을 기대하고 있나요?

5. 하나님의 성품과 속성을 이해할 때 2가지로 나눕니다. 비공유적 속성(incommunicable attributes), 즉 하나님만 소유하고 있는 속성들과 공유적 속성(communicable attributes), 즉 우리와 함께 공유하는 속성으로 분류합니다.

비공유적 속성은 전능하신 여호와 하나님만 가지고 계신 것입니다. 공유적 속성은 유한하고, 연약한 우리 인생도 주님의 형상으로 지음 받아 완전히는 아니지만 어느 정도 가지고 있는 것입니다.
이 비공유적 속성에는 다음과 같은 것들이 있습니다.

1) 독립성(Independance)
하나님은 우리나 다른 피조물들을 필요로 하지 않으십니다. 그럼에도 우리와 다른 피조물들은 하나님을 영화롭게 할 수 있고 기쁘시게 할 수 있습니다. 하나님의 이 속성은 때로는 자존성(aseity)이라고 불리기도 합니다.

2) 불변성(Unchangableness)
하나님은 그의 존재, 완전성, 목적 그리고 약속에 있어서는 불변합니다. 그러나 하나님께서는 행동하시는 분이시기 때문에 각 상황에 따라 다르게 행동하십니다.

3) 영원성(Eternity)

하나님은 그의 존재에 있어서 시작이나 끝, 혹은 순간의 연속이 없고 모든 시간을 똑같이 생생하게 보십니다. 그럼에도 시간 안에서 사건과 행동을 관찰하십니다.

4) 편재성(Omnipresence)

하나님은 시간과 관련해서 무한하실 뿐만 아니라 공간에 있어서도 제한을 받지 않으십니다. 이와 같은 하나님의 속성을 우리는 편재성(偏在性)이라고 합니다. 하나님은 크기나 공간적인 차원을 갖지 아니하시며, 모든 공간에 자신의 전 존재로 현존하시며, 또한 각각의 상이한 장소에서 상이하게 행동하십니다.

5) 통일성(Unity)

하나님은 그의 모든 속성에 있어 완전하도록 통일되고 하나가 되신 분이십니다. 하나님은 언제나 동일하시며 그가 행하고 말하는 모든 것은 모든 그의 속성들과 일치합니다.

이 비공유적 속성 중에서 하나님께서 한 가지를 선물로 주신다면 가장 소유하고 싶은 속성 한 가지는 무엇인가요? 왜 그런가요?

6. 전능하신 하나님은 천지를 창조하신 주님이라고 고백하고 있습니다. 그러나 크리스천 중 창조에 대한 생각과 창조를 믿는 믿음이 다릅니다.

창조론에 대한 다양한 견해

1) 젊은 지구 창조론(Young Earth creationism, YEC)

젊은 지구 창조론은 창세기의 기록을 문자적으로 해석합니다. 지구의 나이를 6,000-12,000년 되었다고 합니다. 창조의 기간을 최초의 6일 동안 모든 창조사역이 다 이루어졌다고 봅니다.

제7일 안식일교에서 시작되어 근본주의 계열의 기독교인들에게 주로 지지를 받고 있습니다. 그러나 상당한 수의 과학 이론들에 동의하지 않습니다. 과학계는 물론 복음주의 신학계에서도 전혀 인정을 받지 못하고 있습니다.

이는 축자영감설을 기반으로 한 문자적 해석에 기초합니다. 창조과학이라는 이름의 유사과학은 바로 이 젊은 지구 창조론을 과학적으로 설명하려는 시도로 시작되었습니다.

2) 오랜 지구 창조론(Old Earth creationism, OEC)

오랜 지구 창조론은 과학적으로 밝혀진 지구와 우주의 나이를 인정합니다.

오랜 지구 창조론에서는 창세기에 쓰인 우주와 생물의 창조가 글자 그대로 6일 만에 이루어졌다고 해석하지 않습니다. 창세기 1장의 창조의 각 날이 긴 시간을 가리킨다고 주장합니다. 즉, 날-시대 이론(day-age theory)처럼 성경에서 쓰인 '날'이라는 용어가 지질학적 시대를 상징적으로 표현한다고 설명합니다. 더 나아가, 간격론(gap theory)으로 제시된 것과 같이 처음의 혼돈 상태와 6일간의 창조 사이에 긴 시간이 존재했던 것으로 설명하기도 합니다.

오랜 지구 창조론은 젊은 지구 창조론과 같이 진화의 과학적인 가치를 인정하지 않습니다.

3) 점진적 창조론(Progressive creationism)

점진적 창조설은 오랜 지구 창조론과 흡사합니다. 생명의 순차적 생성을 인정합니다. 하지만, 관찰 가능한 진화를 부정하는 것으로 진화론과의 갈등은 여전합니다.

4) 지적 설계론(Intelligent Design)

지적설계는 기독교 그 자체와 함께 하는 것은 아닙니다. 우주와 생명 발전에 대한 지적 원인의 존재가 있다고 합니다. 그리고 지적 원인의 존재가 검증가능한 과학적 가설이라고 주장합니다.

지적설계는 1991년 버클리 대학 법학과 필립존슨 교수가 시작하였습니다. 〈심판대의 다윈〉을 출간하여 진화론이 과학적 증거에 기반하지 않고 자연주의 철학을 기반으로 한 형이상학적 논리라고 지적하였습니다.

진화론자는 지적설계론이 창조론과 같은 것으로 받아들일 수 없다고 합니다.

5) 진화 창조론(Evolutionary Creationism)

진화 창조론은 창조신이 창조 시에 자연계의 생명체에게 진화를 할 수 있는 능력을 부여하였다고 말합니다. 그래서 지금의 다양한 생명체들이 생겨났다고 합니다. 진화 창조론(Evolutionary Creationism)은 유신 진화론이라고 불리기도 합니다.

(유신 진화론은 다음과 같이 주장합니다.

1) 창세기 1장~11장은 역사적 사실이 아니다.

2) 아담과 이브도 실존 인물이 아니다.

3) 원죄도 실재가 아니다.

4) 대속제물로서 예수 그리스도의 십자가가 필요하지 않다.

5) 예수님은 단지 인간으로써의 완벽한 삶을 가르쳐 주시기 위해서 오셨다.

이렇게 진화론에 대한 생각과 신념은 신학과 신앙에게 깊은 영향을 주고 있습니다.)

여러분 우리는 어떤 창조론을 믿어야 할까요? 성경은 무엇이라고 말씀하고 있나요?

(성경은 6일 만에 천지를 창조하고, 주님께서 안식하셨다고 합니다. 개혁주의 안에서는 일반적으로 오랜 지구 창조론을 지지합니다. 젊은 지구 창조론을 주장하는 자들도 있습니다. 이런 창조론의 키는 바로 창조하신 '하루'(히브리어로 욤)를 어떻게 해석하고, 받아들이느냐 따라 다릅니다.)

7. 이성을 중심으로 19세기 이후로 더 이상 창조론을 믿지 않기 시작하였습니다. 찰스 다윈은 진화론을 주장하면서 전적인 하나님의 창조에 대한 믿음을 거부하도록 하였습니다.

진화론의 진화과정

1830년대 초 찰스 라이엘(Charles Lyell)이 《지질학 원칙》이라는 세 권의 책을 출판하였습니다. 라이엘은 별들이 오랜 시일에 걸쳐 진화하였다고 설명하였습니다.

찰스 다윈의 조부인 에라스무스 다윈은 《유기적 생명의 법칙》이라는 책에서 "지구는 인간이 나타나기 수백만 년 전에 이미 생성되어 존재하였고 동물들이 진화하였을 것"이라고 주장하였습니다.

이 같은 견해들은 가설로는 자리 잡을 수 있었습니다. 그러나 실증적 증거가 없었으므로 별 관심을 끌지는 못하였습니다. 따라서 만물이 신의 창조로부터 존재한다는 믿음은 굳건히 그 지위를 지켰습니다.

그러나 1859년 찰스 다윈이 《종의 기원》을 출판하고 1871년 《인류의 혈통》을 저술하였을 때는 달랐습니다. 다윈의 책은 사회에 큰 충격을 주었습니다. 다윈은 많은 증거를 제시하였습니다. 동물들의 여러 변종이 수백만 년에 걸친 진화의 결과라고 납득할 만한 가설을 내 놓았습니다.

다윈은 맬서스의 이론들을 사용하여 자기주장을 폈습니다. 식량의 증가가 인구의 증가를 감당하지 못하므로 필연적인 '생존경쟁' 현상이 나타난다며 진화론을 펼쳤습니다.

중세는 신앙이 모든 사상의 축이었습니다. 그러나 근대와 현대는 이성이 모든 사상의 축이 되었고, 21세기 탈현대는 개인이 모든 것의 잣대가 되었습니다. 하나님을 대항하는 사상과 흐름에 대해 성경은 무엇이라고 말하며, 우리는 어떻게 해야 하나요(고후 10:5-6)?

(고린도후서 10:5-6
5. 하나님 아는 것을 대적하여 높아진 것을 다 무너뜨리고 모든 생각을 사로잡아 그리스도에게 복종하게 하니
6. 너희의 복종이 온전하게 될 때에 모든 복종하지 않는 것을 벌하려고 준비하는 중에 있노라)

8. 많은 사람들은 진화론이 창조론보다 과학적인 학설이라고 믿습니다. 그러나 진화론은 창조론보다 더 많은 믿음이 필요합니다. 진화론의 과학적 문제 혹은 오류는 무엇인가요?

1) 화석상의 증거 문제

말의 화석을 보면 초기에 개만 하던 몸집이 현재와 같이 커졌다고 주장하였습니다. 그러나 크기의 변화는 현재의 말도 종에 따라 큰 차이를 나타냅니다. 신생대 3기 중간 이후에는 전이 형태가 없습니다.

2) 용불용설 문제

라마르크는, 1809년 「동물철학」에서 이렇게 말하였습니다. '생물은 환경이 변하면 그 환경에 적응하기 위하여 변하여 갑니다. 따라서 생물의 기관은 사용하면 할수록 발달하고 사용하지 않으면 퇴화합니다. 그리고 발달하거나 퇴화된 획득형질은 다음 자손에게 전해져서 진화가 일어납니다.'

그러나 오늘날 후천적으로 얻어진 형질(획득형질)은 유전되지 않는다는 것이 밝혀졌습니다. 이는 19세기 말 아우구스트 바이스만의 생쥐 꼬리 실험을 통해서 밝혀졌습니다.

3) 자연선택설 문제

자연선택설은 생존경쟁에서 유리한 종이 살아남게 되는 적자생존에 의한 자연선택 즉, 자연도태설(natural selection)입니다. 다윈은 1859년 「종의 기원」에서 개체 변이가 자손에게 전해지고 오랜 세월 사이에 변이가 쌓여서 새로운 생물이 생긴다고 주장하였습니다.

그러나 오늘날 유전학의 발달로 개체 변이는 유전하지 않음이 밝혀졌습니다.

4) 돌연변이설

종 내에서의 변이는 다양한 생물체가 존재하는데 기여했습니다. 그러나 고등동물로 진화하는 요인이 될 수는 없습니다. 왜냐하면 돌연변이는 아주 드물게 일어나며(10만에서 100만 번에 한번), 해로운 방향으로 나타납니다.

그러나 '대부분의 돌연변이는 해롭게 나타나고 사실상 유익한 돌연변이는 극히 드물기 때문에 모든 돌연변이는 다 해롭다고 생각해도 좋다'고 뮬러는 말하였습니다.

5) 격리설 문제

격리설은 지리적인 격리에 의해 새로운 종이 탄생한다는 이론입니다. 그러나 1845년 갈라파고스 섬의 13종의 핀치새는 현재에도 13종을 유지하고 있습니다.

유전적인 변이가 가능할 수는 있지만 분명한 한계가 있어 한 종에서 다른 종으로 변화되지는 않습니다.

6) 빅뱅 이론

1929년에 허블(Edwin Powell Hubble, 1899~1953)은 은하들의 적색 이동을 조사한 끝에 멀리 떨어진 은하일수록 더 빠르게 멀어지고 있다는 사실을 알아냈습니다. 여기서 나온 이론이 빅뱅 이론입니다.

빅뱅 이론은 우주 기원 이론에 관한 가설의 하나이며, 대폭발 우주론이라고도 합니다. 우주의 최초기 상태에 엄청나게 높은 밀도와 온도로 인해 팽창하여 우주가 생겨났다는 이론입니다.

빅뱅은 약 137억 년 전에 있었다고 합니다. 먼 곳의 은하가 허블의 법칙에 따라 멀어지고 있다는 관측 사실을 일반 상대성 이론을 적용하여 해석하면, 우주가 팽창하고 있다는 결론을 얻게 되었습니다. 다시 말해, 모든 행성(지구를 포함한)은 처음에 폭발(빅뱅)을 통해 생겨났으며, 모든 생물체 또한 처음 폭발에 의한 것이라고 합니다.

따라서 인간도 폭발로 생겨난 행성 중 하나인 지구에서 적당한 온도와 조건에 의해 우연히 생겨난 미생물이 진화하여 아메바(단세포 생물) -> 고등생물 -> 원숭이 -> 인간 이렇게 진화했다는 것입니다.

여기서 가장 큰 문제는 우주가 폭발하는 처음 순간을 어떻게 증명할 수 있냐는 것입니다. "누가 그렇게 폭발하도록 했느냐? 왜 이런 폭발이 일어났으며, 이 세상이 지금 이렇게 생겨난 이유 그리고 우리가 이 땅에서 사는 이유"를 도저히 설명할 방법이 없습니다. 굳이 말하자면, "우연히" 폭발했기 때문에 생겨난 파편이 모여, 지금 이 세상과 우주가 생겨났다는 것입니다. 모든 동식물이 있는 것도 우연한 폭발의 결과일 뿐입니다.

진화론은 과학적인 학설이 아닙니다. 이러한 진화론의 한계를 보면서 당신이 느끼는 바는 무엇인지 서로의 생각을 나누어 주세요.

(* 과학의 한계 *

과학이 말하는 이론(theory)은 증명할 수 없다는 한계가 있습니다.

예를 들어, 빅뱅 이론이나 진화론이 하나의 이론(a theory)이 될 수밖에 없는 이유는 지금 일어나는 현상이 아닌 137억 년 전의 폭발, 수십억 년 동안 일어난 진화라고 가정하기 때문입니다. 그러므로 진화론이나 빅뱅 이론은 과학적(scientific)이고, 논리적(logical)이며, 창조론은 비과학적이라고 단정 짓는 것은 역설적인 것으로 전혀 과학적이지 않습니다! 이론은 한계가 있습니다!

즉, 이론은 아직 증명되지 않은 것을 말합니다. 만유인력의 법칙을 발견한 뉴턴이 살던 1665년에 영국에서 사과가 땅에 떨어진 것은 중력 때문입니다. 지금 우리가 살고 있는 2018년에 한국에도 손에서 휴대폰을 놓으면 바로 땅에 떨어집니다. 언제 어디서나 중력은 이렇게 증명이 가능합니다. 그러나 진화론은 법칙이 아닌 "진화이론"인 이유는 증명되지 않았을 뿐 아니라 증명될 수 없는 학설이기 때문입니다.)

9. 성경은 창조의 주체가 누구라고 말씀하고 있나요?

1) 창세기 1:1

(태초에 하나님이 천지를 창조하시니라)

2) 요한복음 1:3

(만물이 그로 말미암아 지은 바 되었으니 지은 것이 하나도 그가 없이는 된 것이 없느니라)

3) 골로새서 1:16

(만물이 그에게서 창조되되 하늘과 땅에서 보이는 것들과 보이지 않는 것들과 혹은 왕권들이나 주권들이나 통치자들이나 권세들이나 만물이 다 그로 말미암고 그를 위하여 창조되었고)

10. 하나님은 무에서 유를 창조하셨습니다. 그런 여호와 하나님을 섬기는 우리는 우리 삶에서 창조적 삶을 살고, 계발해야 합니다. 내가 더 창조적으로 노력하고 이루어야 할 영역과 분야는 어떤 것인가요?

11. 하나님을 '아버지 하나님'이라고 부릅니다. 그 아버지 하나님을 믿고, 살아가면 닮아가게 되어 있습니다. 전능한 하나님이시지만 우리가 닮을 수 있는 부분을 가지고 계시는데 그것을 '공유적 속성'이라고 합니다.

1) 거룩

① 레위기 19:2

(너는 이스라엘 자손의 온 회중에게 말하여 이르라 너희는 거룩하라 이는 나 여호와 너희 하나님이 거룩함이니라)

② 고린도전서 3:17

(누구든지 하나님의 성전을 더럽히면 하나님이 그 사람을 멸하시리라 하나님의 성전은 거룩하니 너희도 그러하니라)

2) 선하심

① 마가복음 10:18

(예수께서 이르시되 네가 어찌하여 나를 선하다 일컫느냐 하나님 한 분 외에는 선한 이가 없느니라)

② 디모데후서 3:17

(이는 하나님의 사람으로 온전하게 하며 모든 선한 일을 행할 능력을 갖추게 하려 함이라)

3) 사랑

① 요한일서 4:8

(사랑하지 아니하는 자는 하나님을 알지 못하나니 이는 하나님은 사랑이심이라)

② **마태복음 22:37-40**

(37. 예수께서 이르시되 네 마음을 다하고 목숨을 다하고 뜻을 다하여 주 너
의 하나님을 사랑하라 하셨으니
38. 이것이 크고 첫째 되는 계명이요
39. 둘째도 그와 같으니 네 이웃을 네 자신 같이 사랑하라 하셨으니
40. 이 두 계명이 온 율법과 선지자의 강령이니라)

4) 공의

① **신명기 32:4**

(그는 반석이시니 그가 하신 일이 완전하고 그의 모든 길이 정의롭고 진실하고 거짓이 없으신 하나님이시니 공의로우시고 바르시도다)

② **로마서 3:26**

(곧 이 때에 자기의 의로우심을 나타내사 자기도 의로우시며 또한 예수 믿는 자를 의롭다 하려 하심이라)

5) 진실하심

① **요한일서 5:20**

(또 아는 것은 하나님의 아들이 이르러 우리에게 지각을 주사 우리로 참된 자(진실한 자)를 알게 하신 것과 또한 우리가 참된 자(진실한 자) 곧 그의 아들 예수 그리스도 안에 있는 것이니 그는 참 하나님이시요 영생이시라)

② **에베소서 4:15**

오직 사랑 안에서 참된 것(진실한 것)을 하여 범사에 그에게까지 자랄지라 그는 머리니 곧 그리스도라

추가적으로,

시 36:5 여호와여 주의 인자하심이 하늘에 있고 주의 진실하심이 공중에 사무쳤으며

롬 3:4 그럴 수 없느니라 사람은 다 거짓되되 오직 하나님은 참되시다 할지어다 기록된 바 주께서 주의 말씀에 의롭다 함을 얻으시고 판단 받으실 때에 이기려 하심이라 함과 같으니라.)

6) 지혜

① 욥기 12:13

(지혜와 권능이 하나님께 있고 계략과 명철도 그에게 속하였나니)

② 야보고서 1:6

(오직 믿음으로 구하고 조금도 의심하지 말라 의심하는 자는 마치 바람에 밀려 요동하는 바다 물결 같으니)

이 공유적 속성 중에서 나에게 가장 부족한 속성 혹은 나에게 가장 필요한 속성은 무엇인가요?

12. 하나님은 창조만 하시고, 이 세상을 떠나 계신 분이 아니십니다. 주님은 '섭리'를 통해 창조하신 세상을 주관하고 계십니다. 섭리하시는 하나님은 우리를 세밀히 돌보십니다. 주님이 만물을 보전하시고, 다스리

시고, 협력하십니다. 삶에서 주님이 여러분을 보전하시고, 다스리시고, 협력하여 도와주신 일은 어떤 것이 있나요? 하나님께서 여러분의 삶 속에 역사하셨던 일이 있다면 서로 나누어 주세요.

13. 우리가 하나님을 완전히 알고 온전히 닮는 것은 불가능하지만, 하나님께서 성경에 계시하신 만큼 알기 위해 배우며, 하나님을 닮기 위해 노력해야 합니다. 하나님의 자녀로서 하나님에 대해 배우고 닮아가기 위해 한 주간 실천해야 할 것을 정하여 나누어 봅시다.

1)

2)

3)

Chapter 2

"우리 주 예수 그리스도"

우리 주 예수 그리스도

암송구절 | "그 외아들 우리 주 예수 그리스도를 믿사오니"

『유대교, 이슬람교, 기독교의 가장 큰 차이』

유대교, 이슬람, 기독교 세 종교 모두 크게 세 부분에 있어 다릅니다.

1) 경전

첫째, 경전에 있어 다릅니다. 유대교는 구약과 더불어 탈무드를 가지고 있습니다. 이슬람교는 구약과 더불어 코란을 가지고 있습니다. 기독교는 구약과 더불어 신약을 가지고 있습니다.

2) 메시야관

둘째, 메시야관에 있어 다릅니다. 유대교는 메시야를 지금도 기다리고 있습니다. 이슬람교는 메시야는 필요 없고, 무함마드가 마지막 예언자라고 합니다. 기독교는 예수 그리스도를 구주로 고백하고 있습니다.

3) 구원관

셋째, 구원관에 있어 다릅니다. 유대교의 구원은 믿음보다 율법을 행함으로 얻어지게 됩니다. 유대교에서는 현세적 구원은 없으며, 궁극적으로 메시야가 와서 유대인을 중심으로 평화로운 세계를 창조하는 것이 구원이라고 합니다.

이슬람교에서는 '하나님 외에 신은 없고, 무함마드만이 그의 사도이다'라고 합니다. 신앙 고백은 무슬림과 불신자를 나누는 선이며 이와 더불어 하나님과 심판의 날, 천사들, 경전들, 예언자들에 대한 믿음도 신앙의 다섯 가지 원칙으로 언급 됩니다. 이슬람교에서의 '믿음'은 더 넓은 의미로 쓰여 선행을 포함하는 것으로 이해되며 따라서 '믿음을 갖고 선을 행하는 이들(쿠르안(Qu) 13:29)'이 천국에 들어간다고 합니다.

기독교에서는 '주 예수를 믿으라'고 말하면서 예수님께서 하나님의 아들 그리스도이심을 고백합니다. 예수님을 통하여 구원을 얻을 수 있음을 믿어야 한다고 가르칩니다. 우리를 위하여 십자가에서 대속의 죽음을 당하신 예수 그리스도 외에는 구원과 죄사함과 영생이 없다는 사실을 알고 예수를 그리스도로 영접하고 믿어야 한다고 고백합니다.

왜 예수님을 믿어야 구원을 받을까요? 역사적으로 예수님을 기점으로 역사가 나눠지는 것을 보면 예수님이 어떤 분이신지 알 수 있습니다.

『예수님을 기점으로 역사가 나누어짐』

그리스도가 탄생한 해를 기원(紀元)으로 역사를 기원전과 기원후 나눕니다. 이는 6세기경 로마의 수도사 디오니시우스 엑시구스가 창시하였으며, 8세기부터 유럽에서는 일반적으로 사용 되었습니다. 그리스도 탄생 전을 기원전 B.C.(Before Christ)로, 탄생 후를 기원 후 A.D.(Anno Domini)로 표기하였습니다.

예수 그리스도의 탄생부터를 기원으로 하여 연도를 세었습니다. 이는 예수님이 인류의 구세주로 역사의 중심에 있음을 시사하는 것입니다.

1. 여러분 인생에 있어서 잊지 못할 날이 있나요? 혹, 이메일이나 카톡에 들어가 있는 숫자는 어떤 의미가 들어 있나요?

(결혼하여 잘 살고 있는 한 커플은 남편의 이메일 주소 뒤 숫자가 결혼 전 여자 친구의 생일이었던 것으로 싸웠다고 합니다.)

2. '예수' 이름의 뜻은 무엇인가요(마 1:21)?

(마태복음 1:21
아들을 낳으리니 이름을 예수라 하라 이는 그가 자기 백성을 그들의 죄에서 구원할 자이심이라 하니라

'예수'라는 이름은 구약 히브리어 '여호수아'를 헬라어식으로 '예수'라고 부른 것입니다. 그 뜻은 '여호와께서 구원하신다.'라는 의미를 가지고 있습니다.)

3. 예수님은 어떤 다른 이름을 가지고 있나요?

1) 마태복음 16:16 (그리스도)

2) 이사야 61:1-3 (그 선지자)

3) 고린도전서 1:9 (주)

4) 이사야 7:14 (임마누엘)

5) 요한복음 3:13 **(인자)**

(1) 그리스도

마태복음 16:16
시몬 베드로가 대답하여 이르되 주는 그리스도시요 살아 계신 하나님의 아들이시니이다

그리스도의 문자적 의미는 "기름 부음을 받은 자"입니다.

그리스도 곧 기름 부음을 받았다는 것은 예수님이 구약에 기름 부음을 받은 선지자, 제사장, 왕의 역할을 하셨다는 뜻입니다.

첫째, 예수님은 선지자로서 가르치는 사역을 하셨습니다.
둘째, 예수님은 하나님과 백성 사이를 잇는 제사장적 화해의 사역을 하셨습니다.
셋째, 예수님은 사탄의 결박을 풀고, 온 우주와 우리를 다스리는 왕적 사역을 하셨습니다.

2) 그 선지자

이사야 61:1-3
1. 주 여호와의 영이 내게 내리셨으니 이는 여호와께서 내게 기름을 부으사 가난한 자에게 아름다운 소식을 전하게 하려 하심이라 나를 보내사 마음이 상한 자를 고치며 포로된 자에게 자유를, 갇힌 자에게 놓임을 선포하며
2. 여호와의 은혜의 해와 우리 하나님의 보복의 날을 선포하여 모든 슬픈 자를 위로하되

3. 무릇 시온에서 슬퍼하는 자에게 화관을 주어 그 재를 대신하며 기쁨의 기름으로 그 슬픔을 대신하며 찬송의 옷으로 그 근심을 대신하시고 그들이 의의 나무 곧 여호와께서 심으신 그 영광을 나타낼 자라 일컬음을 받게 하려 하심이라

3) 주

고린도전서 1:9
너희를 불러 그의 아들 예수 그리스도 우리 주와 더불어 교제하게 하시는 하나님은 미쁘시도다

4) 임마누엘

이사야 7:14
그러므로 주께서 친히 징조를 너희에게 주실 것이라 보라 처녀가 잉태하여 아들을 낳을 것이요 그의 이름을 임마누엘이라 하리라

5) 인자

요한복음 3:13
하늘에서 내려온 자 곧 인자 외에는 하늘에 올라간 자가 없느니라

〈김세윤 박사님의 논문에서 말하는 인자의 개념〉

김세윤 박사님은 이 용어 '인자' 즉, '그 사람의 아들'이라는 개념을 통해 예수님 자신의 독창성을 강조하였습니다. 예수님이 이전의 어떤 전승과는 상

관없이, 다니엘 7:13에 나타난 '인자'를 하나님의 아들과 메시아로 가장 먼저 해석했을 수도 있다고 하였습니다.

고대 문헌과 전승, 그리고 이후의 모든 이해에 근거하여 예수님께서 사용하신 '인자' 즉, '사람의 아들'이란 용어가 충분히 예수님의 메시아 사역의 의미를 드러내고 또한 그의 사역 가운데 자기를 나타내는 방식과 일치하여 신실하게 자기를 계시하는 용어 사용이라는 것을 논증하였습니다.

김세윤 박사님은 논문에서 이런 결론을 도출합니다. 예수는 "그'사람의 아들'이란 칭호로 자기 자신을 이 땅 위에서 하나님의 구원의 계획을 실현시키는 자로서 나타내고자 했다."는 것입니다.

다시 말해 예수는 그'사람의 아들'이란 칭호를 사용해서 하나님의 종말에 백성의 머리와 대표로서 그들을 모아(또는 창조하여) 하나님의 아들들로 높이는(또는 만드는) 것이 자신의 사명임을 보이고자 했다는 것입니다.

당시 '메시아' 운동이 종종 야기했던 오해를 피하면서 자신의 메시아적 과업을 표현하기 위해서 "그'사람의 아들'은 감탄스러울 정도로 적절한 칭호였을 뿐 아니라, 아마도 사용할 수 있는 유일한 칭호였을 것이라고 하였습니다.)

4. 예수님의 제자 베드로는 마태복음 16장 16절에서 "주는 그리스도, 하나님의 아들"이라고 고백하였습니다. 여러분은 개인적으로 예수님을 생각하면 어떤 분이라고 고백하나요?

5. 하나님과 본질상 같으신 한분으로서 예수님은 어떤 능력을 가지고 계셨나요?

1) 마태복음 12:22 (귀신들려 눈멀고 벙어리 된 자 고치심)

2) 요한복음 2:1-10 (물로 포도주를 만드심)

3) 마태복음 14:15-21 (병이어의 기적으로 무리를 먹이심)

4) 마태복음 14:25 (바다 위를 걸으심

5) 누가복음 5:1-11 (수많은 고기를 잡게 하심)

(1) 마태복음 12:22 - 귀신들려 눈멀고 벙어리 된 자 고치심

그 때에 귀신 들려 눈멀고 말 못하는 사람을 데리고 왔거늘 예수께서 고쳐 주시매 그 말 못하는 사람이 말하며 보게 된지라

2) 요한복음 2:1-10 - 물로 포도주를 만드심

1. 사흘째 되던 날 갈릴리 가나에 혼례가 있어 예수의 어머니도 거기 계시고
2. 예수와 그 제자들도 혼례에 청함을 받았더니
3. 포도주가 떨어진지라 예수의 어머니가 예수에게 이르되 저들에게 포도주가 없다 하니
4. 예수께서 이르시되 여자여 나와 무슨 상관이 있나이까 내 때가 아직 이르지 아니하였나이다

5. 그의 어머니가 하인들에게 이르되 너희에게 무슨 말씀을 하시든지 그대
로 하라 하니라
6. 거기에 유대인의 정결 예식을 따라 두세 통 드는 돌항아리 여섯이 놓였는지라
7. 예수께서 그들에게 이르시되 항아리에 물을 채우라 하신즉 아귀까지 채우니
8. 이제는 떠서 연회장에게 갖다 주라 하시매 갖다 주었더니
9. 연회장은 물로 된 포도주를 맛보고도 어디서 났는지 알지 못하되 물 떠온
하인들은 알더라 연회장이 신랑을 불러
10. 말하되 사람마다 먼저 좋은 포도주를 내고 취한 후에 낮은 것을 내거늘
그대는 지금까지 좋은 포도주를 두었도다 하니라

3) 마태복음 14:15-21 - 오병이어의 기적으로 무리를 먹이심

15. 저녁이 되매 제자들이 나아와 이르되 이 곳은 빈 들이요 때도 이미 저물
었으니 무리를 보내어 마을에 들어가 먹을 것을 사 먹게 하소서
16. 예수께서 이르시되 갈 것 없다 너희가 먹을 것을 주라
17. 제자들이 이르되 여기 우리에게 있는 것은 떡 다섯 개와 물고기 두 마리
뿐이니이다
18. 이르시되 그것을 내게 가져오라 하시고
19. 무리를 명하여 잔디 위에 앉히시고 떡 다섯 개와 물고기 두 마리를 가지
사 하늘을 우러러 축사하시고 떡을 떼어 제자들에게 주시매 제자들이 무리
에게 주니
20. 다 배불리 먹고 남은 조각을 열두 바구니에 차게 거두었으며
21. 먹은 사람은 여자와 어린이 외에 오천 명이나 되었더라

4) 마태복음 14:25 - 바다 위를 걸으심

밤 사경에 예수께서 바다 위로 걸어서 제자들에게 오시니

5) 누가복음 5:1-11 - 수많은 고기를 잡게 하심

1. 무리가 몰려와서 하나님의 말씀을 들을새 예수는 게네사렛 호숫가에 서서
2. 호숫가에 배 두 척이 있는 것을 보시니 어부들은 배에서 나와서 그물을 씻는지라
3. 예수께서 한 배에 오르시니 그 배는 시몬의 배라 육지에서 조금 떼기를 청하시고 앉으사 배에서 무리를 가르치시더니
4. 말씀을 마치시고 시몬에게 이르시되 깊은 데로 가서 그물을 내려 고기를 잡으라
5. 시몬이 대답하여 이르되 선생님 우리들이 밤이 새도록 수고하였으되 잡은 것이 없지마는 말씀에 의지하여 내가 그물을 내리리이다 하고
6. 그렇게 하니 고기를 잡은 것이 심히 많아 그물이 찢어지는지라
7. 이에 다른 배에 있는 동무들에게 손짓하여 와서 도와 달라 하니 그들이 와서 두 배에 채우매 잠기게 되었더라
8. 시몬 베드로가 이를 보고 예수의 무릎 아래에 엎드려 이르되 주여 나를 떠나소서 나는 죄인이로소이다 하니
9. 이는 자기 및 자기와 함께 있는 모든 사람이 고기 잡힌 것으로 말미암아 놀라고
10. 세베대의 아들로서 시몬의 동업자인 야고보와 요한도 놀랐음이라 예수께서 시몬에게 이르시되 무서워하지 말라 이제 후로는 네가 사람을 취하리라 하시니
11. 그들이 배들을 육지에 대고 모든 것을 버려두고 예수를 따르니라)

예수님께서 여러분에게 어떤 기적을 일으켜 주셨으면 하나요? 여러분이 감당할 수 없어 기도하고 간구하는 제목은 무엇인가요?

6. 마리아는 하나님의 아들인 신적 존재를 잉태하고, 자녀로 낳고 키우면서 어떤 어려움이 있었을까요? 여러분이 그런 신적인 존재를 출산하고, 양육한다고 할 때 어떤 어려움이 있을 것 같은가요?

(1) 유대 사회에서 처녀의 몸으로 아기를 낳아 기르는 것은 쉽지 않았을 것입니다.
2) 신적 존재인 예수님을 낳고, 어떻게 키워야 할지 고민이 많았을 것입니다.
3) 신성과 인성적인 면을 가지신 예수님을 양육하면서 정신적 그리고 심리적 혼동과 어려움이 있었을 것입니다.)

7. 예수님은 하나님과 본질상 같지만 어떤 인성적인 면을 가지셨나요?

1) 요한복음 4:6 **(우물가 곁에서 피곤하신 주님)**

2) 마태복음 14:14 **(큰 무리를 보시고 불쌍히 여기심)**

3) 요한복음 11:35 **(우는 것을 보시고, 같이 우심)**

4) 누가복음 22:42-44 **(땀이 핏방울처럼 되도록 기도하심)**

5) 마가복음 15:34 **(십자가 위에서 고통스러워하심)**

(1) 요한복음 4:6 - 우물가 곁에서 피곤하신 주님

거기 또 야곱의 우물이 있더라 예수께서 길 가시다가 피곤하여 우물 곁에

그대로 앉으시니 때가 여섯 시쯤 되었더라

2) 마태복음 14:14 – 큰 무리를 보시고 불쌍히 여기심

예수께서 나오사 큰 무리를 보시고 불쌍히 여기사 그 중에 있는 병자를 고쳐 주시니라

3) 요한복음 11:35 – 우는 것을 보시고, 같이 우심

예수께서 눈물을 흘리시더라

4) 누가복음 22:42-44 – 땀이 핏방울처럼 되도록 기도하심

42. 이르시되 아버지여 만일 아버지의 뜻이거든 이 잔을 내게서 옮기시옵소서 그러나 내 원대로 마시옵고 아버지의 원대로 되기를 원하나이다 하시니
43. 천사가 하늘로부터 예수께 나타나 힘을 더하더라
44. 예수께서 힘쓰고 애써 더욱 간절히 기도하시니 땀이 땅에 떨어지는 핏방울 같이 되더라

5) 마가복음 15:34 – 십자가 위에서 고통스러워하심

제 구시에 예수께서 크게 소리 지르시되 엘리 엘리 라마 사박다니 하시니 이를 번역하면 나의 하나님, 나의 하나님 어찌하여 나를 버리셨나이까 하는 뜻이라.)

예수님의 어떤 인성적인 모습이 위로가 되나요? 어떻게 하면 우리는 인성적인 부분을 이겨내고 예수님처럼 십자가를 지며 사명을 감당할 수 있을까요?

8. 예수님께서 성령으로 잉태되신 이유는 무엇일까요? 그렇게 성령으로 잉태되시고, 마리아의 몸에서 인간으로 출생하신 이유는 무엇일까요?

1) 첫째, 삼위일체 하나님으로 신적인 존재임을 드러내시기 위함이었습니다.

2) 둘째, 예수님은 인간의 원죄를 가지신 분이 아니라 죄 없으신 분으로 태어나셨습니다.

3) 셋째, 참 하나님과 참 인간이시기 위해 성령으로 잉태하시고, 마리아의 몸에서 태어나 인간으로 인간의 죄를 담당하시려 하셨습니다.

9. 누가복음 2장 42절-52절을 읽고, 예수님의 어린 시절은 어떠하였는지 나누어 주세요.

그렇다면, 여러분은 여러분의 자녀를 키울 때 어떻게 키우고 싶은가요?

1) 누가복음 2:46 **(성전에서 종교지도자들의 이야기를 듣고 물으심)**
(사흘 후에 성전에서 만난즉 그가 선생들 중에 앉으사 그들에게 듣기도 하시며 묻기도 하시니)

2) 누가복음 2:49 **(하늘 아버지 집 성전에 머무르려고 하심)**
(예수께서 이르시되 어찌하여 나를 찾으셨나이까 내가 내 아버지 집에 있어야 될 줄을 알지 못하셨나이까 하시니)

3) 누가복음 2:52 **(지혜와 키가 자라심)**
(예수는 지혜와 키가 자라가며 하나님과 사람에게 더욱 사랑스러워 가시더라)

10. 예수님은 왕, 제사장, 선지자 3중직을 어떻게 담당하셨나요?

1) 마태복음 28:18 (왕)

(예수께서 나아와 말씀하여 이르시되 하늘과 땅의 모든 권세를 내게 주셨으니)

2) 히브리서 9:11-12 (선지자)

(11. 그리스도께서는 장래 좋은 일의 대제사장으로 오사 손으로 짓지 아니한 것 곧 이 창조에 속하지 아니한 더 크고 온전한 장막으로 말미암아
12. 염소와 송아지의 피로 하지 아니하고 오직 자기의 피로 영원한 속죄를 이루사 단번에 성소에 들어가셨느니라)

3) 누가복음 7:22 (선지자)

(예수께서 대답하여 이르시되 너희가 가서 보고 들은 것을 요한에게 알리되 맹인이 보며 못 걷는 사람이 걸으며 나병환자가 깨끗함을 받으며 귀먹은 사람이 들으며 죽은 자가 살아나며 가난한 자에게 복음이 전파된다 하라)

이 세 가지 직분 중 여러분이 가정, 학교/직장, 세상에서 감당해야 할 직분은 무엇이 있을까요? 서로 나누어 주세요.

11. 예수님께서 이 땅에서 하신 주된 생명사역은 무엇인가요(마 9:35)?

(마태복은 9:35
예수께서 모든 도시와 마을에 두루 다니사 그들의 회당에서 가르치시며 천국 복음을 전파하시며 모든 병과 모든 약한 것을 고치시니라

1) (가르치심

2) (천국 복음을 전파하심

3) (모든 병과 약한 것을 고치심)

12. 사도신경은 예수님이 주 예수 그리스도라고 고백하는데요. 여러분은 언제 예수님을 여러분의 개인적인 구주로 고백한 것 같나요? 서로 나누어 주세요.

13. 예수님이 나의 구주라는 고백이 나의 삶에 어떤 변화를 가져왔고, 지금 가정, 학교 혹 회사, 세상에서 어떤 영향을 미치고 있나요?

Chapter 3

"성령으로 잉태하시고, 동정녀 마리아에게 나신 주님"

성령으로 잉태하시고,
동정녀 마리아에게 나신 주님

암송구절 | "이는 성령으로 잉태하사 동정녀 마리아에게 나시고"

『예수 '성령 잉태' DNA조사 입증』

예수님의 시신을 덮었던 수건의 피에서 모계유전 23개 염색체만 나와 '내셔널 지오그래픽 채널'에 방영된 적이 있었습니다.

과학자들은 '도저히 믿을 수 없는 기적', '예수가 성령으로 잉태됐다는 것은 사실인가? 아니면 꾸며낸 얘기인가?'에 대해 논하였습니다.

성경에 많은 기적들이 기술돼 있지만 예수가 동정녀 마리아의 몸에서 성령으로 잉태됐다는 구절에 대해 많은 과학자들은 '예수를 신성시하기 위해 꾸며낸 얘기'라며 평가하여 왔습니다. 그렇게 과학적으로 남성의 도움 없이 여성이 잉태한다는 것 자체가 불가능한 것으로 여겨져 왔습니다.

그래서 과학자들 사이에서는 '역사적 사실'이라기 보다는 '예수의 신성을 강조하기 위한 것'으로 인식돼 왔습니다.

그런데, 세계적인 다큐멘터리 방송매체인 '내셔널 지오그래픽 채널'(National Geographic Channel)이 최근 스페인 오비에도 성당에 보관돼 있는 '예수의 얼굴 수건' (Sudarium of Oviedo)에 묻어 있는 피를 전문연구소에 의뢰해 DNA를 분석한 결과 혈액형이 AB형이라는 것과 함께 모친 쪽으로부터 이어받은 22개 염색체와 남성(XY) 염색체 1개 등 23개만이 추출된 것으로 밝혔습니다. 즉, 부친 쪽으로부터 받게 돼 있는 23개 염색체는 없는 것으로 확인되어 예수님이 성령으로 잉태됐다는 것을 입증해 주었습니다.

여러분은 예수님의 이런 동정녀 탄생을 믿습니까?

1. 여러분의 생일 중 기억에 남는 생일이 있었나요? 여러분이 태어날 때 특이한 점이나 어려운 점이 있었나요?

2. 마태복음은 천사가 마리아에게 나타나 성령으로 임신하여 아이를 낳게 될 사실을 말씀합니다(마 1:18). 여러분 인생에서 받아들이기 쉽지 않은 메시지나 말씀을 하나님께서 주셔서 부담스러웠던 적이 있었나요?

(마태복음 1:18
예수 그리스도의 나심은 이러하니라 그의 어머니 마리아가 요셉과 약혼하고
동거하기 전에 성령으로 잉태된 것이 나타났더니)

3. 누가복음 1장은 엘리사벳과 마리아의 출산 스토리를 구체적으로 말해 주고 있습니다. 마리아는 어떻게 자신이 임신하여 출산하게 될 것을 확신하게 되었을까요(눅 1:36-37; 41-42)?

(누가복음 1:36-37
36. 보라 네 친족 엘리사벳도 늙어서 아들을 배었느니라 본래 임신하지 못한다고 알려진 이가 이미 여섯 달이 되었나니
37. 대저 하나님의 모든 말씀은 능하지 못하심이 없느니라

난임인 엘리사벳도 임신한 것처럼 마리아도 그렇게 되리라 말씀하셨습니다.

누가복음 1:41-42
41. 엘리사벳이 마리아가 문안함을 들으매 아이가 복중에서 뛰노는지라 엘리사벳이 성령의 충만함을 받아
42. 큰 소리로 불러 이르되 여자 중에 네가 복이 있으며 네 태중의 아이도 복이 있도다

성령님의 충만함을 받은 엘리사벳을 통해 마리아가 여자들 중에 복이 있으며 태중의 아이도 복이 있다고 말씀하셨습니다.)

4. 예수님이 '나셨다'는 말은 어떤 의미인가요?

1) 사도행전 13:33
(곧 하나님이 예수를 일으키사 우리 자녀들에게 이 약속을 이루게 하셨다 함이라 시편 둘째 편에 기록한 바와 같이 너는 내 아들이라 오늘 너를 낳았다 하셨고)

2) 히브리서 1:5
(하나님께서 어느 때에 천사 중 누구에게 너는 내 아들이라 오늘 내가 너를 낳았다 하셨으며 또 다시 나는 그에게 아버지가 되고 그는 내게 아들이 되리라 하셨느냐)

3) 히브리서 5:5
(또한 이와 같이 그리스도께서 대제사장 되심도 스스로 영광을 취하심이 아

니요 오직 말씀하신 이가 그에게 이르시되 너는 내 아들이니 내가 오늘 너를 낳았다 하셨고)

5. '나시고'라는 단어로 아리우스는 예수님이 태어나신 피조물이라고 주장하였습니다. 그러나 니케아신조에서는 본질적으로 아버지보다 열등한 존재가 아님을 밝혔습니다.

니케아 신조

325년에 소아시아 니케아 공의회에서 결의하여 선포한 신경입니다. 예수의 신성을 부인한 알렉산드리아의 아리우스파를 단죄하기 위한 것이었습니다.

니케아 공의회에서는 아리우스파에서 제출한 것이 폐기되었습니다. 아리우스파는 '나시고'라는 단어로 볼 때 성부 · 성자의 동질성(同質性)에 의구심을 가졌습니다.

그러나 니케아 신조는 성 삼위일체에 대한 믿음을 간결하게 표현하고 있습니다. 특히 성자의 동일실체(同一實體), 그의 강생, 죽으심, 부활을 강조하며, 그 끝에 예수님의 신성을 부인한 아리우스파에 대한 파문 선언을 덧붙였습니다.

여러분은 혹 예수님을 하나님의 아들로 믿기 힘든 때가 있었나요? 왜 그렇게 고백하기 어려웠나요?

바울은 예수님을 다메섹 도상에서 만난 뒤 완전히 삶이 바뀌었습니다. 여러분 주위에 예수님을 믿지 않다가 바울처럼 그렇게 바뀐 사람이 있나요? 어떻게 변화 되었나요?

6. 삼위일체 하나님을 어떻게 정의하고 말할 수 있을까요? 각자 한 번 삼위일체 하나님에 대해 나누어 주세요.

(삼위일체는 한 분 하나님이시면서 동시에 세 인격으로 계신 것을 말합니다. 1+1+1=1이 아니라 1x1x1=1입니다. 삼위로 계신 하나님이십니다.)

7. 성경 어디에서 삼위일체 하나님에 대해 말씀하고 있을까요?

1) 마태복음 28:19
(그러므로 너희는 가서 모든 민족을 제자로 삼아 아버지와 아들과 성령의 이름으로 세례를 베풀고)

2) 요한복음 14:25-26
(25. 내가 아직 너희와 함께 있어서 이 말을 너희에게 하였거니와
26. 보혜사 곧 아버지께서 내 이름으로 보내실 성령 그가 너희에게 모든 것을 가르치고 내가 너희에게 말한 모든 것을 생각나게 하리라)

3) 고린도후서 13:13
(주 예수 그리스도의 은혜와 하나님의 사랑과 성령의 교통하심이 너희 무리와 함께 있을지어다

삼위일체라는 단어는 없지만, 삼위에 대해서는 말씀하고 있습니다.)

8. 삼위일체를 오해하여 나타난 이단설을 살펴보겠습니다.

아버지, 의사, 교회 선생님 모델

하나님, 예수님, 성령님이 이렇게 각각 다르게 보이는 것이라고 하는 것은 괜찮은 설명일까요?

이런 설명은 주일학교 학생들에게 이해를 위해 설명을 하기도 합니다. 그러나 이는 양태론 이라는 이단입니다.

그렇다면 삼위일체 이단에 대해 살펴보면서 바른 삼위일체 하나님에 대한 신앙을 배워 보겠습니다.

1) 삼신론

삼신론은 쉽게 말해 세 신이 있다는 것입니다. 성부, 성자, 성령 세 분 하나님이 독립적으로 존재한다는 사상입니다.

대표적으로 아리우스(Arius)는 하나님을 세 분으로 보고, 세 분이 모두 신이기는 하지만 본질과 등급에 차이가 있는 세 종류의 신이라는 소위 '삼신론'을 주장했습니다.

즉, 성부는 영원하나 성자는 세계 창조를 위해 그 직전에 창조된 존재로 성부와는 품격이 다른 이등급 신(theos deuteros)이며, 성령은 그보다 열등하다고 했습니다. 또 성부와 성자와 성령은 서로 본질에 차이가 있는 세 종류의 신임을 강력히 주장했습니다.

이런 견해는 다신론적 배경을 가진 로마와 헬라 지역의 기독교인들에게 상당한 설득력을 가지고 퍼져나갔지만, 니케아 종교회의에서 이단으로 정죄되었습니다.

2) 양태론

사벨리우스(Sabellius)는 유일신론적인 배경에서 하나님이 결코 세 분일 수 없으며, 성부와 성자와 성령께서는 한 분 하나님이 세 가지 모습으로 나타난 것이라는 '양태론'(modalism)을 주장했습니다. 이 양태론을 집대성한 사람은 사벨리우스였습니다. 그는 구속사에서 하나님께서 세 얼굴(세 역할)로 나타나셨다고 주장하였습니다.

양태론은 하나님께서 구별 되는 세 위격이 아니라 각기 다른 시기에 다른 모습으로 계시하신다는 주장입니다.

한 사람이 가정에서는 아빠이고, 회사에서는 회사원이고, 교회에서는 집사님으로 다르게 모습을 나타내는 것처럼 하나님, 예수님, 성령님이 각각 다른 형태로 나타난다고 믿습니다.

이런 대표적인 양태론이 바로 삼위일체 하나님을 태양, 빛의 광선, 열기로 해석하는 것입니다. 하나님은 태양이시고, 예수님은 이 세상에 오는 빛 광선, 성령님은 우리 가슴 속에 불을 일으키는 열로 말합니다. 그러나 이런 해석은 양태론적 이단 사상입니다.

양태론자는 삼위 하나님을 구분하는 것을 반대하고 싫어합니다. 성부하나님께서 인간의 몸을 입고 오셔서 성자가 되었다고 합니다. 그래서 십자가에게 돌아가신 것은 성자 예수님이 아니라 성부 하나님 자신이었다고 합니다. 터툴리안은 이것을 가리켜서 '성부수난설'이라고 불렀습니다.

결국, 하나님의 본질이 셋이라는 점을 극단적으로 강조하면 삼신론에 이르게 되며, 하나님이 하나이심을 극단적으로 강조하면 양태론에 이르게 됩니다. 이 양자는 모두 이단적인 견해로서 정통교회에서 배척되고 있습니다. 하나님은 절대 독립성을 갖는 세 분이신 동시에 절대 구분되지 않는 오직 한 분이신 하나님이십니다.

3) 종속설(양자론)

삼위 하나님 간에 계급사회처럼 서열이 있다고 주장하였습니다. 성부 하나님이 가장 높고, 성자 예수님이 그 다음이라고 합니다. 성령님은 예수님에 의해 보내졌으니 그 아래로 봅니다. 이 종속설은 그리스 신화의 신들처럼 하나님, 예수님, 성령님을 서열 순으로 이해합니다.

양자론은 예수님이 양자가 되었다고 합니다. 오직 하나님만을 하나님으로 인정합니다. 예수님은 우리와 같은 인간이었는데 양자가 되어 신적인 요소를 부여받게 되었다고 믿었습니다. 예수님께서 성령님을 통해 양자가 되었지만 성부 하나님 같은 전능한 하나님은 아니라고 하였습니다. 하나님만이 신이 되고, 예수님의 신성은 전적으로 인정하지 않았습니다.

여러분은 예전에 삼위일체를 어떻게 잘못 알고 있었나요? 혹 잘못 가르친 적은 없었나요?

9. 바른 삼위일체는 무엇인가요?

바른 삼위일체 하나님 이해

웨스트민스터 소요리문답 제 6문답은 삼위일체를 이렇게 정의합니다.

"신격에는 삼위가 계시며, 성부와 성자와 성령이십니다. 이 삼위는 한 하나님이시고, 본질이 같으시며 능력과 영광에 있어서 동등하십니다."

터툴리안은 하나님께서 본래 삼중적으로 계셨음을 말하였습니다.

그러나 이 경륜적 삼위일체가 어떻게 본래적인 하나님의 동일성에 위배되지 않는가를 설명하는 것이 터툴리안이 넘어야 할 산이고, 과제였습니다.

터툴리안은 여기에서 본질(Substania)과 개체(Persna)라는 개념을 사용하였습니다. 본질이란 몇 사람이 공통으로 소유할 수 있는 하나의 토지를 의미하는 것으로서 성부, 성자, 성령이 신성을 공동으로 소유할 수 있으며, 이러한 의미에서 통일성을 갖는다고 하였습니다.

즉, 성부, 성자, 성령이 동일한 신적 본질을 공유하고 있으므로 서로 나누인 것이 아니며, 하나의 동일한 존재임을 뜻함을 설명하였습니다.

이렇게 해서 본질이라는 단어로서는 삼위 간의 통일성을 말하고, 개체라는 단어로서는 삼위 간의 구별성을 말하였습니다. "그 분이 한 분 하나님으로서 아버지와 아들과 성령에 이름으로 여전히 하나의 본질이며 하나의 조건이며 하나의 능력을 갖는다." 고 기술하였습니다.

여러분의 말로 삼위일체를 간략히 요약 정리해 보세요.

(1) 신격의 단일성 안에 삼위께서 계신다.
2) 성부, 성자, 성령 하나님께서는 한 실체와 능력과 영원성을 가지신다.
3) 세 위격들이 함께 동등하시다.)

10. 성부, 성자, 성령의 역할은 다릅니다. 그 역할은 무엇인가요?

1) 요한복음 3:16 (성부 하나님은 기획과 계획)
(하나님이 세상을 이처럼 사랑하사 독생자를 주셨으니 이는 그를 믿는 자마다 멸망하지 않고 영생을 얻게 하려 하심이라)

2) 로마서 4:25 (성자 하나님은 구속사역 이루심)

(예수는 우리가 범죄한 것 때문에 내줌이 되고 또한 우리를 의롭다 하시기 위하여 살아나셨느니라)

3) 요한복음 14:26

(성령 하나님은 내주하사 구원사역을 삶에 적용하게 이끄시고, 성화의 삶을 살도록 이끄심

보혜사 곧 아버지께서 내 이름으로 보내실 성령 그가 너희에게 모든 것을 가르치고 내가 너희에게 말한 모든 것을 생각나게 하리라)

성부 하나님은 구원을 태초에 계획하셨고
성자 하나님은 구원을 십자가에서 이루시고
성령 하나님은 구원을 알리시고, 계속 적용하실 겁니다.

11. 인간이 이성을 통해 삼위일체를 이해하고, 신앙생활을 하는 것은 바른 것입니다. 그러나 이성적으로만 이해하고, 받아들이며 신앙생활하려고 할 때 불트만의 신학적 경향으로 빠질 수가 있습니다.

불트만의 비신화화 신학

19세기와 20세기 중반까지 예수님의 동정녀 탄생과 육체의 부활을 회의적으로 보고 의심하였습니다. 받아들일 수 없었습니다. 합리성을 추구하는 현대적 철학의 흐름 속에서 초자연적 이야기를 믿고 받아들일 수 없었습니다.

그래서 불트만은 이성적 사람들이 받아들이기 어려운 동정녀 탄생, 부활, 신화적 기적들을 다 제거하고 복음을 전해야 한다고 하였습니다. 그의 신학은 신화적 요소들을 없애고 전해야 한다는 비신화화 신학이었습니다.

우리도 불신자를 너무 배려하여서 복음을 전하기보다 선행만 행하고, 선물만 전해주려고 할 때가 있습니다. 이렇게 태신자를 배려한다고 하며 오히려 우리도 복음을 바로 전하지 못할 수도 있습니다. 그러나 우리는 성령님의 역사를 간과하지 않아야 합니다. 선물과 선행만 베풀고 말 것이 아니라 복음을 전해야 합니다.

여러분은 예수님을 믿을 때 이해되지 않고, 받아들여지지 않았던 것은 무엇이 있었나요?

12. 인간은 아무리 이성적이고, 지혜로워도 전능하신 하나님을 다 이해 할 수 없습니다. 주님이 우리 인생에 행하시는 것도 다 해석 할 수 없습니다. 사람은 해석되지 않는 고통과 고난을 견디어 내기 힘듭니다.

그러나 선하신 하나님을 기대하고, 믿으면 감사함으로 잠잠히 기다리고 인내할 수 있습니다. 인생에 주님께서 역사하시기를 기대하며 침묵하고 기도하면서 시간을 보낸 적이 있나요? 서로 나누어 주세요.

13. 마리아는 성령으로 예수님을 잉태하는 기적적인 역사를 경험하였듯 성령의 능력으로 기적적인 역사를 경험하거나 귀신을 내어 쫓거나 병자가 낫거나 하는 것을 본 적이 있나요? 서로 나누어 주세요.

14. 성령님이 여러분의 삶과 가정 그리고 속한 공동체에 나타나셔서 어떤 놀라운 일을 이루시길 기대하는지 나누어 주세요.

Chapter 4

"고난을 받으시고, 십자가에 못박혀 죽으신 주님"

고난을 받으시고, 십자가에 못박혀 죽으신 주님

암송구절 | "본디오 빌라도에게 고난을 받으사, 십자가에 못박혀 죽으시고"

『Passion의 뜻』

패션(Passion)은 '아픔, 고통'을 뜻하는 라틴어 '파시오'(passio)에서 나온 말입니다. 이 단어는 예수님께서 로마군에게 체포되어 십자가에서 죽임을 당하기까지 겪은 '고통'과 '고난'을 뜻합니다.

패션 플라워(Passion flower, 시계꽃)는 꽃의 모양이 예수의 수난 시 예수님께서 썼던 가시가 돋친 관과 비슷하게 생겼다고 해서 붙은 이름입니다. 15~16세기 스페인 선교사님들이 그렇게 불러서 유래 되었습니다.

Passion은 14세기부터 감정과 욕구를 의미하는 말로 쓰이기 시작했으며, 이후 우리가 사용하는 '열정'이라는 뜻을 갖게 되었습니다.

예수님의 수난은 2004년 할리우드 스타 멜 깁슨(Mel Gibson, 1956~)이 제작, 감독한 〈The Passion of the Christ〉에 잘 담겨졌습니다. 멜 깁슨은 예수님의 십자가지심을 영상화하고, 그 제목을 〈The Passion of the Christ〉로 지었습니다. 예수님이 고통을 감내하시면서 우리를 사랑하신 내용을 잘 담아내었습니다.

1. 어린 시절 형 혹 언니라서 힘들었던 점은 무엇이었나요? 또는 동생 혹 막내라서 좋았던 점은 무엇이 있었나요?

(본인이 형 혹은 언니라서 혼이 나거나 고통을 당한 경험이 있었나요? 반대로 동생 혹 막내라서 좋았던 점이 있었나요? 특히, 형과 언니로서 감당해야 할 자리의 무게 혹은 힘겨웠던 점은 없었는지 나누도록 해주세요)

2. 왜 본디오 빌라도는 예수님을 죽인 사람으로 저주를 받고 있을까요?

(하와가 범죄를 저지르고, 그다음 아담이 선악과를 따먹었습니다. 그런데 하나님은 아담에게 나타나셔서 꾸중을 하셨습니다. 아담이 인간의 대표성을 가지기 때문이었습니다.

이처럼, 빌라도가 예수님을 단독적으로 죽이지 않았지만, 그 리더십 아래에서 일어난 일이라 지속적으로 저주를 받고 있는 것입니다.)

3. 살아오면서 가정, 교회, 사회에서 리더의 잘못으로 어떤 고통스런 일을 겪은 적이 있었나요? 서로 나누어 주세요.

(서로 가정, 교회, 사회에서 겪은 일을 나누어 주도록 해 주세요.)

4. 고통은 일반적으로 인간의 죄성과 연약함으로 받게 됩니다. 그러나 고난은 그런 고통과 조금 다릅니다. 대의를 위해서 고난을 당하는 경우가 있습니다. 예수님께서는 어떤 고난을 당하셨나요?

의학박사 트루만 데이비스(TrumanDavis) & 알렉산더 메드럴 박사(Alexander Metherell)는 십자가의 고통과 죽음을 이렇게 설명하였습니다.

십자가 달리기 전의 고통

1) 혈한증

감람산에서 예수님께서 기도하실 때 땀방울이 핏방울 되었다고 하였습니다. 이런 현상을 의학적 용어로 "혈한증(血汗症, hematidrosis)"이라고 합니다. 엄청난 스트레스를 받으면 땀샘에 있는 모세혈관을 파괴하는 화학성분이 나옵니다. 그래서 소량의 피가 땀샘에 들어오게 되는 것입니다.

2) 39가닥으로 된 채찍

로마시대의 채찍은 39개의 가닥으로 되어 있었습니다. 병사의 기분에 따라 가닥수가 많을 수도 있었습니다. 땋은 가죽으로 되어 있는데 그 안에는 쇠구슬과 뼛조각이 들어 있었습니다. 쇠구슬은 살을 멍들게 했고, 찢어진 근육조직을 더욱 크게 벌리는 역할을 했습니다. 뼛조각은 살을 찢는 역할을 했습니다. 칼보다도 더 무서운, 한번 스치면 사망할 수 있는 그러한 채찍으로 맞으셨습니다.

3) 저혈량성 쇼크 상태

예수님은 피를 많이 흘리셨습니다. 이로 인해 저혈량성 쇼크 상태에 빠지셨습니다. 이 저혈량성 쇼크는 심장이 더 이상 피를 못 펴 올리게 하였습니다. 혈압저하로 정신이 몽롱해지거나 기절하게 하였습니다. 신장에 남아있는 피의 양을 유지하기 위해 소변의 역할이 중지되었습니다. 몸에서 액체를 요구하기 때문에 목이 아주 마르게 되었습니다.

4) 18cm 대못

십자가에 사용된 못은 약 18cm의 대못이었습니다. 다수의 의견과 성경적 측면에서의 문화적 배경에 따라 손목에 못이 박혔습니다. 못 박힌 곳은 "중추신경"이 지나는 위치입니다. 못으로 큰 신경이 파괴되었습니다. 십자가에 매달린 사람의 팔은 6인치 정도 늘어나고, 어깨는 탈골 되었습니다.

5) 질식하게 되는 횡경막

십자가는 질식해서 죽이는 사형 틀이었습니다. 근육에 충격이 가해지면서 "횡경막" 이 가슴에 숨을 들이쉬는 상태로 고정시켰습니다. 그래서 질식하게 되었습니다.

6) 90도 비틀어 달린 몸

십자가형은 사형수의 몸을 90도 비틀어 나무에 묶었습니다. 무릎을 구부린 상태에서 팔목 그리고 복숭아 뼈 바로 아래에 쇠못을 박아 처형하는 극형이었습니다. 이는 사형수에게 호흡곤란을 가져다주게 되었습니다.

팔에 힘이 빠지고, 근육에 엄청난 경련이 일어나면서, 깊고, 가혹하고, 지끈거리는 고통이 따르게 되고, 이 고통이 근육을 굳게 만들었습니다.

이런 상태가 되면 몸을 위로 밀어 올릴 수 없는 상태에 이르게 되었습니다. 몸이 팔에 매달려 있게 되면, 가슴근육이 마비되고, 늑간 근육이 활동을 할 수 없게 되었습니다. 공기가 폐로 유입은 될 수 있지만, 밖으로 뿜어내 질 수 없게 되었습니다. 예수님께서 단 한 번의 짧은 숨을 쉬어보려고 몸을 위로 밀어 올리기 위한 사투를 하셨습니다. 결국, 이산화탄소가 폐와 혈류에 쌓이게 되고, 경련이 부분적으로 진정을 시킵니다. 격한 경련으로 몸을 위로 밀어 올려, 숨을 내뿜고, 생명을 주는 산소를 마시게 되었습니다.

이 상태로 매달려 있다 보면, 뇌와 가슴에 피가 공급되지 않게 되고, 십자가에 매달린 사람은 이런 상태를 피하기 위해서 발에 힘을 주어 몸의 윗부분으로 피가 돌게 하는 것이었습니다.

숨을 쉬려면 십자가에 매달린 상태로 발을 반복적으로 세웠다가 내렸다를 해야 했습니다. 그래야 근육이 이완되어 횡경막에 자극을 주기 때문이었습니다. 계속적으로 못이 박힌 발을 움직여야 합니다. 예수님은 숨을 쉬기 위해 못이 박힌 발을 들었다가 놨다를 반복했습니다. 못이 박혀 발도 움직일 수 없는 상황인데도 그러했습니다. 결국 숨을 쉬기 위해 발을 움직이다가 발의 뼈가 못에 고정되고 서서히 질식을 하여 죽었습니다.

7) 호흡 산독증

호흡량이 줄어들면 "호흡 산독증(酸毒症)"에 걸리게 되었습니다. 이것은 혈액속의 이산화 탄소가 탄산으로 분해되면서 혈액이 산성으로 변하는 것을 말합니다. 심장박동이 불규칙적으로 되고 결국 사망하게 되었습니다.

– 의학박사 트루만 데이비스 & 알렉산더 메드럴 박사 연구 자료 일부

5. 예수님이 십자가에 매달리신 것은 무엇을 의미하나요(갈 3:13)?

(갈라디아서 3:13
그리스도께서 우리를 위하여 저주를 받은 바 되사 율법의 저주에서 우리를 속량하셨으니 기록된 바 나무에 달린 자마다 저주 아래에 있는 자라 하였음이라)

그리스도의 속죄론(Theories of the Atonement)

그리스도께서 우리를 위해서 죄를 사해 주신 것을 속죄라고 합니다. 그런데 그 죄를 사해 주신 것을 이해하는 견해가 여러 가지입니다. 어떤 것이 맞는 것일까요?

1) 배상설(The ransom to Satan theory)

그리스도의 죽음이 사탄에게 지불된 속전(贖錢)이라고 보았습니다. 즉, 하나님이 인류를 마귀로부터 석방시킬 때 일정한 대가를 지불해야 했다는 것입니다. 초대교부 이레니우스와 오리겐은 마귀는 예수의 생명을 요구했고, 예수님은 십자가의 죽음을 통해서 마귀에게 값을 지불했다고 하였습니다.

2) 만족설(Satisfaction theory)

11세기 영국의 남쪽 캔터버리(Kenterbery) 대주교 안셀름은 아담의 범죄로 사람에게는 죽음을 가져왔고, 하나님께는 결정적인 명예의 손상을 끼쳤다고 하였습니다. 이러한 하나님의 명예를 회복하고, 노여움을 풀어드리기 위해서 하나님의 아들 그리스도께서 사람이 되셨고, 인류를 대신해서 십자가에서 벌을 받으심으로, 하나님께서 명예를 회복하셨다고 하였습니다. 곧, 그리스도가 죄의 벌을 받음으로 노여움을 푸시고 만족해하시고, 그 결과 인류는 구원을 받게 되었다는 것입니다.

3) 도덕 감화설(Moral influence theory)

아베라르 중세신학자는 만족설을 철저히 반대하면서 도덕설을 주장했습니다. 하나님의 만족을 위해서 그리스도를 십자가에 못 박아 죽였다고 하면 그 하나님은 무정하고도 냉혹한 신이라고 하면서 우리의 하나님은 그런 신이 아니라는 것이었습니다.

예수께서 십자가에 달리신 것은 독생자를 아끼지 아니하실 정도로 인류를 사랑하신 하나님의 자비와 긍휼의 표현이라고 하였습니다. 그래서 사람들이 십자가상의 그리스도를 바라보면서 하나님의 사랑을 깨닫고 도덕적 감화를 받아 도전 받으며 살도록 하신 사건이라는 것입니다.

4) 통치론(The Government)

무너진 인간이 피조 된 본질에서 이탈하여 죄를 범함으로 신의 세계통치에 차질을 초래하여, 통치권을 재확립하기 위하여 예수 그리스도께서 십자가에 달리셨다고 보았습니다.

하나님의 무너진 통치권을 재확립하기 위해서 죄를 벌하셨는데 그 길은 십자가의 길 밖에는 없었다는 것입니다. 하나님의 아들 예수 그리스도만이 그 일을 감당할 수 있었다는 주장입니다.

5) 고전설(The classical theory)

십자가 사건은 신과 마귀의 세력의 투쟁으로 보았습니다. 결과 신의 승리로 끝났다고 하였습니다. 이러한 사상은 초대교회로부터 발견되는 사상으로 즉, 고대로부터 현재까지 강조된 설입니다.

6) 모범론(The example theory)

17세기 소시아누스의 주장으로서 그리스도는 사람에게 자기 생활과 죽음으로 참된 순종의 모범을 보이심으로 그들도 이와 같은 삶으로 인도하고 그런 생활을 고취시킴으로서 구원으로 인도하셨다고 하였습니다.

7) 형벌 만족설(Ransom and Christus Victor)

루터와 칼빈 같은 개혁 신학자들이 안셀름의 만족설을 따르면서, 거기에 하나님의 공의와 사랑을 포함시켰습니다. 십자가는 죄에 대한 하나님의 심판이라는 것입니다.

인류의 죄를 그대로 벌하면 모든 사람이 죽게 되니까 그리스도께서 그 모든 죄를 대신 지시고 벌을 받으심으로 죄의 문제를 해결한 것이라는 것입니다(갈 3:10). 죄는 반드시 벌을 받아야 한다는 것과 사람은 반드시 구원받아야 한다는 하나님의 공의와 사랑이 함께 나타난 것이라고 하였습니다.

위의 내용 중 가장 합리적인 속죄론은 무엇일까요?

(루터와 칼빈 같은 개혁 신학자들과 안셀름의 만족설을 따르면서, 거기에 하나님의 공의와 사랑을 포함시켰습니다. 십자가는 죄에 대한 하나님 심판

이며 죄인에 대한 하나님의 사랑이라는 것입니다.

이렇게 십자가는 하나님의 두 가지 속성이 그대로 나타나 있습니다. 죄를 해결하시기 위해서 매를 드시고 때리시는 하나님의 의가 강하게 나타났는가 하면, 인류를 구원하시기 위해서 사람이 되시고, 고난의 종으로 고통을 당하시고 십자가에 달리신 하나님의 아픈 사랑입니다.

십자가 사건은 하나님께서 인간을 향하신 의와 사랑의 표현이요, 구원의 손을 내밀어 주신 사건입니다.

그러면서 동시에 한편으로는 대제사장이신 그리스도께서 하나님을 향하여 모든 죄를 짊어지시고 속죄 제사를 드린 사건입니다. 그러므로 십자가 사건을 그리스도께서 온 인류의 죄를 대신하시고, 대표하여 속죄 제사를 드림으로 완전한 제사를 드린 것입니다.)

예수님이 이런 고통을 당하시고, 우리를 구속해 주신 것이 여러분에게 은혜로 다가왔나요? 언제 예수님의 십자가를 묵상하고, 감사하였나요? 서로 나누어 주세요.

6. 예수님은 십자가를 지시기 전날 밤 어떤 심경이셨나요?

1) 마가복음 14:33-34
(33. 베드로와 야고보와 요한을 데리고 가실새 심히 놀라시며 슬퍼하사
34. 말씀하시되 내 마음이 심히 고민하여 죽게 되었으니 너희는 여기 머물러 깨어 있으라 하시고)

2) 마태복음 26:39

(조금 나아가사 얼굴을 땅에 대시고 엎드려 기도하여 이르시되 내 아버지여 만일 할 만하시거든 이 잔을 내게서 지나가게 하옵소서 그러나 나의 원대로 마시옵고 아버지의 원대로 하옵소서 하시고)

7. 예수님은 고통과 고난을 통해서 무엇이 되려고 하셨나요(요일 4:10)?

(요한일서 4:10

사랑은 여기 있으니 우리가 하나님을 사랑한 것이 아니요 하나님이 우리를 사랑하사 우리 죄를 속하기 위하여 화목 제물로 그 아들을 보내셨음이라)

8. 예수님은 십자가에서 돌아가시면서도 자신을 죽이는 사람들에게 무엇이라고 말씀하셨나요(눅 23:34)?

(누가복음 23:34

이에 예수께서 이르시되 아버지 저들을 사하여 주옵소서 자기들이 하는 것을 알지 못함이니이다 하시더라 그들이 그의 옷을 나눠 제비 뽑을새

무리들이 자신이 하는 것이 어떤 것인지 그들이 알지 못함을 아시고, 끝까지 용서해 주시기를 간청하였습니다.)

9. 예수님의 죽으심은 단순한 죽음이 아니라 하나님과 인간 사이에 화목제물이라고 하였습니다(요일 2:2, 롬 2:25). 그렇다면, 예수님이 화목제물로 화해의 통로가 되셨듯이 여러분은 가정, 교회, 사회에서 평화와 화목을

위해 어떤 노력과 희생을 감당해야 할까요?

(요한일서 2:2
그는 우리 죄를 위한 화목 제물이니 우리만 위할 뿐 아니요 온 세상의 죄를 위하심이라

로마서 2:25
이 예수를 하나님이 그의 피로써 믿음으로 말미암는 화목제물로 세우셨으니 이는 하나님께서 길이 참으시는 중에 전에 지은 죄를 간과하심으로 자기의 의로우심을 나타내려 하심이니)

10. 예수님은 죽을 뻔하신 것이 아니라 실제로 돌아가셨습니다.

그러나 사람들은 여러 가지 설을 말하며 예수님의 부활을 부인합니다.

1) 가현설(Docetism)

예수님의 신성을 너무나 강조하여 십자가에 달리신 예수님은 단지 인간처럼 보이는 신적존재였다고 하였습니다. 즉, 예수님은 단순 유령 혹 천사 같은 존재로 인간처럼 보였던 것이라고 주장하였습니다.

2) 기절설(The Swoon Theory)

실제로 죽으신 것이 아니라 십자가에서 탈진하고 기절하셨다는 것입니다. 실제로 부활하신 것이 아니라 십자가에서 탈진하고 쓰러지셨다가 다시 살아난 것이라고 하였습니다.

3) 환상설(The Vision Theory)

예수님을 사모한 제자들이 예수님을 너무 그리워하고 사모하다가 환상을 보았다는 것입니다. 그러나 제자들은 예수님이 부활하실 것을 알지 못하였습니다. 기대도 하지 못하였습니다. 환상을 그 수많은 제자들과 500명이 넘는 사람들이 다 똑같이 볼 수는 없었습니다.

4) 신화설(The Mythical Theory)

그 당시 고대 근동의 여러 종교에 있던 부활 설화를 따라 지어낸 것이라고 하였습니다. 역사적으로 있던 사건이 아니라 영적이고 신화론적인 이야기에 불과하다는 것입니다.

5) 허위설(The Falshood Theory)

제자들이 무덤에서 시체를 도둑질한 후 부활하였다고 허위로 퍼트렸다는 것입니다. 그러나 무덤을 지키던 경비병들이 많았고, 그들이 시체를 도둑맞는 그런 실수를 할 리가 없었습니다. 만약 돈을 받고, 시체를 가져가도록 해 주었을 수도 없는 것은 그러했다면 목숨을 잃을 수 있는데 돈을 받고 좋아하며 그렇게 호락호락 시체를 가져가도록 해 주지 않았을 것입니다.

(권성수 목사님은 부활절 설교 중 부활이 실제로 일어났고, 역사적인 일임을 다음과 같이 설교 하였습니다.

1. 성경대로 부활하였습니다(고전15:2-3).

"이는 성경대로 그리스도께서 우리 죄를 위하여 죽으시고 장사 지낸 바 되셨다가 성경대로 사흘 만에 다시 살아나사."

2. 다양한 목격자들이 있었습니다(고전 15:5-8).

“게바에게 보이시고 후에 열두 제자에게와 그 후에 오백여 형제에게 일시에 보이셨나니 그 중에 지금까지 대다수가 살아 있고 어떤 사람은 잠들었으며 그 후에 야고보에게 보이셨으며 그 후에 모든 사도에게와 맨 나중에 만삭되지 못하여 난 자 같은 내게도 보이셨느니라.”

3. 특별한 목격자들이 있었습니다(고전15:7-8).
야고보(James)/ 바울(Paul)/ 마리아(Mary)가 직접 만났습니다.

4. 빈 무덤이 증거합니다(요한복음 20:7).
독특한 부활 :“나는 부활이요 생명이니 나를 믿는 자도 죽어도 살겠고 무릇 살아서 나를 믿는 자는 영원히 죽지 아니 하리니 이것을 네가 믿느냐” (요한복음 11:25-26).

세인트 에드문드 대학의 데니스 알렉산더는 이렇게 말하였습니다.

“나사렛 예수가 죽은 자들로부터 부활했다는 주장은 우선 역사적인 주장이다. 그것이 발생했다는 증거는 강력하다. 로마 군인들이 경비하고 있었음에도 불구하고, 무덤이 비어 있었다. 부활한 예수가 여러 경우로 서로 다른 많은 목격자들에 의해 보였고, 그들은 그를 만졌고 그와 함께 식사를 했다. 그는 유령이 아니었다. 예수님의 시신을 도난당했다면, 시신의 위치를 찾기가 비교적 쉬웠을 것이다. 그러나 시신 도난 사건은 결코 일어나지 않았다. 역사상 다른 위대한 종교 지도자들과 달리, 오늘도 그의 추종자들이 순례지로서 찾아가는 예수의 무덤은 없다.”

5. 전격적인 변화가 있었습니다(사도행전 5:41-42).

"사도들은 그 이름을 위하여 능욕 받는 일에 합당한 자로 여기심을 기뻐하면서 공회 앞을 떠나니라 그들이 날마다 성전에 있든지 집에 있든지 예수는 그리스도라고 가르치기와 전도하기를 그치지 아니 하니라." (사도행전 5:41-52).

6. 교회 형성발전이 있었습니다.
MIT 이안 허친슨(Ian Hutchinson) 교수: "MIT의 기독교 동료들과 전 세계 수백만의 다른 과학자들은 예수의 부활과 같이 문자 그대로의 기적이 가능하다고 어쨌든 생각한다.... 윌리엄 필립스(William Phillips, 레이저광 원자트랩으로 1997년 노벨상 수상)는 부활은 과학에 의해 부인되지 않는다고 했다.... 과학은 부활이 없다고 증명할 수도 없고 증명하지도 않는다."

7. 내게 살아계심이 증거(고전 15:9-11)입니다.)

11. 성경은 예수님이 십자가에서 어떻게 죽으셨다고 말씀하나요?

1) 마가복음 15:37
(예수께서 큰 소리를 지르시고 숨지시니라)

2) 누가복음 23:46
(예수께서 큰 소리로 불러 이르시되 아버지 내 영혼을 아버지 손에 부탁하나이다 하고 이 말씀을 하신 후 숨지시니라)

3) 마태복음 27:50
(예수께서 다시 크게 소리 지르시고 영혼이 떠나시니라)

예수님이 실제로 우리를 위해 십자가에서 대신 죽으셨다는 것이 무엇을 의미하는 것인가요?

(우리가 영원한 형벌을 받고, 지옥으로 가지 않는다는 것을 의미합니다.)

12. 사실, 빌라도가 예수님을 죽일 권세를 가진 듯 했지만 그렇지 않았습니다. 예수님은 빌라도 앞에서 누구에게 자신을 죽일 권세가 있다고 하셨나요(요 19:11)**?**

(요한복음 19:11

예수께서 대답하시되 위에서 주지 아니하셨더라면 나를 해할 권한이 없었으리니 그러므로 나를 네게 넘겨 준 자의 죄는 더 크다 하시니라)

13. 한국 사도신경에 1908년까지 '음부에 내려가시고'라는 부분이 삽입이 되었었는데, 지금은 없습니다.

음부(hell)에 내려가셨다는 의미

'Hell'은 헬라어로 '하데스', 히브리어로는 '스올'에 해당합니다. 그런데 17세기 이후 'hell'은 하나님을 믿지 않는 자들이 가는 최후의 심판을 받은 상태의 지옥인 '게헨나'를 의미하게 되었습니다.

그러나 사도신경에 나타난 의미는 예수님이 '지옥의 상태와 고통'인 '하데스'에 가셨다는 말이지 지옥인 '게헨나'에 처해졌다는 말이 아니었습니다. 베드로는 사도행전 2장 23절-24절에서 예수님이 지옥의 고통에 처해지셨음을 언급하였습니다.

> [23] 그가 하나님께서 정하신 뜻과 미리 아신 대로 내준 바 되었거늘 너희가 법 없는 자들의 손을 빌려 못 박아 죽였으나
> [24] 하나님께서 그를 사망의 고통에서 풀어 살리셨으니 이는 그가 사망에 매여 있을 수 없었음이라 (행 2:23-24)

칼빈과 하이델베르크도 예수님이 '지옥'에 갇히신 것이 아니라, '지옥의 고통'을 맛보셨다고 말하였습니다.

반면, 루터는 예수님이 실제 지옥에 가셔서 승리를 선포하셨다고 주장하였습니다. 그러나 예수님의 승리는 부활 후 이루어지기 때문에 합당하다고 보기 힘듭니다.

카톨릭은 이 '지옥'에 갔다는 것이 '연옥'에 간 것이라고 어필하였습니다. 연옥에 갇힌 자들을 구원하셨다고 가르쳤습니다. 그러나 성경 어디에도 천국과 지옥 중간지대를 언급하는 곳은 없습니다.

카톨릭은 죽은 뒤 연옥 말고, 중간기 처소인 림보라는 장소가 있다고 합니다. 어린 아이들이 거하는 유아림보와 구약시대의 신자들이 죽어서 구원 계시의 완성을 기다리는 선조림보가 있다고 합니다. 그래서 카톨릭은 예수님이 죽으신 뒤 이 림보에 가셨다고도 봅니다.

그러나 지옥에 갔다는 것은 지옥의 고통을 당하셨다는 의미이지 성경에서 말하지 않는 연옥과 림보에 가신 것이 아닙니다.

'음부에 내려가시고'라는 의미는 무엇인지 자신의 말로 요약해 보세요!

14. 그리스도가 우리를 위하여 십자가에서 고통을 당하셨습니다. 그렇다면, 우리는 어떤 삶을 살아야 할까요(갈 5:24)?

(갈라디아서 5:24
그리스도 예수의 사람들은 육체와 함께 그 정욕과 탐심을 십자가에 못 박았느니라)

보잘 것 없는 나 자신을 위하여 고통당하신 주님을 위해 우리는 어떻게 십자가를 지는 삶을 살도록 노력해야 할까요?

1) 가정에서

2) 교회에서

3) 세상에서

Chapter 5

“사흘만에 죽은 자 가운데서 다시 부활하신 주님”

사흘만에 죽은 자 가운데서 다시 부활하신 주님

암송구절 | "장사한지 사흘 만에 죽은 자 가운데서 다시 살아나시며"

『영화 〈예수는 역사다〉』

이 영화의 스토리는 이렇습니다. 트리뷴 지의 최연소 신입 기자로 입사한 후 능력을 인정받은 '리 스트로벨'은 가족과 외식을 하였습니다. 그날 저녁 식사 자리에서 딸의 기도가 막혀 죽을 것 같았습니다. 다행히도 한 크리스천이 도와주어 딸이 기적적으로 살아났습니다. 이후 아내는 그 크리스천의 인도를 받아 신앙을 갖게 되었습니다. 그러나 무신론자로 이성적인 근거를 중시하는 '리'는 아내의 신앙을 이해할 수 없었습니다.

'리'는 전문가들의 소견과 수많은 증거들을 모으려고 하였습니다. 그러는 동안 억울하게 누명을 쓰고 기소된 '힉스'의 사건을 겪으면서 사실과 믿음 사이에 문제가 있음을 감지하기 시작했습니다. '리'는 갈등하기 시작하였습니다. 그는 예수의 부활이 거짓임을 증명할 증거와 진술을 찾다가 마침내 놀라운 진실을 발견해가기 시작하였습니다.

다음과 같은 증언은 주인공 '리'의 마음을 어렵게 하셨습니다.

1) 리버티 신학교 신약학 교수, 게리 해버매스의 증언

Q. 예수 부활을 실제 목격한 사람들, 그들의 증언은 진실인가?

A. 예수 부활에 관한 최고 권위자로 불리우는 게리 해버매스 박사를 찾아갔습니다. 그 박사는 기적을 증명해야 부활이 증명되는 것은 아니라고 하였습니다. 그런데, 실제로 예수님의 부활에 대한 역사적 기록이 분명이 존재하고 있다고 말하였습니다.

부활을 증거 하는 기록물들에 따르면 이는 십자가 사건 후 수십 년, 수백 년이 아닌 부활 후 몇 달 내 증언들이며, 무려 500명의 당시 사람들이 예수님을 보았다고 하였습니다. 로마시대 수많은 기독교인들을 박해했으나 그 당시 신자들과 '사도 바울' 같은 경우 부활이 거짓이라고 생각했다면 왜 기꺼이 죽음을 택했을지 반문하였습니다.

2) 전 고고학자, 마르케즈 신부의 증언

Q. 예수 부활을 목격한 이들의 증언, 그것을 기록한 필사본은 믿을 만 한 것인가?

A. 고고학자로서의 엄청난 명성을 뒤로하고, 성직자의 길을 택한 마르케즈 신부를 찾아 갔습니다. 그는 예수 부활을 목격한 사람들의 증언을 남긴 필사본에 대해 신뢰를 해야 한다고 하였습니다.

그 이유는 사본은 많고 오래 될수록 좋은데 이는 상호 참조를 하면서 원본 내용이 맞는지 알아 낼 수 있기 때문이라고 하였습니다. 예를 들어, 마케도니아에서 파낸 호머의 일리아드의 그리스 사본을 눈앞에 보여주고, 이는 그리스인들이 성경처럼 여겼던 1,565개의 사본 중 하나라고 밝혔습니다. 원작은 BC 800년에 쓰였고 사본은 AD 3세기의 것이라는 사실도 함께 설명하였습니다.

일리아드보다 진품 사본보다 많은 유일한 고대 사본은 성경이라는 점을 말하며 그 신빙성을 설명했습니다.

성경의 그리스어 신약은 5,843개이며 이는 일리아드보다 4배나 많은 수치라고 하였습니다. 마르케즈 신부는 직접 소장하고 있는 최초의 요한복음 일부를 보여주며, AD 2세기인 고대 이집트에서 발견됐다는 점과 원본과의 차이가 30년도 안 된다고 증언하였습니다.

3) 세계적인 성서학자, 빌 크레그 박사의 증언

Q. 예수는 부활한 것이 아니라, 처음부터 죽지 않았던 것이다?

A. 빌 크레그 박사는 이러한 의심에 대해, 예수님이 무덤에 묻혔다는 것은 사실적 최초 기록이라고 설명하였습니다. 그리고 그 당시 로마인들은 처형된 시체를 개들에게 던져 주었다는 설이 있지만, 처형 후 일부는 매장이 허용되었고 이 중 한명이 예수님이었다고 하였습니다.

그러면서 예수의 빈 무덤을 보았다는 증인들이 모두 여자라는 의문점에 대해서는 만일 예수의 빈 무덤이 당시 유대인들이 지어낸 이야기라면, 이 증인들이 설득력을 저하시키는 여자라는 것은 기록하지 않았을 것이라고 단언했습니다. 왜냐하면 유대 전통에 따르면 여자의 증언으로 아무런 인정이 안 되기 때문인데 그런 증언을 사용할 리가 없기 때문이었습니다.

결국, 예수님이 무덤에 묻힌 뒤 첫 주일 아침 여자들이 무덤에 갔고 시체가 없어졌다는 것을 알았다는 것이 기록물이 말하고 있는 사실이며, 이는 충분히 논박하기 어려운 증거라고 하였습니다.

4) 미국 국립 신장폐혈액연구소 전문의, 알렉산더 메드럴의 증언

Q. 증인들이 처형당한 예수를 목격한 것은, 예수가 죽지 않았기 때문이다?

A. 예수님이 처음부터 죽지 않았기에 부활도 없었다고 말합니다. 이 '기절설'은 수많은 무신론자들이 주장해 온 가설 중 하나입니다. 이에 대해 의사이자 공학박사인 알렉산더 메드럴은 최고의 과학저널인 미국의학협회 학술지에 쓰인 말을 정확히 인용 했습니다. '예수의 육체적 죽음, 의학적, 역사적 증거로 분명히 알 수 있는 것은 예수는 옆구리를 찔리기 전 이미 죽었다는 사실이다. 그러므로 예수가 십자가에서 죽지 않았다는 가정에 근거한 해석은 현대의 학지식에 맞지 않는다.'라고 설명하였습니다.

결국, '리'는 자신의 생각을 내려놓았습니다. 무엇보다 의심하고, 아내를 힘들게 하는 중에도 아내가 인내하고 사랑해 주는 모습을 보고, 주님이 살아계심을 알 수 있었다고 고백하였습니다. '리'는 나중에 목사님이 되었습니다.

1. 예전에 죽을 뻔 한 일을 경험한 적이 있었나요? 어떤 일이 있었나요?

(이 질문을 통해 예수님은 죽을 뻔 한 것이 아니라 실제로 죽으셨음을 알게 해 주세요)

2. 예수님이 죽지 않고 3일 만에 부활 하실 것을 예표적으로 보여준 구약의 사건은 무엇인가요(마 16:1-4)?

(마태복음 16:1-4

1. 바리새인과 사두개인들이 와서 예수를 시험하여 하늘로부터 오는 표적 보이기를 청하니
2. 예수께서 대답하여 이르시되 너희가 저녁에 하늘이 붉으면 날이 좋겠다 하고
3. 아침에 하늘이 붉고 흐리면 오늘은 날이 궂겠다 하나니 너희가 날씨는 분별할 줄 알면서 시대의 표적은 분별할 수 없느냐
4. 악하고 음란한 세대가 표적을 구하나 요나의 표적 밖에는 보여 줄 표적이 없느니라 하시고 그들을 떠나 가시니라

구약에 요나는 물속 큰 물고기에게 삼켜졌습니다. 요나는 죽지 않고, 삼일 뒤 살아났습니다. 그리고 그 후에 요나는 선교의 사명을 감당하였습니다.)

3. 예수 그리스도의 부활은 구약 성경 예언의 성취입니다.

1) 구약에 예수님은 어떤 존재였고, 어떻게 무시를 당하셨나요?

이사야 53:2-3

(2. 그는 주 앞에서 자라나기를 연한 순 같고 마른 땅에서 나온 뿌리 같아서 고운 모양도 없고 풍채도 없은즉 우리가 보기에 흠모할 만한 아름다운 것이 없도다

3. 그는 멸시를 받아 사람들에게 버림 받았으며 간고를 많이 겪었으며 질고를 아는 자라 마치 사람들이 그에게서 얼굴을 가리는 것 같이 멸시를 당하였고 우리도 그를 귀히 여기지 아니하였도다)

2) 예수님의 고통과 고난에 대해 어떻게 오해를 하게 될 것이라고 하셨나요? 그러나 그 고통의 이유는 무엇이었나요?

이사야 53:4-5

(4. 그는 실로 우리의 질고를 지고 우리의 슬픔을 당하였거늘 우리는 생각하기를 그는 징벌을 받아 하나님께 맞으며 고난을 당한다 하였노라

5.그가 찔림은 우리의 허물 때문이요 그가 상함은 우리의 죄악 때문이라 그가 징계를 받으므로 우리는 평화를 누리고 그가 채찍에 맞으므로 우리는 나음을 받았도다

6. 우리는 다 양 같아서 그릇 행하여 각기 제 길로 갔거늘 여호와께서는 우리 모두의 죄악을 그에게 담당 시키셨도다)

3) 예수님은 고통과 고난을 당하실 때에 어떻게 계실 것과 죽음 뒤에 어떤 일이 일어날 것을 예언하였나요?

이사야 53: 7-9

(7. 그가 곤욕을 당하여 괴로울 때에도 그의 입을 열지 아니하였음이여 마치 도수장으로 끌려가는 어린 양과 털 깎는 자 앞에서 잠잠한 양 같이 그의 입을 열지 아니하였도다

8. 그는 곤욕과 심문을 당하고 끌려갔으나 그 세대 중에 누가 생각하기를 그가 살아 있는 자들의 땅에서 끊어짐은 마땅히 형벌 받을 내 백성의 허물 때문이라 하였으리요

9. 그는 강포를 행하지 아니하였고 그의 입에 거짓이 없었으나 그의 무덤이 악인들과 함께 있었으며 그가 죽은 후에 부자와 함께 있었도다)

4. 신약에서 예수님은 부활에 대해 어떻게 말씀 하셨나요?

1) 마태복음 16:21

(이 때로부터 예수 그리스도께서 자기가 예루살렘에 올라가 장로들과 대제사장들과 서기관들에게 많은 고난을 받고 죽임을 당하고 제 삼일에 살아나야 할 것을 제자들에게 비로소 가르치시니)

2) 마태복음 17:23

(죽임을 당하고 제 삼일에 살아나리라 하시니 제자들이 심히 근심하더라)

3) 마태복음 20:19

(이방인들에게 넘겨주어 그를 능욕하며 채찍질하며 십자가에 못 박게 하리니 제 삼일에 살아나리라

예수님은 죽은 후 제 삼일에 살아나신다며 부활에 대해 계속 언급하셨습니다.)

5. 예수님은 사흘 만에 죽은 자 가운데서 살아나셔서 무엇을 하셨나요?

1) 요한복음 21:1-13

2) 사도행전 1:3

3) 사도행전 1:4-5

(1) 요한복음 21:1-13 - 제자들에게 나타나셔서 고기를 가득 잡게 하시고, 떡과 생선을 주심

1. 그 후에 예수께서 디베랴 호수에서 또 제자들에게 자기를 나타내셨으니 나타내신 일은 이러하니라
2. 시몬 베드로와 디두모라 하는 도마와 갈릴리 가나 사람 나다나엘과 세베대의 아들들과 또 다른 제자 둘이 함께 있더니
3. 시몬 베드로가 나는 물고기 잡으러 가노라 하니 그들이 우리도 함께 가겠다 하고 나가서 배에 올랐으나 그 날 밤에 아무 것도 잡지 못하였더니
4. 날이 새어갈 때에 예수께서 바닷가에 서셨으나 제자들이 예수이신 줄 알지 못하는지라
5. 예수께서 이르시되 얘들아 너희에게 고기가 있느냐 대답하되 없나이다
6. 이르시되 그물을 배 오른편에 던지라 그리하면 잡으리라 하시니 이에 던졌더니 물고기가 많아 그물을 들 수 없더라
7. 예수께서 사랑하시는 그 제자가 베드로에게 이르되 주님이시라 하니 시몬 베드로가 벗고 있다가 주님이라 하는 말을 듣고 겉옷을 두른 후에 바다로 뛰어 내리더라
8. 다른 제자들은 육지에서 거리가 불과 한 오십 칸쯤 되므로 작은 배를 타고 물고기 든 그물을 끌고 와서

9. 육지에 올라보니 숯불이 있는데 그 위에 생선이 놓였고 떡도 있더라
10. 예수께서 이르시되 지금 잡은 생선을 좀 가져오라 하시니
11. 시몬 베드로가 올라가서 그물을 육지에 끌어 올리니 가득히 찬 큰 물고기가 백쉰세 마리라 이같이 많으나 그물이 찢어지지 아니하였더라
12. 예수께서 이르시되 와서 조반을 먹으라 하시니 제자들이 주님이신 줄 아는 고로 당신이 누구냐 감히 묻는 자가 없더라
13. 예수께서 가셔서 떡을 가져다가 그들에게 주시고 생선도 그와 같이 하시니라

2) 사도행전 1:3 - 사십일 동안 친히 하나님 나라의 일을 말씀하심

그가 고난 받으신 후에 또한 그들에게 확실한 많은 증거로 친히 살아 계심을 나타내사 사십일 동안 그들에게 보이시며 하나님 나라의 일을 말씀하시니라

3) 사도행전 1:4-5 - 제자들에게 성령님을 보내 주실 것을 약속하심

4. 사도와 함께 모이사 그들에게 분부하여 이르시되 예루살렘을 떠나지 말고 내게서 들은 바 아버지께서 약속하신 것을 기다리라
5. 요한은 물로 세례를 베풀었으나 너희는 몇 날이 못 되어 성령으로 세례를 받으리라 하셨느니라

이런 증거는 예수님이 실제로 부활하셔서 활동 하신 것을 보여줍니다.)

6. 다시 부활하신 주님이 제자들에게 오셨습니다. 부활 후 예수님의 주된 사역은 무엇이었나요(눅 24:32)?

(누가복음 24:32-33
32. 그들이 서로 말하되 길에서 우리에게 말씀하시고 우리에게 성경을 풀어 주실 때에 우리 속에서 마음이 뜨겁지 아니하더냐 하고
33. 곧 그 때로 일어나 예루살렘에 돌아가 보니 열한 제자 및 그들과 함께 한 자들이 모여 있어

예수님은 말씀을 풀어주셨습니다. 다시 제자들을 깨우쳐 주시며 가르쳤습니다.)

7. 부활의 증거는 무엇인가요?

예수님이 부활하신 후에 11번이나 보이셨습니다.

1) 막달라 마리아에게(막 16:9)
2) 무덤에서 돌아오고 있었던 다른 여자들에게(마 28:9)
3) 베드로에게(막 15:5)
4) 엠마오 도상의 두 제자들에게(눅 24:13-35)
5) 다락방에 모인 열사람에게(눅 24:36-43)
6) 일주일 후 도마를 포함한 열한 제자에게(요 20:26-28)
7) 예수님의 동생 야고보에게(막 15:6)
8) 오백 명의 형제들에게(고전 15:6)
9) 갈릴리 호수에서 고기 잡던 제자들에게(요 21:1-19)
10) 예루살렘 근처 감람산에서 승천하던 모습을 본 자들(500명)
11) 다메섹 도상에서 바울에게

(1) 막달라 마리아에게

막 16:9

예수께서 안식 후 첫날 이른 아침에 살아나신 후 전에 일곱 귀신을 쫓아내어 주신 막달라 마리아에게 먼저 보이시니

2) 무덤에서 돌아오고 있었던 다른 여자들에게

마 28:9

예수께서 그들을 만나 이르시되 평안하냐 하시거늘 여자들이 나아가 그 발을 붙잡고 경배하니

3) 베드로에게

막15:5

예수께서 다시 아무 말씀으로도 대답하지 아니하시니 빌라도가 놀랍게 여기더라

4) 엠마오 도상의 두제자들에게

눅 24:13-35

13. 그 날에 그들 중 둘이 예루살렘에서 이십오 리 되는 엠마오라 하는 마을로 가면서

14. 이 모든 된 일을 서로 이야기하더라

15. 그들이 서로 이야기하며 문의할 때에 예수께서 가까이 이르러 그들과 동행하시나

16. 그들의 눈이 가리어져서 그인 줄 알아보지 못하거늘

17. 예수께서 이르시되 너희가 길 가면서 서로 주고받고 하는 이야기가 무
엇이냐 하시니 두 사람이 슬픈 빛을 띠고 머물러 서더라
18. 그 한 사람인 글로바라 하는 자가 대답하여 이르되 당신이 예루살렘에
체류하면서도 요즘 거기서 된 일을 혼자만 알지 못하느냐
19. 이르시되 무슨 일이냐 이르되 나사렛 예수의 일이니 그는 하나님과 모
든 백성 앞에서 말과 일에 능하신 선지자이거늘
20. 우리 대제사장들과 관리들이 사형 판결에 넘겨 주어 십자가에 못 박았
느니라
21. 우리는 이 사람이 이스라엘을 속량할 자라고 바랐노라 이뿐 아니라 이
일이 일어난 지가 사흘째요
22. 또한 우리 중에 어떤 여자들이 우리로 놀라게 하였으니 이는 그들이 새
벽에 무덤에 갔다가
23. 그의 시체는 보지 못하고 와서 그가 살아나셨다 하는 천사들의 나타남
을 보았다 함이라
24. 또 우리와 함께 한 자 중에 두어 사람이 무덤에 가 과연 여자들이 말한
바와 같음을 보았으나 예수는 보지 못하였느니라 하거늘
25. 이르시되 미련하고 선지자들이 말한 모든 것을 마음에 더디 믿는 자들
이여
26. 그리스도가 이런 고난을 받고 자기의 영광에 들어가야 할 것이 아니냐
하시고
27. 이에 모세와 모든 선지자의 글로 시작하여 모든 성경에 쓴 바 자기에 관
한 것을 자세히 설명하시니라
28. 그들이 가는 마을에 가까이 가매 예수는 더 가려 하는 것 같이 하시니
29. 그들이 강권하여 이르되 우리와 함께 유하사이다 때가 저물어가고 날이
이미 기울었나이다 하니 이에 그들과 함께 유하러 들어가시니라
30. 그들과 함께 음식 잡수실 때에 떡을 가지사 축사하시고 떼어 그들에게
주시니

31. 그들의 눈이 밝아져 그인 줄 알아 보더니 예수는 그들에게 보이지 아니
하시는지라
32. 그들이 서로 말하되 길에서 우리에게 말씀하시고 우리에게 성경을 풀어
주실 때에 우리 속에서 마음이 뜨겁지 아니하더냐 하고
33. 곧 그 때로 일어나 예루살렘에 돌아가 보니 열한 제자 및 그들과 함께
한 자들이 모여 있어
34. 말하기를 주께서 과연 살아나시고 시몬에게 보이셨다 하는지라
35. 두 사람도 길에서 된 일과 예수께서 떡을 떼심으로 자기들에게 알려지
신 것을 말하더라

5) 다락방에 모인 열사람에게

눅 24:36-43
36. 이 말을 할 때에 예수께서 친히 그들 가운데 서서 이르시되 너희에게 평
강이 있을지어다 하시니
37. 그들이 놀라고 무서워하여 그 보는 것을 영으로 생각하는지라
38. 예수께서 이르시되 어찌하여 두려워하며 어찌하여 마음에 의심이 일어
나느냐
39. 내 손과 발을 보고 나인 줄 알라 또 나를 만져 보라 영은 살과 뼈가 없으
되 너희 보는 바와 같이 나는 있느니라
40. 이 말씀을 하시고 손과 발을 보이시나
41. 그들이 너무 기쁘므로 아직도 믿지 못하고 놀랍게 여길 때에 이르시되
여기 무슨 먹을 것이 있느냐 하시니
42. 이에 구운 생선 한 토막을 드리니
43. 받으사 그 앞에서 잡수시더라

6) 일주일 후 도마를 포함한 열한 제자에게

요 20:26-28

26. 여드레를 지나서 제자들이 다시 집 안에 있을 때에 도마도 함께 있고 문
들이 닫혔는데 예수께서 오사 가운데 서서 이르시되 너희에게 평강이 있을
찌어다
27. 도마에게 이르시되 네 손가락을 이리 내밀어 내 손을 보고 네 손을 내밀
어 내 옆구리에 넣어 보라 그리하여 믿음 없는 자가 되지 말고 믿는 자가 되
라
28. 도마가 대답하여 이르되 나의 주님이시오 나의 하나님이시니이다.

7) 예수님의 동생 야고보에게

막 15:6

명절이 되면 백성들이 요구하는 대로 죄수 한 사람을 놓아 주는 전례가 있더니

8) 오백 명의 형제들에게

고전 15:6

그 후에 오백여 형제에게 일시에 보이셨나니 그 중에 지금까지 대다수는 살아 있고 어떤 사람은 잠들었으며

9) 갈릴리 호수에서 고기 잡던 제자들에게

요 21:1-19

1. 그 후에 예수께서 디베랴 호수에서 또 제자들에게 자기를 나타내셨으니
나타내신 일은 이러하니라
2. 시몬 베드로와 디두모라 하는 도마와 갈릴리 가나 사람 나다나엘과 세베

대의 아들들과 또 다른 제자 둘이 함께 있더니
3. 시몬 베드로가 나는 물고기 잡으러 가노라 하니 그들이 우리도 함께 가겠다 하고 나가서 배에 올랐으나 그 날 밤에 아무 것도 잡지 못하였더니
4. 날이 새어갈 때에 예수께서 바닷가에 서셨으나 제자들이 예수이신 줄 알지 못하는지라
5. 예수께서 이르시되 얘들아 너희에게 고기가 있느냐 대답하되 없나이다
6. 이르시되 그물을 배 오른편에 던지라 그리하면 잡으리라 하시니 이에 던졌더니 물고기가 많아 그물을 들 수 없더라
7. 예수께서 사랑하시는 그 제자가 베드로에게 이르되 주님이시라 하니 시몬 베드로가 벗고 있다가 주님이라 하는 말을 듣고 겉옷을 두른 후에 바다로 뛰어 내리더라
8. 다른 제자들은 육지에서 거리가 불과 한 오십 칸쯤 되므로 작은 배를 타고 물고기 든 그물을 끌고 와서
9. 육지에 올라보니 숯불이 있는데 그 위에 생선이 놓였고 떡도 있더라
10. 예수께서 이르시되 지금 잡은 생선을 좀 가져오라 하시니
11. 시몬 베드로가 올라가서 그물을 육지에 끌어 올리니 가득히 찬 큰 물고기가 백쉰세 마리라 이같이 많으나 그물이 찢어지지 아니하였더라
12. 예수께서 이르시되 와서 조반을 먹으라 하시니 제자들이 주님이신 줄 아는 고로 당신이 누구냐 감히 묻는 자가 없더라
13. 예수께서 가셔서 떡을 가져다가 그들에게 주시고 생선도 그와 같이 하시니라
14. 이것은 예수께서 죽은 자 가운데서 살아나신 후에 세 번째로 제자들에게 나타나신 것이라
15. 그들이 조반 먹은 후에 예수께서 시몬 베드로에게 이르시되 요한의 아들 시몬아 네가 이 사람들보다 나를 더 사랑하느냐 하시니 이르되 주님 그러하나이다 내가 주님을 사랑하는 줄 주님께서 아시나이다 이르시되 내 어린 양을 먹이라 하시고

16. 또 두 번째 이르시되 요한의 아들 시몬아 네가 나를 사랑하느냐 하시니 이르되 주님 그러하나이다 내가 주님을 사랑하는 줄 주님께서 아시나이다 이르시되 내 양을 치라 하시고
17. 세 번째 이르시되 요한의 아들 시몬아 네가 나를 사랑하느냐 하시니 주께서 세 번째 네가 나를 사랑하느냐 하시므로 베드로가 근심하여 이르되 주님 모든 것을 아시오매 내가 주님을 사랑하는 줄을 주님께서 아시나이다 예수께서 이르시되 내 양을 먹이라
18. 내가 진실로 진실로 네게 이르노니 네가 젊어서는 스스로 띠 띠고 원하는 곳으로 다녔거니와 늙어서는 네 팔을 벌리리니 남이 네게 띠 띠우고 원하지 아니하는 곳으로 데려가리라
19. 이 말씀을 하심은 베드로가 어떠한 죽음으로 하나님께 영광을 돌릴 것을 가리키심이러라 이 말씀을 하시고 베드로에게 이르시되 나를 따르라 하시니

10) 예루살렘 근처 감람산에서 승천하던 모습들을 본 자들(500명)

11) 다메섹 도상에서 바울에게)

여러분 주위에 이렇게 십자가에서 죽으시고 부활하신 주님을 정말 열심히 증거하는 사람은 누구인가요? 그 사람의 삶은 어떠한가요?

8. 예수의 부활을 목격한 제자들의 삶은 어떠하였나요?

예수님의 십자가 처형으로 그들은 절망과 공허에 빠져 있었는데 부활하신 예수님을 만난 후 확고한 신앙과 기쁨의 사람으로 변화되었습니다.

1) 대표적인 사람으로는 예수님을 세 번이나 배반했던 베드로가 부활의 주님을 만나고 주님을 힘써 증거 했습니다.

유대교권자들과 관원들이 예수의 이름으로 가르치지도 말하지도 말라 하였으나 그는 담대히 전도하였습니다. 베드로가 설교할 때에 수천 군중이 회개하고 믿고 돌아왔습니다.

2) 예수님의 다른 제자들도 다 그렇게 예수의 부활을 목도하고 난 뒤에 부활의 증인들이 되었습니다.

3) 오백여 형제들이 부활의 증인들이었습니다.

4) 맨 나중에 바울에게도 보이셨다고 증언했습니다. 바울은 여기에서 자신을 가르켜 "만삭되지 못하여 난 자 같은 나에게도 보이셨느니라"고 했습니다. 자신은 사도 중에 지극히 작은 자라고 했습니다.

하나님의 교회를 핍박하였으므로 사도라 칭함을 받기에 감당치 못할 자라고 말한 것입니다. 그래서 바울은 말하기를 "그러나 나의 나된 것은 하나님의 은혜로라. 그래서 모든 사도보다 더 많이 수고하였으나 그것도 역시 하나님의 은혜로 했다."고 고백하였습니다.

5) 바나바나 실라 등도 부활하신 예수님을 전파하는데 헌신하였습니다.

여러분의 삶은 예전과 달리 어떤 점이 달라졌나요? 달라지고 있나요? 혹 이제 부활을 소망하면서 어떤 면이 더 달라지면 좋을까요? 서로 나누어 주세요.

9. 부활의 주님을 만난 제자들은 어떻게 그들의 생을 마감하였나요?

1) 야고보가 헤롯에 의해 목 베임을 당하였습니다.
2) 안드레가 그리스 아케이아 지방에서 전도하다 십자가에 매달려 순교하였습니다.
3) 빌립도 히에라 폴리스라는 곳에서 전도하다가 순교하였습니다.
4) 세리마티는 에디오피아서 순교하였습니다.
5) 열심당 시몬은 민족주의에서 세계주의자로 변했고, 십자가에서 순교하였습니다.
6) 야고보도 순교하였습니다.
7) 유다는 페르시아에서 순교하였습니다.
8) 베드로는 십자가에서 거꾸로 매달려 순교하였습니다.
9) 도마는 인도에 가서 기도 중에 수많은 화살에 찔려 순교하였습니다.
10) 사도 요한은 밧모섬에서 늙어 죽었습니다.
11) 사도바울은 옛 로마에서 3마일 떨어진 곳에서 목 베여 순교 당하였습니다.

이상과 같이 부활의 증인들은 부활을 증거하다가 다 순교했습니다. 부활의 증인들이란 부활을 친히 체험한 사람들입니다. 간접적으로 들은 것이 아니라 직접적으로 체험한 사람들의 마지막은 달랐습니다.

여러분은 어떤 죽음을 죽고자 하는지요? 여러분의 묘비에는 어떤 삶을 살았다고 적혀 있기를 소원하나요? 서로 나누어 주세요.

10. 그리스도의 부활이 없다면 우리는 어떤 존재라고 성경은 말하나요(고전 15:17)?

(고린도전서 15:17
그리스도께서 다시 살아나신 일이 없으면 너희의 믿음도 헛되고 너희가 여전히 죄 가운데 있을 것이요)

11. 부활하신 예수님은 어떤 것을 입증하신 것인가요?

1) 로마서 1:4 (하나님의 아들)
(성결의 영으로는 죽은 자들 가운데서 부활하사 능력으로 하나님의 아들로 선포되셨으니 곧 우리 주 예수 그리스도시니라)

2) 요한복음 16:10 (예수님의 의)
(의에 대하여라 함은 내가 아버지께로 가니 너희가 다시 나를 보지 못함이요)

3) 고린도전서 15:17 (믿는 자의 죄사함과 의로움)
(그리스도께서 다시 살아나신 일이 없으면 너희의 믿음도 헛되고 너희가 여전히 죄 가운데 있을 것이요)

12. 부활하신 주님이 제자들에게 부탁하신 것은 무엇인가요(막 16:15)?

(막 16:15
또 이르시되 너희는 온 천하에 다니며 만민에게 복음을 전파하라

소크라테스는 악법도 법이라고 하면서 사약을 마시고 죽었습니다. 죽기 전 그의 제자들에게 한 가지를 부탁하였습니다. 그것은 자기가 빌린 이웃집 닭

한 마리를 대신 갚아 달라는 유언이었습니다. 그러나 주님은 그런 단순하고 일상적인 부탁이 아니었습니다. 온 천하에 복음을 증거하라고 하셨습니다.)

13. 주님이 부활하신 것은 우리에게 어떤 유익을 줄까요?

1) 로마서 4:25 **(우리가 의롭게 됨)**

(예수는 우리가 범죄한 것 때문에 내줌이 되고 또한 우리를 의롭다 하시기 위하여 살아나셨느니라

첫째, 우리를 의롭다 해 줍니다.)

2) 에베소서 2:5 **(은혜로 구원을 받음)**

(허물로 죽은 우리를 그리스도와 함께 살리셨고 (너희는 은혜로 구원을 받은 것이라

둘째, 허물로 죽은 우리를 살려 주시고, 은혜로 구원을 받게 해 줍니다.)

3) 고린도전서 15:20-27

20. 그러나 이제 그리스도께서 죽은 자 가운데서 다시 살아나사 잠자는 자들의 첫 열매가 되셨도다

21. 사망이 한 사람으로 말미암았으니 죽은 자의 부활도 한 사람으로 말미암는도다

22. 아담 안에서 모든 사람이 죽은 것 같이 그리스도 안에서 모든 사람이 삶을 얻으리라

23. 그러나 각각 자기 차례대로 되리니 먼저는 첫 열매인 그리스도요 다음에는 그가 강림하실 때에 그리스도에게 속한 자요

24. 그 후에는 마지막이니 그가 모든 통치와 모든 권세와 능력을 멸하시고 나라를 아버지 하나님께 바칠 때라
25. 그가 모든 원수를 그 발 아래에 둘 때까지 반드시 왕 노릇 하시리니
26. 맨 나중에 멸망 받을 원수는 사망이니라
27. 만물을 그의 발 아래에 두셨다 하셨으니 만물을 아래에 둔다 말씀하실 때에 만물을 그의 아래에 두신 이가 그 중에 들지 아니한 것이 분명하도다

셋째, 원수들을 대항할 수 있는 힘을 받게 되었습니다.)

4) 로마서 8:11
(예수를 죽은 자 가운데서 살리신 이의 영이 너희 안에 거하시면 그리스도 예수를 죽은 자 가운데서 살리신 이가 너희 안에 거하시는 그의 영으로 말미암아 너희 죽을 몸도 살리시리라

넷째, 다시 살아날 것이라는 소망을 확신 시켜 주었습니다.)

14. 예수 그리스도의 부활은 왜 성도에게 그렇게 중요한가요(고전 15:20)?

(고린도전서 15:20
그러나 이제 그리스도께서 죽은 자 가운데서 다시 살아나사 잠자는 자들의 첫 열매가 되셨도다

바울은 "그러나"라는 단어를 사용하면서 부활을 통해서 반전이 일어남을 강조합니다. 바로, 부활을 통해 십자가의 죽음은 더 이상 죽음이 아니라 부활을 통해서 예수님이 잠자는 자들의 첫 열매가 되셔서 소망과 희망을 주고 있음을 드러내고 있습니다. 첫 열매라는 것은 계속 다른 열매들이 줄지어

맺히게 된다는 것으로 우리도 부활을 누리게 됨을 말하고 있습니다.)

개인적으로 부활의 소망으로 말미암아 인생의 콤플렉스, 고난, 문제, 어려움을 극복해 본 적이 있나요? 서로 나누어 주세요.

Chapter 6

"하나님 우편에 앉아 계신 주님"

하나님 우편에 앉아 계신 주님

암송구절 | "하늘에 오르사, 전능하신 하나님 우편에 앉아 계시다가"

『작은 지구를 넘어서 광활한 하늘 위 우주에 계신 주님』

어린 시절 구름이 얼마나 멀다고 생각했었나요? 실제로 비행기를 타고 올라가면 구름이 그리 먼 상공에 있지 않다는 것을 알게 됩니다. 그러나 여전히 우리는 지구가 상당히 크다고 생각합니다. 하지만 하늘 위 우주의 큰 별에 비하면 아주 작은 행성입니다.

태양은 지구의 약 109배 정도입니다. 그런데 이런 태양보다 더 큰 행성들이 수천만, 수억개 있습니다.

지금까지 과학기술로 관측되는 우주에서 가장 큰 행성은 무엇입니까? 'UY Scuti' 그리고 'NML Cygni' 입니다. 이 두 행성은 태양보다 약 1,700배 더 큽니다. 사람의 머리로는 가늠하기가 쉽지 않습니다.

일명 방패자리 UY로 알려져 있는 이 초거대항성은 지구에서 멀리 떨어져 있습니다. 빛의 속도로 9,500광년을 가야 도착하는 거리입니다.

방패자리 UY 외에 가장 큰 항성으로 발견 된 또 하나의 극대거성은 백조자리 방향에 있다고 하여 '백조자리 NML' 이라고 명명합니다. 이 항성은 1965년 노이게 바우어, 마츠, 레이튼 이 세 사람이 공동으로 발견하여 자신들의 이름 앞 글자를 따서 별의 이름을 'NML'이라고 지었습니다. 이 행성은 지구로부터는 약 5,300광년 떨어져 있고, 이 항성 역시 질량은 약 40배 정도로 보여지지만, 부피는 태양의 36억 배 정도라고 합니다.

오늘 날 우리는 지구 한 바퀴를 도는데 약 2일 정도면 가능하지만, 비행기를 타고 이 항성을 한 바퀴를 도는데 걸리는 시간은 약 1,000년의 시간이 필요합니다.

주님은 그런 우주에 지금 좌정하고 계십니다. 이 우주도 다 이해하고 상상할 수 없는 우리가 그 우주를 만든 주님을 다 알 수 있을까요?

1. 어릴 때 꿈이 무엇이었나요? 무엇이 되는 것이 어린 시절 소망이었나요?

(이 꿈을 나누면서 양육자들의 마음속에 높은 자리에 대한 마음은 없었는지 나누도록 해 주세요.)

2. 예수님의 제자들 중 세배대의 어머니는 두 아들들을 어떤 자리에 앉히고 싶었나요(막 10:35-38)? 그 때 주님은 무엇을 할 수 있느냐고 물으셨나요(막 10:38)?

(마가복음 10:35-38
35. 세베대의 아들 야고보와 요한이 주께 나아와 여짜오되 선생님이여 무엇이든지 우리가 구하는 바를 우리에게 하여 주시기를 원하옵나이다
36. 이르시되 너희에게 무엇을 하여 주기를 원하느냐
37. 여짜오되 주의 영광중에서 우리를 하나는 주의 우편에, 하나는 좌편에 앉게 하여 주옵소서
38. 예수께서 이르시되 너희는 너희가 구하는 것을 알지 못하는도다 내가 마시는 잔을 너희가 마실 수 있으며 내가 받는 세례를 너희가 받을 수 있느냐)

제자들은 높은 자리에 관심을 가졌습니다. 그러나 예수님은 낮은 자리에 관심을 두셨습니다. 여러분은 어떤 자리 혹 어떤 지위를 소망하고 있는지 나누도록 해 주세요.

3. 예수님이 사역을 시작하시기 전에 사탄은 예수님께 어떤 시험 3가지를 하였나요(마 4:1-10)?

(마태복음 4:1-10

1. 그 때에 예수께서 성령에게 이끌리어 마귀에게 시험을 받으러 광야로 가사

2. 사십 일을 밤낮으로 금식하신 후에 주리신지라

3. 시험하는 자가 예수께 나아와서 이르되 네가 만일 하나님의 아들이어든 명하여 이 돌들로 떡덩이가 되게 하라

4. 예수께서 대답하여 이르시되 기록되었으되 사람이 떡으로만 살 것이 아니요 하나님의 입으로부터 나오는 모든 말씀으로 살 것이라 하였느니라 하시니

5. 이에 마귀가 예수를 거룩한 성으로 데려다가 성전 꼭대기에 세우고

6. 이르되 네가 만일 하나님의 아들이어든 뛰어내리라 기록되었으되 그가 너를 위하여 그의 사자들을 명하시리니 그들이 손으로 너를 받들어 발이 돌에 부딪치지 않게 하리로다 하였느니라

7. 예수께서 이르시되 또 기록되었으되 주 너의 하나님을 시험하지 말라 하였느니라 하시니

8. 마귀가 또 그를 데리고 지극히 높은 산으로 가서 천하 만국과 그 영광을 보여

9. 이르되 만일 내게 엎드려 경배하면 이 모든 것을 네게 주리라

10. 이에 예수께서 말씀하시되 사탄아 물러가라 기록되었으되 주 너의 하나님께 경배하고 다만 그를 섬기라 하였느니라

1) 돌들로 떡덩이가 되게 하는 시험

2) 하나님의 아들이어든 성전에서 뛰어내리라는 시험

3) 경배하면 천하만국을 주겠다는 시험을 하였습니다.)

이 세 가지 시험을 사탄이 여러분에게 한다면 여러분에게는 어떤 시험이 가장 통과하기 어려울까요?

4. 예수님은 부활하신지 40일 만에 승천하시어 하늘로 가셨습니다. 주님께서 하늘로 올라가 보좌의 우편에 앉으시기 전 하늘 보좌의 주인이신 예수님은 이 땅에서 어떤 삶을 사셨나요(빌 2:5-11)**?**

(빌립보서 2:5-11
5. 너희 안에 이 마음을 품으라 곧 그리스도 예수의 마음이니
6. 그는 근본 하나님의 본체시나 하나님과 동등됨을 취할 것으로 여기지 아니하시고
7. 오히려 자기를 비워 종의 형체를 가지사 사람들과 같이 되셨고
8. 사람의 모양으로 나타나사 자기를 낮추시고 죽기까지 복종하셨으니 곧 십자가에 죽으심이라
9. 이러므로 하나님이 그를 지극히 높여 모든 이름 위에 뛰어난 이름을 주사
10. 하늘에 있는 자들과 땅에 있는 자들과 땅 아래에 있는 자들로 모든 무릎을 예수의 이름에 꿇게 하시고
11. 모든 입으로 예수 그리스도를 주라 시인하여 하나님 아버지께 영광을 돌리게 하셨느니라

예수님은 사람과 같이 낮아지려고 하셨습니다. 그런데 우리는 하나님과 같이 높아지려고 합니다. 이것이 문제입니다. 이러한 예수님을 하나님은 11절에 모든 입으로 예수 그리스도를 주라 시인하게 하셨습니다.)

예수님처럼 낮아지기 위해서 우리는 어떤 노력을 해야 할까요?

1) 의식주에 있어

2) 진로, 진급, 전정한 비전에 있어

3) 결혼과 가정의 목표와 목적에 있어

5. 예수님처럼 낮은 자의 삶과 섬기는 삶을 살기 위해 우리는 어떻게 살아야 할까요? 구체적으로 가정, 교회 공동체, 학교 혹 직장에서 예수님처럼 살기 위한 생활지침을 적고 나누어 주세요.

1) 가정에서 실천사항

2) 교회 공동체에서 실천사항

3) 학교 혹 직장에서 실천사항

6. 예수님이 올라가실 때 어떤 축복과 선물을 제자들에게 주셨나요?

1) 누가복음 24:50-51 **(축복하심)**
(50. 예수께서 그들을 데리고 베다니 앞까지 나가사 손을 들어 그들에게 축복하시더니
51. 축복하실 때에 그들을 떠나 [하늘로 올려지시니])

2) 에베소서 4:8-10 **(선물을 주시고, 만물을 충만하게 하심)**
(8. 그러므로 이르기를 그가 위로 올라가실 때에 사로잡혔던 자들을 사로잡

으시고 사람들에게 선물을 주셨다 하였도다
9. 올라가셨다 하였은즉 땅 아래 낮은 곳으로 내리셨던 것이 아니면 무엇이냐
10. 내리셨던 그가 곧 모든 하늘 위에 오르신 자니 이는 만물을 충만하게 하려 하심이라)

7. 전능하신 하나님 우편에 앉으셨다는 뜻은 무엇인가요? 여러분의 생각을 나누어 주세요.

(1) 오른편은 중요한 자리이고, 영광스러운 자리에 앉으셨다는 의미입니다.
2) 우주를 통치하신다는 의미입니다.
3) 다시 하나님과 동등한 존재로 계시다는 의미입니다.)

8. 하늘로 올라가 승천하신 예수님은 그 우편에 앉으셔서 어떤 사역을 하셨나요?

1) 에베소서 1:20 **(죽은 자들 가운데서 다시 살리심)**
(그의 능력이 그리스도 안에서 역사하사 죽은 자들 가운데서 다시 살리시고 하늘에서 자기의 오른편에 앉히사)

2) 히브리서 1:3 **(만물을 붙드시고, 죄를 정결하게 하심)**
(이는 하나님의 영광의 광채시요 그 본체의 형상이시라 그의 능력의 말씀으로 만물을 붙드시며 죄를 정결하게 하는 일을 하시고 높은 곳에 계신 지극히 크신 이의 우편에 앉으셨느니라)

3) 로마서 8:34 **(중보하심)**

(누가 정죄하리요 죽으실 뿐 아니라 다시 살아나신 이는 그리스도 예수시니 그는 하나님 우편에 계신 자요 우리를 위하여 간구하시는 자시니라)

9. 개인적으로 앞으로 오르고 싶은 자리는 무엇인가요? 그 자리에 오르면 이루고 싶은 일은 무엇인가요? 서로 나누어 주세요.

10. 예수님이 승천하신 이유가 있었습니다. 그 이유는 무엇이었을까요?

(1) 첫째, 이 땅에서 하셔야 할 모든 구원 사역을 마치셨기 때문입니다.

2) 둘째, 부활의 첫 열매가 되신 것입니다.

3) 셋째, 우리가 장차 갈 천국을 먼저 가시면서 준비하시고 기다리시기 위함이었습니다.)

11. 여러분이 이 땅을 떠날 때 어떤 소명과 사명을 꼭 이루고 싶은지 서로 나누어 주세요.

12. 예수님이 하늘에 오르신 뒤 택한 백성에게 누구를 보내어 주셨나요?

1) 요한복음 16:7

(그러나 내가 너희에게 실상을 말하노니 내가 떠나가는 것이 너희에게 유익이라 내가 떠나가지 아니하면 보혜사가 너희에게로 오시지 아니할 것이요 가면 내가 그를 너희에게로 보내리니)

2) 사도행전 2:33

하나님이 오른손으로 예수를 높이시매 그가 약속하신 성령을 아버지께 받아서 너희가 보고 듣는 이것을 부어 주셨느니라)

여러분은 그 특별한 분을 인격적으로 만났나요? 개인적으로 성령 하나님을 체험한 경험이 있나요? 서로 나누어 주세요.

(성령 하나님을 이 땅에 부어 주셨습니다. 각자 회심 때 겪은 성령 하나님의 역사나 혹 교회에서 섬기거나 선교지에서 겪은 성령 충만 혹은 성령의 은사를 나누도록 해 주세요.)

Chapter 7

"하늘에서 산자와 죽은 자를 심판하시러 오실 주님"

하늘에서 산자와 죽은 자를 심판하시러 오실 주님

암송구절 | "저리로서 산자와 죽은 자를 심판하러 오시리라"

『종말과 관련된 이단들』

1) 종말이 없다는 이단

17세기부터 산업과 과학이 발달됨에 따라 역사에 대한 낙관주의가 강하게 나타났습니다. 천재인재(天災人災)도 사람의 지혜로 막을 수 있다고 생각했습니다. 이와 같이 낙관적 역사관과 강한 인본주의 신봉자들은 세상에는 종말이 없다고 하였습니다.

2) 예수님께서 직접 오시지 않고 대리인을 보낸다고 하는 이단

일반 평신도나 신학자들 가운데는 예수가 이 세상에 다시 직접 오시지 않는다고 믿는 사람들이 많이 있습니다. 각 이단의 교주는 자기가 예수를 대신하여 세상에 와서 예수가 실패한 그 일, 즉 육체적 구원을 완수하려고 포교한다고 합니다.

3) 예수님께서 영적으로만 오신다는 이단

많은 사람들은 영과 육은 근본적으로 다른 존재 양태를 가지고 있기 때문에 서로 혼합이 될 수 없다고 생각합니다. 그래서 영은 영으로, 육체는 육체로 따로따로 존재한다고 생각합니다.

그래서 예수님께서 부활했을 때, 육체를 가진 것 같았으나 그것은 사람들의 착각이었고 실제로 그렇지 않았다고 합니다. 그리고 현재 하늘에서 영적으로 계시므로 예수님께서 오실 때에는 육체를 가진 분으로 오시는 것이 아니라 영적으로 오실 것이라고 합니다.

4) 아무도 모르게 이미 재림했다는 이단

재림을 열심히 기다리다가 지친 사람들이나 자기를 재림예수로 착각한 사람들 중에는 예수가 아무도 모르게 이미 재림했다고 합니다. 주로 사이비 기독교 종파들은 그들의 추종자들을 모아 별개의 집단생활을 합니다.

5) 재림신앙 때문에 세상 일을 포기하는 이단

교회와 신자는 반드시 역사와 사회 안에서 활동해야 합니다. 아무리 좋은 신앙을 가졌다 해도 현 사회를 부인하고 사회 안에서 세상 사람들과 관계를 가지면서 살아가는 문화적 생활을 부인해서는 안 됩니다. 그런데 예수님의 재림을 기다리면서 사회를 버리고 문화생활을 부인하고 영적인 것에만 힘써야 한다는 사람들이 있습니다.

– 월간 〈교회와신앙〉 1994년 1월호 일부

1. '저리로서'의 뜻은 무엇일까요?

(영어로 '저리로서'는 'from there'입니다. 주님께서 계신 하늘 보좌로부터 심판을 하러 내려오신다는 뜻입니다.)

2. 누구를 심판하러 오신다고 하나요?

(산자와 죽은 자 모두 다 심판하러 오신다고 하였습니다.)

"의인을 심판하신다."는 무슨 의미인가요?

(믿지 않는 자는 멸망의 심판이고, 믿는 자는 영생의 선물을 주러 오십니다. 그런데 믿는 자를 심판이라기보다는 저울질하십니다. 그래서 믿음의 정도에 따라 상급을 주십니다.

마태복음 10:41은 이렇게 말합니다.

"선지자의 이름으로 선지자를 영접하는 자는 선지자의 상을 받을 것이요 의인의 이름으로 의인을 영접하는 자는 의인의 상을 받을 것이요"

즉, 선지자를 대접하면 선지자의 상을 주신다고 하셨습니다.)

3. 우리의 어떤 삶을 심판하실까요? 마태복음 25장 35-46절을 읽고, 나누어 주세요. 여러분은 어떤 선한 삶을 베풀도록 더 신경 써야 할까요?

(마태복음 25:35-46

35. 내가 주릴 때에 너희가 먹을 것을 주었고 목마를 때에 마시게 하였고 나그네 되었을 때에 영접하였고
36. 헐벗었을 때에 옷을 입혔고 병들었을 때에 돌보았고 옥에 갇혔을 때에 와서 보았느니라
37. 이에 의인들이 대답하여 이르되 주여 우리가 어느 때에 주께서 주리신 것을 보고 음식을 대접하였으며 목마르신 것을 보고 마시게 하였나이까
38. 어느 때에 나그네 되신 것을 보고 영접하였으며 헐벗으신 것을 보고 옷 입혔나이까
39. 어느 때에 병드신 것이나 옥에 갇히신 것을 보고 가서 뵈었나이까 하리니
40. 임금이 대답하여 이르시되 내가 진실로 너희에게 이르노니 너희가 여기 내 형제 중에 지극히 작은 자 하나에게 한 것이 곧 내게 한 것이니라 하시고
41. 또 왼편에 있는 자들에게 이르시되 저주를 받은 자들아 나를 떠나 마귀와 그 사자들을 위하여 예비된 영원한 불에 들어가라
42. 내가 주릴 때에 너희가 먹을 것을 주지 아니하였고 목마를 때에 마시게 하지 아니하였고
43. 나그네 되었을 때에 영접하지 아니하였고 헐벗었을 때에 옷 입히지 아니하였고 병들었을 때와 옥에 갇혔을 때에 돌보지 아니하였느니라 하시니
44. 그들도 대답하여 이르되 주여 우리가 어느 때에 주께서 주리신 것이나 목마르신 것이나 나그네 되신 것이나 헐벗으신 것이나 병드신 것이나 옥에 갇히신 것을 보고 공양하지 아니하더이까
45. 이에 임금이 대답하여 이르시되 내가 진실로 너희에게 이르노니 이 지극히 작은 자 하나에게 하지 아니한 것이 곧 내게 하지 아니한 것이니라 하시리니
46. 그들은 영벌에, 의인들은 영생에 들어가리라 하시니라)

4. "심판하러 오신다."는 말의 다른 의미는 무엇인가요? 착한 종과 악한 종에게 주인은 어떻게 하실까요?

1) 디모데후서 4:8 (면류관이 예비됨)

(이제 후로는 나를 위하여 의의 면류관이 예비되었으므로 주 곧 의로우신 재판장이 그 날에 내게 주실 것이며 내게만 아니라 주의 나타나심을 사모하는 모든 자에게도니라)

2) 로마서 2:5-11 (그 행한 대로 보응)

(5. 다만 네 고집과 회개하지 아니한 마음을 따라 진노의 날 곧 하나님의 의로우신 심판이 나타나는 그 날에 임할 진노를 네게 쌓는도다

6. 하나님께서 각 사람에게 그 행한 대로 보응하시되-> 결산

7. 참고 선을 행하여 영광과 존귀와 썩지 아니함을 구하는 자에게는 영생으로 하시고

8. 오직 당을 지어 진리를 따르지 아니하고 불의를 따르는 자에게는 진노와 분노로 하시리라

9. 악을 행하는 각 사람의 영에는 환난과 곤고가 있으리니 먼저는 유대인에게요 그리고 헬라인에게며

10. 선을 행하는 각 사람에게는 영광과 존귀와 평강이 있으리니 먼저는 유대인에게요 그리고 헬라인에게라

11. 이는 하나님께서 외모로 사람을 취하지 아니하심이라

신실하게 하나님을 섬긴대로 주님께서 상급과 보상 혹 심판을 하신다고 하십니다. 선을 행하는 각 사람에게 영광과 존귀, 평을 주시며 하나님은 외모로 사람을 취하지 않으신다고 하십니다.)

5. 주님이 심판하시겠다고 말씀하셨습니다. 그렇다면, 우리는 어떤 실수를 범하지 않아야 할까요?

1) 야고보서 4:12 (입법자와 재판관이 되지 않아야)
(입법자와 재판관은 오직 한 분이시니 능히 구원하기도 하시며 멸하기도 하시느니라 너는 누구이기에 이웃을 판단하느냐)

2) 마태복음 7:3-5 (지체의 작은 실수만 보지 않아야)
(3. 어찌하여 형제의 눈 속에 있는 티는 보고 네 눈 속에 있는 들보는 깨닫지 못하느냐
4. 보라 네 눈 속에 들보가 있는데 어찌하여 형제에게 말하기를 나로 네 눈 속에 있는 티를 빼게 하라 하겠느냐
5. 외식하는 자여 먼저 네 눈 속에서 들보를 빼어라 그 후에야 밝히 보고 형제의 눈 속에서 티를 빼리라)

3) 야고보서 5:9 (원망하지 않아야)
(형제들아 서로 원망하지 말라 그리하여야 심판을 면하리라 보라 심판주가 문 밖에 서 계시니라)

6. 마지막 날 주님은 이 땅에 오셔서 심판하실 것입니다. 그 주님의 재림에 대한 성경 말씀은 300번 이상 나옵니다. 그러나 이 재림의 시기를 이단이 오용을 하고 있습니다. 성경은 재림의 시기를 누구만이 알 수 있다고 하나요(마 24:36)?

7. 그 재림의 시기는 우리가 알 수 없지만 재림의 징조를 알려 주셨습니다. 어떤 징조가 있다고 하였나요(마 24:5-14)?

(마태복음 24:5-14
5. 많은 사람이 내 이름으로 와서 이르되 나는 그리스도라 하여 많은 사람을 미혹케 하리라
6. 난리와 난리 소문을 듣겠으나 너희는 삼가 두려워말라 이런 일이 있어야 하되 끝은 아직 아니니라
7. 민족이 민족을, 나라가 나라를 대적하여 일어나겠고 처처에 기근과 지진이 있으리니
8. 이 모든 것이 재난의 시작이니라
9. 그때에 사람들이 너희를 환난에 넘겨주겠으며 너희를 죽이리니 너희가 내 이름을 위하여 모든 민족에게 미움을 받으리라
10. 그때에 많은 사람이 시험에 빠져 서로 잡아 주고 서로 미워하겠으며
11. 거짓 선지자가 많이 일어나 많은 사람을 미혹하게 하겠으며
12. 불법이 성하므로 많은 사람의 사랑이 식어지리라
13. 그러나 끝까지 견디는 자는 구원을 얻으리라
14. 이 천국 복음이 모든 민족에게 증거되기 위하여 온 세상에 전파되리니 그제야 끝이 오리라)

마지막 때 어떤 삶을 살 것 같은가요? 어떤 세상이 올지 생각하고 서로 나누어 주세요.

8. 마지막 때에 사람들은 어떠하다고 바울은 디모데후서 3장 1-7절에서 말하였나요?

(디모데후서 3:1-7
1. 너는 이것을 알라 말세에 고통하는 때가 이르러
2. 사람들이 자기를 사랑하며 돈을 사랑하며 자랑하며 교만하며 비방하며 부모를 거역하며 감사하지 아니하며 거룩하지 아니하며
3. 무정하며 원통함을 풀지 아니하며 모함하며 절제하지 못하며 사나우며 선한 것을 좋아하지 아니하며
4. 배신하며 조급하며 자만하며 쾌락을 사랑하기를 하나님 사랑하는 것보다 더하며
5. 경건의 모양은 있으나 경건의 능력은 부인하니 이같은 자들에게서 네가 돌아서라
6. 그들 중에 남의 집에 가만히 들어가 어리석은 여자를 유인하는 자들이 있으니 그 여자는 죄를 중히 지고 여러 가지 욕심에 끌린 바 되어
7. 항상 배우나 끝내 진리의 지식에 이를 수 없느니라)

요즘 어떤 모습이 마지막 때와 비슷한지 서로 나누어 주세요.

9. 재림의 목적은 무엇인가요?

1) 히브리서 10:30 **(심판)**
(원수 갚는 것이 내게 있으니 내가 갚으리라 하시고 또 다시 주께서 그의 백성을 심판하리라 말씀하신 것을 우리가 아노니)

2) 요한계시록 22:12 **(상급 주시려 함)**
(보라 내가 속히 오리니 내가 줄 상이 내게 있어 각 사람에게 그가 행한 대로 갚아 주리라)

3) 베드로전서 5:4 **(구원과 면류관)**
(그리하면 목자장이 나타나실 때에 시들지 아니하는 영광의 관을 얻으리라)

10. 성경은 마지막 때 심판 전, 그리고 생명의 면류관을 얻기 전 어떤 시련이 있다고 말하나요?

1) 요한계시록 2:10

(너는 장차 받을 고난을 두려워하지 말라 볼지어다 마귀가 장차 너희 가운데에서 몇 사람을 옥에 던져 시험을 받게 하리니 너희가 십 일 동안 환난을 받으리라 네가 죽도록 충성하라 그리하면 내가 생명의 관을 네게 주리라)

2) 요한계시록 13:15

(그가 권세를 받아 그 짐승의 우상에게 생기를 주어 그 짐승의 우상으로 말하게 하고 또 짐승의 우상에게 경배하지 아니하는 자는 몇이든지 다 죽이게 하더라)

11. 요한계시록 13장 11-18절을 해석하는데 있어 오류가 있습니다. 어떤 잘못된 해석이 있나요?

예전에 바코드가 모든 식료품에 찍혀져 나올 때 사람들은 짐승의 표라고 하였습니다. 시간이 흐른 뒤 사람들은 베리칩이 나오면서 그것이 짐승의 표라고 하였습니다. 요한계시록 13장 11-18절을 읽고, 어떤 부분에 있어 그런 해석에 오류가 있다고 할 수 있나요?

(요한계시록 13:11-18
11. 내가 보매 또 다른 짐승이 땅에서 올라오니 어린 양 같이 두 뿔이 있고 용처럼 말을 하더라
12. 그가 먼저 나온 짐승의 모든 권세를 그 앞에서 행하고 땅과 땅에 사는 자들을 처음 짐승에게 경배하게 하니 곧 죽게 되었던 상처가 나은 자니라
13. 큰 이적을 행하되 심지어 사람들 앞에서 불이 하늘로부터 땅에 내려오게 하고
14. 짐승 앞에서 받은 바 이적을 행함으로 땅에 거하는 자들을 미혹하며 땅에 거하는 자들에게 이르기를 칼에 상하였다가 살아난 짐승을 위하여 우상을 만들라 하더라
15. 그가 권세를 받아 그 짐승의 우상에게 생기를 주어 그 짐승의 우상으로 말하게 하고 또 짐승의 우상에게 경배하지 아니하는 자는 몇이든지 다 죽이게 하더라
16. 그가 모든 자 곧 작은 자나 큰 자나 부자나 가난한 자나 자유인이나 종들에게 그 오른손에나 이마에 표를 받게 하고
17. 누구든지 이 표를 가진 자 외에는 매매를 못하게 하니 이 표는 곧 짐승의 이름이나 그 이름의 수라
18. 지혜가 여기 있으니 총명한 자는 그 짐승의 수를 세어 보라 그것은 사람의 수니 그의 수는 육백육십육이니라

베리칩 자체가 짐승의 표라고 할 수 없습니다. 그냥 신분증이지요. 물론 앞으로 세계를 통제하고, 감시하는 것은 충분히 가능하다고 생각하지만, 칩

자체를 받는 것이 곧 지옥에 간다거나 멸망하는 것은 아닙니다.

"또 다른 천사 곧 셋째가 그 뒤를 따라 큰 음성으로 가로되 만일 누구든지 짐승과 그의 우상에게 경배하고 이마에나 손에 표를 받으면 그도 하나님의 진노의 포도주를 마시리니"(계 14:9-10

'만일 누구든지 짐승과 그의 우상에게 경배하고 이마에나 손에 표를 받으면'이라고 했습니다. 여기 이마나 손에 받는 표는 '우상에게 경배하는 자'들에만 해당하는 것입니다.

또 계시록 20장 4절을 보겠습니다.
"…또 짐승과 그의 우상에게 경배하지도 아니하고 이마와 손에 그의 표를 받지도 아니한 자들이 살아서 그리스도로 더불어 천 년 동안 왕 노릇 하니"(계 20:4)

이 말씀도 마찬가지입니다.
'짐승과 그의 우상에게 경배하지도 아니하고 이마와 손에 그의 표를 받지도 아니한 자들'이 천 년 동안 왕 노릇 한다고 했는데 이마와 손에 표를 받지 않는 사람들이 누구입니까? 짐승과 우상에게 경배하지 않은 자입니다.

"그의 표"라고 했습니다. 그의 표는 당연히 짐승에게 엎드려 경배하는 것과 관련이 있습니다.)

마지막 때에, 요한계시록 13장처럼 우상에게 경배하라고 하고, 짐승의 표가 없어서 경제활동을 하지 못하게 된다면 어떤 어려움이 있을 것 같나요?

12. 주님은 제자들에게 "준비하고 있으라 생각하지 않은 때에 인자가 오리라"(마 24:44) 말씀하셨습니다. 우리는 주님 오실 날을 위해 어떻게 잘 준비해야 할까요? 자신의 생각을 각자 나누어 주세요.

(가장 기본이 되는 말씀과 기도, 찬양을 드리고, 자기에게 주어진 삶을 살아야 합니다. 종말을 너무 의식하지 않는 것도 문제이고, 너무 의식하여 아무것도 하지 않는 것도 문제입니다)

401 다림줄 양육

Chapter 8

"성령 하나님을 믿음"

성령 하나님을 믿음

암송구절 | "성령을 믿사오며"

『점을 치고, 굿을 하는 21세기 사람들』

사람들은 신년 초 "토정비결(土亭秘訣)"을 봅니다. 신년 초가 아니더라도 일이 있을 때마다 점쟁이를 찾아가 점을 칩니다. 점에는 여러 가지가 있습니다. 신이 내린 무당이 신의 영력(靈力)을 이용하여 점을 하는 신점(神占), 역학에 관한 이론을 통한 역리(易理)에 의한 점, 얼굴의 형상을 주로 보는 관상을 통한 상점(相占), 꿈 해몽(解夢)을 통해 조짐을 알아보는 몽점(夢占), 풍수설을 읽어 치는 풍수점(風水占) 등이 있습니다.

1년에 점을 보는 것으로 인해 내는 비용이 총 5조라고 합니다. 점을 보는 이유는 앞선 인간의 일을 귀신의 힘을 통해 막아 보려는 것입니다. 점을 보는 이유는 바로 장사, 사업, 이사, 매매, 취업, 소송, 혼인, 개인의 이름, 상호(商號), 병, 재난, 출산, 건강, 집터, 묘지, 입학, 입대 등을 알아보기 위하여 합니다.

사람들은 앞일을 알지 못하므로, 앞일에 대해 궁금증을 갖고 신적인 힘을 빌려 미리 알고, 도움을 받으려고 합니다. 그 신이 귀신인 것을 알면서도 용하다고 하면 전국 어디든지 찾아갑니다.

21세기에 운명은 자기의 성격, 의지, 노력에 의해 결정되는 것이라는 생각을 가지고, 점을 보지 않아야 합니다. 그런데 탈현대 사회에 지성인이라 할 만한 젊은 사람들이 타로점을 보러 다니고, 심지어 믿는 사람들 중에도 상당수가 점집에 가서 작명을 하거나 대학 입학 또는 결혼 관련 점을 봅니다.

1. 여러분은 타로점을 치거나 점을 치러 간적이 있나요? 악한 사탄과 귀신 들린 사람을 본 적이 있나요?

2. 여러분은 성령님의 역사를 경험한 적이 있나요? 서로 나누어 주세요.

3. 성령님의 다른 이름은 무엇인가요?

1) 로마서 8:9 **(그리스도의 영)**

(만일 너희 속에 하나님의 영이 거하시면 너희가 육신에 있지 아니하고 영에 있나니 누구든지 그리스도의 영이 없으면 그리스도의 사람이 아니라

성령님의 다른 이름은 '그리스도의 영'입니다.)

2) 요한복음 14:16 **(보혜사)**

(내가 아버지께 구하겠으니 그가 또 다른 보혜사를 너희에게 주사 영원토록 너희와 함께 있게 하리니

즉, '파라클레토스'라고 부르는데, 이는 글자 그대로 '곁으로 불려 온 분' 곧 '돕는자', '변호자', '보호자'라는 뜻입니다.)

3) 요한복음 14:17 **(진리의 영)**

(그는 진리의 영이라 세상은 능히 그를 받지 못하나니 이는 그를 보지도 못하고 알지도 못함이라 그러나 너희는 그를 아나니 그는 너희와 함께 거하심이요 또 너희 속에 계시겠음이라

다른 보혜사, 곧 진리의 영이십니다.)

4. 성경에서는 성령님이 언제부터 계셨다고 말씀하고 있나요(창 1:2)?

(창세기 1:2
땅이 혼돈하고 공허하며 흑암이 깊음 위에 있고 하나님의 영은 수면 위에 운행하시니라)

5. 성령님을 상징하는 것은 무엇인가요?

1) 이사야 61:1-3 **(기름부음)**

(1. 주 여호와의 영이 내게 내리셨으니 이는 여호와께서 내게 기름을 부으사 가난한 자에게 아름다운 소식을 전하게 하려 하심이라 나를 보내사 마음

이 상한 자를 고치며 포로된 자에게 자유를, 갇힌 자에게 놓임을 선포하며
2. 여호와의 은혜의 해와 우리 하나님의 보복의 날을 선포하여 모든 슬픈 자를 위로하되
3. 무릇 시온에서 슬퍼하는 자에게 화관을 주어 그 재를 대신하며 기쁨의 기름으로 그 슬픔을 대신하며 찬송의 옷으로 그 근심을 대신하시고 그들이 의의 나무 곧 여호와께서 심으신 그 영광을 나타낼 자라 일컬음을 받게 하려 하심이라)

2) 출애굽기 24:15-16 **(구름)**
(15. 모세가 산에 오르매 구름이 산을 가리며
16. 여호와의 영광이 시내 산 위에 머무르고 구름이 엿새 동안 산을 가리더니 일곱째 날에 여호와께서 구름 가운데서 모세를 부르시니라)

3) 요한복음 7:38 **(샘에서 솟아나는 생수)**
(나를 믿는 자는 성경에 이름과 같이 그 배에서 생수의 강이 흘러나리라 하시니)

4) 요한일서 2:20 **(기름 부음)**
(너희는 거룩하신 자에게서 기름 부음을 받고 모든 것을 아느니라)

5) 사도행전 2:3-4 **(불의 혀)**
(3. 마치 불의 혀처럼 갈라지는 것들이 그들에게 보여 각 사람 위에 하나씩 임하여 있더니
4. 그들이 다 성령의 충만함을 받고 성령이 말하게 하심을 따라 다른 언어들로 말하기를 시작하니라)

6. 성령님은 언제부터 성자 예수님을 도우셨나요?

1) 마태복음 1:2 **(성령으로 잉태)**
(아브라함이 이삭을 낳고 이삭은 야곱을 낳고 야곱은 유다와 그의 형제들을 낳고)

2) 누가복음 4:1, 14, 18 **(세례를 받을 시 비둘기처럼 그 위에 내리셨으며 예수님과 함께하셔서 고침의 사역을 감당케 하심)**
(1. 예수께서 성령의 충만함을 입어 요단 강에서 돌아오사 광야에서 사십일 동안 성령에게 이끌리시며
14. 예수께서 성령의 능력으로 갈릴리에 돌아가시니 그 소문이 사방에 퍼졌고
18. 주의 성령이 내게 임하셨으니 이는 가난한 자에게 복음을 전하게 하시려고 내게 기름을 부으시고 나를 보내사 포로 된 자에게 자유를, 눈 먼 자에게 다시 보게 함을 전파하며 눌린 자를 자유롭게 하고)

3) 히브리서 9:14 **(성령님으로 예수님께서 희생 제물로 하나님께 바쳐짐)**
(하물며 영원하신 성령으로 말미암아 흠 없는 자기를 하나님께 드린 그리스도의 피가 어찌 너희 양심을 죽은 행실에서 깨끗하게 하고 살아 계신 하나님을 섬기게 하지 못하겠느냐)

7. 성령님은 어떤 사역에 동참하셨나요?

1) 창세기 1:2

2) 출애굽기 31:1-6

3) 이사야 61:1

4) 사사기 13:25

5) 요한일서 5:7

6) 로마서 8:16–17

7) 고린도전서 12:4–7

8) 요한복음 16:7

9) 요한계시록 22:17

10) 요한복음 16:13

(1) 창세기 1:2 – 창조사역

땅이 혼돈하고 공허하며 흑암이 깊음 위에 있고 하나님의 영은 수면 위에 운행하시니라

2) 출애굽기 31:1–6 – 창작활동

1. 여호와께서 모세에게 말씀하여 이르시되
2. 내가 유다 지파 훌의 손자요 우리의 아들인 브살렐을 지명하여 부르고
3. 하나님의 영을 그에게 충만하게 하여 지혜와 총명과 지식과 여러 가지 재주로

4. 정교한 일을 연구하여 금과 은과 놋으로 만들게 하며
5. 보석을 깎아 물리며 여러 가지 기술로 나무를 새겨 만들게 하리라
6. 내가 또 단 지파 아히사막의 아들 오홀리압을 세워 그와 함께 하게 하며
지혜로운 마음이 있는 모든 자에게 내가 지혜를 주어 그들이 내가 네게 명
령한 것을 다 만들게 할지니

3) 이사야 61:1 – 영감을 불어 넣으심

1. 주 여호와의 영이 내게 내리셨으니 이는 여호와께서 내게 기름을 부으사
가난한 자에게 아름다운 소식을 전하게 하려 하심이라 나를 보내사 마음이
상한 자를 고치며 포로된 자에게 자유를, 갇힌 자에게 놓임을 선포하며

4) 사사기 13:25 – 능력과 필요한 것 공급

소라와 에스다올 사이 마하네단에서 여호와의 영이 그를 움직이기 시작하셨더라

5) 요한일서 5:7 – 증언하시는 사역

증언하는 이가 셋이니

6) 로마서 8:16-17 – 상속자임을 알려 줌

16. 성령이 친히 우리의 영과 더불어 우리가 하나님의 자녀인 것을 증언하
시나니
17. 자녀이면 또한 상속자 곧 하나님의 상속자요 그리스도와 함께 한 상속자
니 우리가 그와 함께 영광을 받기 위하여 고난도 함께 받아야 할 것이니라

7) 고린도전서 12:4-7 - 은사를 주시고, 섬기도록 하심

4. 은사는 여러 가지나 성령은 같고
5. 직분은 여러 가지나 주는 같으며
6. 또 사역은 여러 가지나 모든 것을 모든 사람 가운데서 이루시는 하나님은 같으니
7. 각 사람에게 성령을 나타내심은 유익하게 하려 하심이라

8) 요한복음 16:7 - 위로하심

-

그러나 내가 너희에게 실상을 말하노니 내가 떠나가는 것이 너희에게 유익이라 내가 떠나가지 아니하면 보혜사가 너희에게로 오시지 아니할 것이요 가면 내가 그를 너희에게로 보내리니

9) 요한계시록 22:17- 부르심

성령과 신부가 말씀하시기를 오라 하시는도다 듣는 자도 오라 할 것이요 목마른 자도 올 것이요 또 원하는 자는 값없이 생명수를 받으라 하시더라

10) 요한복음 16:13 - 계몽하시며 깨우심

그러나 진리의 성령이 오시면 그가 너희를 모든 진리 가운데로 인도하시리니 그가 스스로 말하지 않고 오직 들은 것을 말하며 장래 일을 너희에게 알리시리라)

8. 성령세례와 성령충만은 무엇인가요?

성령세례와 성령충만

성경에 '성령세례'라는 직접적인 표현은 없습니다. 성령세례는 영어로 the Baptism of the Holy Spirit입니다. 성령세례라 함은 성령에 의한 세례라는 뜻입니다. 즉, "성령에 의해서 영적으로 세례를 받는다." 라는 의미입니다.

고린도전서 12장 13절에 "우리가 유대인이나 헬라인이나 종이나 자유인이나 다 한 성령으로 세례를 받아 한 몸이 되었다"고 말씀하였습니다. 이를 보면 성령의 세례는 불신자로서 회개하고 믿어 계약 백성의 단체, 즉 그리스도의 몸에 속하게 하시는 성령님의 은혜를 말합니다.

'성령의 충만'은 성령으로 충만해지는 삶을 말합니다. 구약에서는 특별한 사람, 즉 거의가 지도자들과 예언자들, 한정된 사람들에게 성령님이 임하였습니다. 즉, 성령임재는 일반적으로 봉사를 위한 능력이었습니다.

오순절 날에 함께 모인 모든 사람들의 성령체험은 성령으로 충만하였다는 말로 기록되어 있습니다. 이 말은 실제로 사람이 성령을 받는 것을 말하며 그 결과로 그 사람에게 하나님의 말씀을 전할 수 있는 능력을 주시는 것을 시사합니다. 이런 성령충만은 예수님을 믿은 후의 성도들이 삶속에서 발생하는 것입니다. 고로 불신자와 성령 충만은 거리가 있습니다.

즉, 성령충만은 어떤 특별한 사역을 성취하게 하시기 위해 일시적인 혹 지속적인 경험으로 나타납니다.

여러분은 성령세례와 성령충만 중 어떤 것을 받은 것 같은가요?

9. 성령님의 역사는 기적적입니다. 그런데 성령님의 열매를 보면 성령의 역사는 내적인 자아에 변화를 일으키는 것을 알 수 있습니다. 여러분은 예수님을 믿기 전과 예수님을 믿은 후 어떤 내적인 변화를 경험하고 있나요?

10. 사람은 성령님의 통치나 혹 어두운 영의 지배를 받거나 둘 중 하나입니다. 사탄의 지배를 받을 때의 특징은 무엇일까요? 성령님의 통치를 받을 때의 특징은 무엇일까요?

사탄의 지배를 받을 때의 특징 3가지

1)

2)

3)

성령님의 지배를 받을 때의 특징 3가지

1)

2)

3)

(사탄의 지배 중에 있으면

1) 계속 죄를 짓고, 회개하지 않는 것입니다.
2) 중독에 빠지는 것입니다.
3) 감사하지 않고, 이 세상의 정욕에 취해 사는 것입니다.

그러나 성령님의 통치를 받고 있으면

1) 작은 것에 감사하는 것입니다.
2) 말씀, 기도, 찬양을 하는 것입니다.
3) 어떤 대단한 일과 기적을 베푸는 것이 아니라 삶에서 누리는 평안, 기쁨, 은혜가 넘치는 삶입니다.)

11. 모든 죄는 다 사함을 받는데 성령님을 훼방하면 어떻게 되나요(마 12:31-32)?

(마태복음 12:31-32
31. 그러므로 내가 너희에게 이르노니 사람에 대한 모든 죄와 모독은 사하심을 얻되 성령을 모독하는 것은 사하심을 얻지 못하겠고
32. 또 누구든지 말로 인자를 거역하면 사하심을 얻되 누구든지 말로 성령

을 거역하면 이 세상과 오는 세상에서도 사하심을 얻지 못하리라)

우리는 성령님을 훼방하는 자가 아니라 성령님의 음성을 듣고 순종하며 살기 위해 어떻게 해야 할까요?

(1) 말씀을 읽고, 기도하고, 주님을 찬양해야 합니다.
2) 경건 서적을 읽으며 주님과 동행하려고 해야 합니다.
3) 공동체 속에서 같이 예배하고, 복음을 전파해야 합니다.)

12. 성령의 은사는 여러 가지가 있습니다(고전 12:8–10). 왜 이런 은사를 주셨을까요(고전 12:7)? 어떤 성령의 은사를 가지고 싶은가요? 왜 갖고 싶은가요?

(고린도전서 12:7–12
7. 각 사람에게 성령의 나타남을 주심은 유익하게 하려 하심이라
8. 어떤이에게는 성령으로 말미암아 지혜의 말씀을, 어떤이에게는 같은 성령을 따라 지식의 말씀을,
9. 다른이게게는 같은 성령으로 믿음을, 어떤이에게는 한 성령으로 병 고치는 은사를,
10. 어떤이에게는 능력 행함을, 어떤이에게는 예언함을, 어떤이에게는 영들 분별함을, 다른이에게는 각종 방언 말함을, 어떤이에게는 방언들 통역함을 주시나니
11. 이 모든 일은 같은 한 성령이 행하사 그 뜻대로 각 사람에게 나눠 주시느니라
12. 몸은 하나인데 많은 지체가 있고 몸의 지체가 많으나 한 몸임과 같이 그리스도도 그러하니라)

Chapter 9

“거룩한 공회와 성도의 교통”

거룩한 공회와 성도의 교통

암송구절 | "거룩한 공회와 성도가 서로 교통하는 것과"

『타락한 중세 교회의 모습』

중세 초기의 영적 · 지적 사모함은 점차 영적 타락으로 흘러갔습니다. 중세 후반에 이르게 되면서, 교권과 세속권력의 대립, 성적 타락, 성직 매매, 무지와 미신, 그리고 면죄부 판매와 같은 여러 어둠의 증상들이 나타났습니다.

중세 후기의 성적 타락은 매우 심각한 수준이었습니다. 일반 사제들은 물론이고, 주교와 추기경에 이르기까지 첩을 두는 일이 매우 흔했고, 그로 인해 수많은 추행이 교회 안에서 일어났습니다. 부를 축적하기 위해 돈을 주고 성직을 사고파는 일이 흔했고, 그 영향은 일반 성도들의 신앙에 고스란히 미쳤습니다.

당시 중세 교회 안에는 라틴어 성경과 라틴어 설교만 허용되어, 성도들은 성경을 가질 수도, 읽을 수도 없는 형편이었고, 그로 말미암아 자연스럽게 영적 무지와 미신에 빠질 수밖에 없었습니다. 여기에 로마 교황이 교회의 건립비용과 교회의 부족한 재정을 해결하고자 금전이나 재물을 봉헌한 사람들에게 죄를 면해주는 면죄부 증서를 판매하게 되면서 그 타락은 극에 달하게 됩니다.

그런데 중세 교회에만 문제가 있는 것은 아닙니다. 오늘날도 이와 비슷한 문제가 있습니다.

1. 교회의 성도를 생각하면 여러분은 어떤 생각이 드나요? 교회에서 갖게 된 좋은 추억 혹 아픈 상처가 있다면 서로 나누어 주세요.

(에베소서 4:1
그러므로 주 안에서 갇힌 내가 너희를 권하노니 너희가 부르심을 받은 일에 합당하게 행하여)

2. 교회의 뜻은 '에클레시아'로 '세상 밖으로 불러낸 공동체'를 말합니다. 이런 공동체의 일원은 어떻게 살아가야 할까요(엡 4:1)?

3. 오늘 날 교회는 어떤 교회가 되어야 할까요?

1) 마가복음 11:17
(이에 가르쳐 이르시되 기록된 바 내 집은 만민이 기도하는 집이라 칭함을 받으리라고 하지 아니하였느냐 너희는 강도의 소굴을 만들었도다 하시매)

2) 히브리서 10:24-25
(24. 서로 돌아보아 사랑과 선행을 격려하며
25. 모이기를 폐하는 어떤 사람들의 습관과 같이 하지 말고 오직 권하여 그 날이 가까움을 볼수록 더욱 그리하자)

4. '거룩한 공회'를 믿는다고 할 때 거부감이 있습니다. 카톨릭에는 여전히 비성경적인 사상이 있기에 그렇습니다.

1) 교황의 신격화

교황은 그리스도의 대리자로서 교회의 최고 통치자이고, 교황은 오류가 없다는 교황무오설은 1870년 바티칸회의에서 선언 되었어요. 이 회의를 통해 죄에 대한 형벌까지 면제해줄 수 있는 권리인 교황면제권까지 말하고 있어요. 그러나 성경 어디에도 죄사함의 권세가 교황에게 있다는 말씀은 없죠. 반대로 교황이든 베드로이든 모든 인간은 부패하고, 거짓을 말하는 죄인이라고 말씀하고 있어요(렘17:9, 시14:2-3). 또한 역사적 사실들이 교황무오설이 오류투성이임을 증명하고 있어요. 교황들 중 여럿이 부도덕하여 간음, 남색, 성직매매, 강간, 살인을 일삼고 술에 취해 지냈었어요. 심지어 2015년 교황 프란체스코는 동성애를 옹호하고, 낙태를 찬성해 많은 지탄을 받았어요.

2) 마리아 숭배

카톨릭은 마리아가 평생 처녀였다는 '마리아 종신 처녀설'을 주장하고 있어요. 431년 에베소 공의회에서는 정말 믿지 못할 말을 하였어요. 마리아가 하나님의 어머니였다고 공포한 것이죠. 1854년 교황 피어스 9세는 마리아가 원죄에 물들지 않고 태어났다는 '마리아 무죄 잉태설'을 선포했어요. 더 나아가 마리아는 죄 없는 삶을 살았다는 '마리아 평생 무죄설'을 주장했어요. 또한 1950년 교황 피어스 12세는 마리아가 죽은 후 부활 승천했다는 '마리아 부활 승천설'을 선언했어요.

이상의 내용들은 성경에 기반을 두지 않고 근거 없이 카톨릭이 조작하여 만들어낸 것들이에요. 예수님이 우리의 완전한 중보자이신데 마리아가 필요할 만큼 부족한 것일까요? 그리고 마리아가 어떻게 죄가 없는 존재일까요? 성경은 마리아가 예수님을 낳았고 예수님의 동생들이 있었는데 '마리아 종신 처녀설'은 대체 어디서 비롯된 것일까요? 마태복음 13장 55절은 예수님의 형제들을 '야고보, 요셉, 시몬, 유다'라고 열거하고 있어요.

"이는 그 목수의 아들이 아니냐 그 어머니는 마리아, 그 형제들은 야고보, 요셉, 시몬, 유다라 하지 않느냐" (마 13:55)

3) 연옥설을 주장

카톨릭은 천국과 지옥 외에 그 사이에 연옥이 있다고 주장해요. 죄가 없는 깨끗한 영혼은 천국으로 가고, 큰 죄를 지은 사람들 중에서 하나님과 영영 등을 진 사람은 지옥으로 가는 거죠. 그런데 작은 죄나 죄에 대한 적당한 보속을 완료하지 않은 영혼들이 곧 연옥을 간다는 것이죠.

연옥설은 성경에서 그 근거를 찾아볼 수 없는 비성경적인 주장이에요. 성경에 연옥이란 말도 나오지 않으며, 이 연옥설은 공로사상에 근거하고 있어요. 결국, 연옥설은 교황의 면죄권, 면죄부 판매, 죽은 자를 위한 미사, 죽은 자를 위한 기도와 헌금, 자선 등의 비성경적인 교리를 만들어냈어요. 그러나 무엇보다도 연옥설의 치명적인 결함은 '사후구원기회설(사후에 구원의 기회가 있다는 주장)'이라는 거예요.

그들이 연옥에 있을 때 땅에 있는 사람들이 대신 미사와 기도를 하고 헌금과 그밖에 경건한 행위를 하나님께 드리면 연옥에 머무르는 기간이 단축될 수 있다고 주장해요. 그 근거로 외경 마카비하 12:43-46을 제시해요.

"그리하여 그는 그들을 이 죄에서 해방시키기 위해 죽은 자들을 위한 속죄를 행하셨다" (마카비하 12:46)

그러나 노만 게이슬러와 랄프 메켄지는 〈로마카톨릭주의와 복음주의〉라는 책에서 다음과 같은 내용으로 외경이 합당하지 않다고 하였어요.

1) 외경책들은 영감 되었다는 증거가 전혀 없다.
2) 유대 공동체조차도 영감 받지 않았다고 한다.
3) 신약성경에서 성경으로서 인용되지 않았다.

4) 로마 카톨릭 성경 대학자인 제롬과 교부들도 외경을 거부했다.
5) 정경 66권 정경책 어느 곳에서도 외경의 내용이 뒷받침 되지 않는다.

이렇게 정경의 참된 증거를 만족시키는 내용들이 미흡함에도 불구하고 외경을 정경으로 수용하게 되면, 다른 비정경들도 같은 이유로 수용해야 해요.

4) 성인숭배와 미신적 의식

2017년 500주년 종교개혁 기념해 유럽을 갔어요. 종교개혁 기념 교회들을 갔었어요. 커다란 성당은 정말 압도적인 위엄이 있었어요. 그러나 그 안에서 본 것은 마리아 상과 성인 상, 그리고 태양을 상징하는 상이었어요. 이렇게 카톨릭은 우상숭배와 미신적 의식들을 많이 하는데 이는 마리아 숭배, 성인들의 화상 숭배, 유골 숭배, 성체 숭배와 관련이 있어요. 성경에서 말씀하지 않는 마리아와 성인의 형상을 만들어 놓고 그 앞에 절을 하고 기도를 하고, 때로는 죽은 자의 유골과 유품을 보관하고 숭배해요.

미신적 의식인 성수뿌리기, 묵주 기도, 죽은 자를 위한 기도 등도 행해요. 그러나 이런 의식들은 모두 십계명을 위배한 것이에요. 성경은 오직 하나님께만 예배하라고 가르치고 있어요. 로마 카톨릭은 초대교회의 순수한 믿음을 잃어버리고, 이방종교와 풍습, 인간적인 생각을 너무 많이 첨가했어요.

이들이 하는 성인숭배는 신앙과 덕이 뛰어난 사람은 죽은 후에도 하나님과 직접 교통하므로 땅에 사는 사람들을 위해서 하나님께 간구할 수 있다고 가르치고 있어요. 우리를 도와주거나 우리를 위해 기적을 행할 수도 있다고 믿어요. 그 성인들의 공덕을 의지하여 하나님께 도움을 요청할 수 있다고 말하는 거죠. 이는 명백히 십계명의 1,2계명을 어기고 다른 신을 숭배하는 것이에요.

– 청년상담 Q&A 책 중 일부

그렇다면 교회 안에도 카톨릭적 요소가 있을까요? 카톨릭적 요소가 아니더라도 어떤 비성경적인 부분이 있을까요?

(한국 교회 안에는 유교적인 요소가 다분히 많습니다. 카톨릭적인 요소도 있습니다. 목회자직이 계급화되어 있거나 담임 목사님을 신격화하는 교회도 있습니다. 종교개혁 500주년 해에 여러 중대형 교회들에서 세습이 있을 정도였습니다.)

5. 거룩한 공회를 믿는다고 할 때 21세기 한국교회를 보면 교회를 신뢰하고 믿기가 힘듭니다. 어떤 문제로 세상이 교회에 등을 돌리고 있나요?

(1) 교회 매매,
2) 성적타락,
3) 세습,
4) 지나치게 전통적 그리고 유교적 문화와 사상
5) 폐쇄적인 교회 문화,
6) 말과 행동이 다름
7) 정직하지 않음
8) 지나치게 화려한 건물 건축 등등)

6. 각 교회는 각 지역에 있습니다. 각 교회는 그 지역을 섬기며 하나님의 나라를 확장해 나갈 책임이 있습니다. 우리 교회는 어떻게 지역을 섬기면서 주님을 증거해야 할까요?

(1) 교회 공간 오픈,
2) 양로원, 고아원 섬김,
3) 소년소녀 가장 돕기,
4) 김장, 연탄, 반찬 나눔,

5) 새터민 섬김,

6) 외국인 노동자 섬김,

7) 다문화 가정 케어

8) 독거노인 케어

9) 가정 상담

10) 장학금과 구제 사역 등등)

7. 성도의 교제는 3가지가 있습니다.

1) 첫째, 달걀 껍데기 교제입니다. 달걀의 두꺼운 껍데기를 깨지 않고, 부딪히듯 서로의 기쁨과 슬픔을 나누지 않고 인사만하고, 서로 괜찮은 척하는 교제입니다.

2) 둘째, 달걀흰자 교제입니다. 마음 속 깊은 슬픔은 나누지 못하고, 듣기 좋은 기쁨만 나누는 교제입니다.

3) 셋째, 달걀노른자 교제입니다. 서로의 깊은 상처와 아픔을 나누고, 꺼내기 어려운 기도제목도 진솔하게 나누는 교제입니다.

여러분은 교회 지체들과 어떤 교제를 하고 있나요? 이 시간 나누고 싶은 깊은 기도제목은 어떤 것이 있나요?

8. 교회는 하나님께서 친히 세우신 공동체입니다. 이 교회 공동체는 어떤 곳인가요?

1) 베드로전서 2:9-10 **(하나님의 백성)**

(9. 그러나 너희는 택하신 족속이요 왕 같은 제사장들이요 거룩한 나라요 그의 소유가 된 백성이니 이는 너희를 어두운 데서 불러내어 그의 기이한 빛에 들어가게 하신 이의 아름다운 덕을 선포하게 하려 하심이라
10. 너희가 전에는 백성이 아니더니 이제는 하나님의 백성이요 전에는 긍휼을 얻지 못하였더니 이제는 긍휼을 얻은 자니라)

2) 에베소서 1:23 **(그리스도의 몸)**

(교회는 그의 몸이니 만물 안에서 만물을 충만하게 하시는 이의 충만함이니라)

3) 고린도전서 3:16 **(성령님의 전)**

(너희는 너희가 하나님의 성전인 것과 하나님의 성령이 너희 안에 계시는 것을 알지 못하느냐)

9. 21세기 이 땅에 교회는 귀하기도 하지만 연약하기도 합니다. 그러나 여전히 주님께서 기뻐하시는 믿는 성도의 공동체입니다. 하나님께서 세우시는 공적인 공동체입니다. 이 교회를 온전하게 세우도록 우리는 어떤 노력과 섬김을 할 수 있을까요?

10. 여러분이 생각할 때 주님이 기뻐하시는 교회는 어떤 교회여야 할까요? 어떤 교회가 되기를 소망하나요? 서로의 생각을 나누어 주세요.

11. 21세기 교회는 초대교회 공동체를 닮아야 합니다. 초대교회 공동체의 특징은 어떠하였나요(행 2:42-47)?

(사도행전 2:42-47
42. 그들이 사도의 가르침을 받아 서로 교제하고 떡을 떼며 오로지 기도하기를 힘쓰니라
43. 사람마다 두려워하는데 사도들로 말미암아 기사와 표적이 많이 나타나니
44. 믿는 사람이 다 함께 있어 모든 물건을 서로 통용하고
45. 또 재산과 소유를 팔아 각 사람의 필요를 따라 나눠 주며
46. 날마다 마음을 같이하여 성전에 모이기를 힘쓰고 집에서 떡을 떼며 기쁨과 순전한 마음으로 음식을 먹고
47. 하나님을 찬미하며 또 온 백성에게 칭송을 받으니 주께서 구원 받는 사람을 날마다 더하게 하시니라

1) 가르침
2) 서로 교제
3) 기도
4) 기사와 표적
5) 물건 통용
6) 재산과 소유 나눔
7) 성전에 모임
8) 하나님을 찬미)

오늘날 교회 공동체에 어떤 특징이 더 있으면 좋을 것 같은가요?

12. 교회가 잘 세워지려면 교회의 리더가 잘 세워져야 합니다. 성경은 어떤 자가 교회의 리더가 되어야 한다고 말씀하고 있나요?

1) 잠언 27:23

(네 양 떼의 형편을 부지런히 살피며 네 소 떼에게 마음을 두라)

2) 디모데전서 3:1-2

(1. 미쁘다 이 말이여, 곧 사람이 감독의 직분을 얻으려 함은 선한 일을 사모하는 것이라 함이로다
2. 그러므로 감독은 책망할 것이 없으며 한 아내의 남편이 되며 절제하며 신중하며 단정하며 나그네를 대접하며 가르치기를 잘하며)

3) 디도서 1:7

(감독은 하나님의 청지기로서 책망할 것이 없고 제 고집대로 하지 아니하며 급히 분내지 아니하며 술을 즐기지 아니하며 구타하지 아니하며 더러운 이득을 탐하지 아니하며)

13. 바울은 교회 공동체가 온전히 서기 위해서 어떻게 해야 한다고 말하였나요(엡 4:3)?

(에베소서 4:3
평안의 매는 줄로 성령이 하나 되게 하신 것을 힘써 지키라)

14. 여러분은 교회 공동체가 어떻게 서 나가면 좋겠나요?

그렇다면, 여러분은 어떤 부분에 공동체를 더 섬기고, 섬기고자 하는 마음이 있는지 서로 나누어 주세요.

Chapter 10

"죄를 사하여 주시는 것"

죄를 사하여 주시는 것

암송구절 | "죄를 사하여 주시는 것과"

『루터의 믿음으로의 구원과 종교개혁』

루터는 칭의의 복음을 깨닫고 믿음으로의 구원을 외쳤습니다. 그리고 타락한 카톨릭을 더 이상 두고 볼 수 없어 95개조 반박문을 비텐베르크 성당 정문에 게재했습니다.

루터는 종교재판을 받아야 했습니다. 보름스로 가는 길은 그에게 지옥으로 가는 것 같았습니다. 1517년 면죄부 판매에 항의 글을 쓴 이후로 3년 동안 루터는 고민이 많았습니다. 그러나 가는 중 루터는 말하였습니다.

"나는 진실을 말할 것이며 또 그래야만 한다. 비록 스무 번 죽는 결과가 될지라도.."

루터는 고향인 아으제나흐에 도착했을 때 시민들은 그를 영웅처럼 대했습니다. 루터의 책은 몰수 되고, 금서가 되었습니다. 무리의 환호 속에는 "화형에 처하라!"는 외침도 있었습니다.

1521년 4월 16일 루터는 보름스에 도착했습니다. 루터는 취소할 마음이 있느냐는 질문을 받자 생각할 시간을 달라고 하였습니다. 숙소에서 친구들은 밤새 격려하였습니다. 루터는 이렇게 고백했습니다.

"그리스도의 도우심으로, 저는 영원토록 단 한 부분도 철회하지 않을 것입니다!"

1. 여러분은 살면서 벌금, 합의금, 교통 법규를 어겨 범칙금을 내 본 적이 있었나요?

2. 죄란 무엇인가요? 서로 아는 대로 나누어 주세요.

요한일서 3장 4절은 죄를 무엇이라고 정의하나요?

(요한일서 3:4
죄를 짓는 자마다 불법을 행하나니 죄는 불법이라

죄는 불법이라고 말씀합니다.

웨스트민스터 소요리 문답은 "죄는 하나님의 법을 어기거나 또는 온전히 순종하지 못하는 것이다."라고 합니다.)

3. 하나님이 어떤 분인지 알면 죄를 사해 주심을 믿고 회개할 수 있습니다. 요한일서 1장 9절은 우리 하나님은 어떤 분이라고 말씀하고 있나요?

(요한일서 1:9
만일 우리가 우리 죄를 자백하면 그는 미쁘시고 의로우사 우리 죄를 사하시며 우리를 모든 불의에서 깨끗하게 하실 것이요)

4. 예수님은 누가복음 5장 12-24절 본문에서 중풍 병자에게 "죄 사함을 받았느니라" 하실 수도 있으셨고, "걸어가라" 말씀하실 수 있었습니다(눅5:23). 그런데 왜 예수님은 이 기적 사건에서 중풍 병자에게 "네 침상을 가지고 집으로 가라"고 선포 하셨나요(눅5:24)?

(누가복음 5:12-24

12. 예수께서 한 동네에 계실 때에 온 몸에 나병 들린 사람이 있어 예수를 보고 엎드려 구하여 이르되 주여 원하시면 나를 깨끗하게 하실 수 있나이다 하니

13. 예수께서 손을 내밀어 그에게 대시며 이르시되 내가 원하노니 깨끗함을 받으라 하신대 나병이 곧 떠나니라

14. 예수께서 그를 경고하시되 아무에게도 이르지 말고 가서 제사장에게 네 몸을 보이고 또 네가 깨끗하게 됨으로 인하여 모세가 명한 대로 예물을 드려 그들에게 입증하라 하셨더니

15. 예수의 소문이 더욱 퍼지매 수많은 무리가 말씀도 듣고 자기 병도 고침을 받고자 하여 모여 오되

16. 예수는 물러가사 한적한 곳에서 기도하시니라

17. 하루는 가르치실 때에 갈릴리의 각 마을과 유대와 예루살렘에서 온 바리새인과 율법교사들이 앉았는데 병을 고치는 주의 능력이 예수와 함께 하더라

18. 한 중풍병자를 사람들이 침상에 메고 와서 예수 앞에 들여놓고자 하였으나

19. 무리 때문에 메고 들어갈 길을 얻지 못한지라 지붕에 올라가 기와를 벗기고 병자를 침상째 무리 가운데로 예수 앞에 달아 내리니

20. 예수께서 그들의 믿음을 보시고 이르시되 이 사람아 네 죄 사함을 받았느니라 하시니

21. 서기관과 바리새인들이 생각하여 이르되 이 신성 모독 하는 자가 누구냐 오직 하나님 외에 누가 능히 죄를 사하겠느냐

22. 예수께서 그 생각을 아시고 대답하여 이르시되 너희 마음에 무슨 생각을 하느냐

23. 네 죄 사함을 받았느니라 하는 말과 일어나 걸어가라 하는 말이 어느 것이 쉽겠느냐
24. 그러나 인자가 땅에서 죄를 사하는 권세가 있는 줄을 너희로 알게 하리라 하시고 중풍병자에게 말씀하시되 내가 네게 이르노니 일어나 네 침상을 가지고 집으로 가라 하시매

예수님께서 계셨을 당시 병과 죄는 연결 되어 있었습니다. 죄를 지은 자가 병을 가지고 있다고 여겼습니다. 그런데 예수님은 당시 고치기 어려운 병도 고치시면서 죄도 사하는 권세가 있는 것을 드러내셨습니다.

초대교회 당시 질병은 죄와 상관관계가 있다고 보았습니다. 그런데 대적자 종교지도자들 앞에서 치유를 위해 죄 사함을 선포하는 것은 논쟁을 촉발하는 행위였습니다. 죄는 하나님만 사하시는데 죄가 사해지고, 치유를 받으라는 말은 신성모독으로 정죄 받을 수 있었습니다.

그런데 예수님은 단순 죄 사함을 말씀하시지 않으셨습니다.

"죄 사함을 받았느니라 하는 것"과 "일어나 침상을 가지고 걸으라"하는 것 어느 것이 더 쉬운지 물으셨습니다.

이 말씀을 이해하려면 a fortiori 논증법을 알아야 합니다.
바리새파가 이후에 힐렐과 샴마이 학파로 나뉘어 지는데, 힐렐의 7가지 논증법이 소개되어 있습니다. 그 중에 하나가 a fortiori 논증법입니다. 유대인 랍비들은 이 논증법을 즐겨 쓰고 마가와 바울도 이 논증법을 사용하였습니다.

쉽게 설명하자면, 턱걸이 10개와 100개 중에 어느 것이 쉽겠는가? 그리고 100개를 해버립니다. 그러면 10개를 할 수 있다는 것을 입증해 버리는 겁니

다. 쉽고 어려운 것 중에서 어려운 행위를 함으로써 더 쉬운 것을 입증하는 이것이 바로 a fortiori 논증입니다.

"네 죄가 사함을 받았다"라는 것과 "일어나 상을 가지고 걸으라" 중에 어느 것이 쉬었을까요? 죄 사함의 말이 쉬웠습니다. 그런데, 더 어려운 "일어나 상을 가지고 가라" 고 말씀을 하시고 병을 고치시며 죄 사함의 권세를 입증해 비리셨습니다.

죄 사함을 받았다는 말은 종교적 관용구였지만 실제로 죄 사함을 받았는지는 알 수 없었습니다. 결과 확인이 어려웠습니다. 수많은 사람 앞에서 "일어나 걸어라!"라고 하고, 안 일어나면 권위가 땅에 떨어지는 것이었습니다.

그런데 당시 종교지도자들이 할 수 없는 병 고침 역사를 보이시면서 결국에는 예수 그리스도에게 실질적 죄 사함의 권세도 있음을 가르쳐 주셨습니다.)

5. 예수님은 이 땅에서 죄를 사하신다는 속죄의 근거가 되는 성경 말씀은 무엇인가요?

예수님을 믿으면서 예전에는 죄로 여기지 않았지만 죄로 여기게 된 것은 무엇인가요? 요즘, 어떤 죄와 조금씩 멀어지고 있나요? 서로 나누어 주세요.

1) 마태복음 9:6
(그러나 인자가 세상에서 죄를 사하는 권능이 있는 줄을 너희로 알게 하려 하노라 하시고 중풍병자에게 말씀하시되 일어나 네 침상을 가지고 집으로 가라 하시니)

2) 누가복음 24:47

(또 그의 이름으로 죄 사함을 받게 하는 회개가 예루살렘에서 시작하여 모든 족속에게 전파될 것이 기록되었으니)

3) 사도행전 10:43

(그에 대하여 모든 선지자도 증언하되 그를 믿는 사람들이 다 그의 이름을 힘입어 죄 사함을 받는다 하였느니라)

6. 죄와 구원에 대해 카톨릭은 다음과 같은 주장을 합니다.

1) 구원은 죄 용서가 아니라 인간의 선행을 통해서 가능하다.

2) 죽은 후에도 사람이 속죄함 받고 구원을 받을 수 있다.

3) 죄 사함을 받아 구원을 얻었다가도 잃을 수 있는 변동 가능한 것이다.

왜 이런 말이 틀린 말일까요?

(1) 선행을 통해서 구원을 받는다고 주장하는 것은 예수 그리스도의 십자가의 구속을 무의미하게 만듭니다. 오히려 자기들의 선행을 높이 치켜세우며 결국은 타종교처럼 자력종교(자기의 선행과 노력에 의존하는 종교)로 전락하게 합니다.

2) 죽은 후에 연옥에 가 있을 때 구원을 받을 여지가 있다고 합니다. 그러나 성경 어디에도 이런 연옥을 말한 곳이 없습니다. "한 번 죽는 것은 사람에게 정하신 것이요 그 후에는 심판이 있으리니"(히브리서 9:27)라고 하였습니다.

3) N. T. 라이트는 성공회 교단의 배경 속에서 가톨릭적 행위의 완성을 통한 칭의를 말하며, 구원을 잃어버릴 수도 있다고 합니다. 이 말은 바꿔 말하면 구원은 얻었다가도 잃을 수 있는 변동이 가능한 것이 되고, 하나님께서 이끌어 주시어 마침내 구원을 이루어주시는'성도의 견인'이 없다는 것입니다.

그러나 성경은 요한복음 5장 24절에 분명히 믿는 자는 영생을 얻었고, 요한복음 6장 47절에도 구원의 확신을 가르치고 있습니다. 요한일서 5장 13절에서도 성경을 기록한 목적이 우리에게 영생이 있음을 알게 하기 위해서라고 말씀하고 있습니다.)

7. 루터는 중세에 엄격한 규율을 실천했던 어거스틴 은자 수도원에 입회하였습니다. 수도사 생활을 하면서 적극적으로 규율을 준수하였습니다. 그러나 자신의 구원에 대해서는 더 절망하게 되었습니다. 그 때, 한 성경구절 로마서 1장 17절을 깨닫게 되면서 자유하게 되었습니다. 그 내용은 무엇인가요?

(로마서 1:17
복음에는 하나님의 의가 나타나서 믿음으로 믿음에 이르게 하나니 기록된 바 오직 의인은 믿음으로 말미암아 살리라 함과 같으니라)

여러분은 언제 구원의 확신을 가지게 되었고, 삶의 어떤 변화를 경험하게 되었나요? 서로 나누어 주세요.

1) 가정에서

2) 교회 공동체 안에서

3) 세상에서

8. 그렇다면 예수님을 믿음으로만 구원을 받는다면 착한 일은 안 해도 될까요?

(루터의 칭의론에 대해 천주교는 행함이 없다고 비판했지만, 루터는 믿음을 가진 사람은 반드시 선한 일을 행할 수밖에 없다고 말하였습니다.)

9. 구원의 칭의와 성화는 동전의 양면과 같습니다. 칭의를 받은 자는 성화의 삶이 반드시 있습니다. 그러나 주의해야 할 것은 착하고, 선한 삶이 있다고 누구나 다 구원 받을 수 있는 것은 아닙니다. 왜 그럴까요(엡 2:8-9)?

(에베소서 2:8-9

8. 너희는 그 은혜에 의하여 믿음으로 말미암아 구원을 받았으니 이것은 너희에게서 난 것이 아니요 하나님의 선물이라

9. 행위에서 난 것이 아니니 이는 누구든지 자랑하지 못하게 함이라

선행은 구원받기 위해 해야만 하는 것이 아니라 믿음으로 구원받은 사람에게 자연히 나타나는 열매이자 결과입니다.)

10. 루터는 16세기 부패해가고 세속적으로 변해가는 종교를 비판하고 "오직 성경, 오직 믿음, 오직 은혜"라는 깃발을 들고 종교개혁을 이끌었던 인물이었습니다. 그런데 야고보서는 행함을 강조하는 서신서로 오해

하여 지푸라기 서신이라고까지 하였습니다. 야고보서는 무엇을 드러내고, 강조하고자 한 것일까요(약 2:15–18)?

(야고보서 2:15–18
15. 만일 형제나 자매가 헐벗고 일용할 양식이 없는데
16. 너희 중에 누구든지 그에게 이르되 평안히 가라, 덥게 하라, 배부르게 하라 하며 그 몸에 쓸 것을 주지 아니하면 무슨 유익이 있으리요
17. 이와 같이 행함이 없는 믿음은 그 자체가 죽은 것이라
18. 어떤 사람은 말하기를 너는 믿음이 있고 나는 행함이 있으니 행함이 없는 네 믿음을 내게 보이라 나는 행함으로 내 믿음을 네게 보이리라 하리라

야고보는 그의 서신서에서 행함의 성화를 통해 믿음을 드러내라고 얘기하고 있습니다.)

11. 구원파의 구원관은 다음과 같습니다.

구원파 교리의 문제

구원파가 묻는 첫 질문은 언제 어디서 구원을 받았느냐고 하는 것입니다. 대답을 바로 하지 못하면 구원 받지 못한 사람으로 취급합니다. 그러나 모든 사람이 정확히 구원 받은 날짜와 장소를 기억하는 것은 아닙니다.

구원파의 다른 잘못된 부분이 있다면 회개와 관련한 내용입니다. 구원파는 기존 교회 성도들처럼 울고불고하는 것이 회개가 아니라고 합니다. 구원파는 구원받은 자는 회개할 필요가 없다고 주장합니다. 구원파는 세상에서 하나님께로 한 번 돌이킨 뒤에는 죄와 상관이 없다고 합니다.

세월호 선박의 선장과 몇몇 승무원들은 구원파 신도들이었습니다. 그들은 사람들을 죽게 하고, 자기들만 빠져 나가도 아무런 양심의 가책이 없었습니다. 회개할 필요가 없기 때문입니다.

다시 설명하면 회개란 오직 구원을 위해 하나님께로 돌이키는 행위로서 우리의 구원의 확신은 하나님께서 현재, 미래, 과거의 모든 죄를 다 사해 주셨다고 합니다.

구원파에게 눈물을 흘리며 회개하는 자들은 오히려 구원받지 못한 자라고 합니다. 구원파의 교리를 모르고, 백날을 회개해도 구원을 받지 못한다고 정죄합니다. 구원파는 하나님의 심판과 징계를 두려워하지 않습니다.

구원파의 문제는 원죄와 자범죄를 구분하지 않는다는 점입니다. 박옥수 씨의 '죄사함 거듭남의 비밀'이라는 책에 보면 요한일서 1장 9절의 "만일 우리가 우리 죄를 자백하면 저는 미쁘시고 의로우사 우리 죄를 사하시며 모든 불의에서 우리를 깨끗케 하실 것이요"라고 되어있는 죄는 원죄에 해당된다고 가르칩니다. 즉, 원죄만 한 번 용서를 구하면 되고, 자범죄를 지었을 때 회개하는 것은 잘못 된 것이라고 주장합니다.

이런 주장은 틀린 것입니다. 분명 예수 그리스도를 통해 우리의 모든 죄(원죄와 자범죄)는 사해집니다. 그리스도의 의로 하나님의 자녀가 됩니다. 칭의를 받게 됩니다. 그렇지만 우리가 놓치지 않아야 할 것은 구원 받은 성도는 여전히 이 땅에서 죄를 짓는다는 것입니다. 원죄는 없어졌지만 자범죄를 지었다면 회개함으로 나아가야 합니다.

이는 마치 목욕을 마친 사람이 이미 깨끗함에도 얼굴과 손을 씻듯, 칭의로 구원받은 성도 역시 세상에서 짓게 되는 죄를 회개하며 성화의 삶을 살아야 하는 것입니다.

구원파의 구원에 대한 교리의 문제는 무엇인가요? 자신의 말로 정리해 보세요.

12. 죄 용서함을 받는 칭의 뒤 우리는 반드시 성화의 삶을 살아야 합니다. 그러기 위해서는 경건의 틀이 필요합니다. 성경은 왜 우리가 경건의 삶이 필요하다고 하나요(딤전 4:7-8)?

(1) 디모데전서 4:7-8

7. 망령되고 허탄한 신화를 버리고 경건에 이르도록 네 자신을 연단하라

8. 육체의 연단은 약간의 유익이 있으나 경건은 범사에 유익하니 금생과 내생에 약속이 있느니라

2) 디모데전서 4:8

육체의 연단은 약간의 유익이 있으나 경건은 범사에 유익하니 금생과 내생에 약속이 있느니라)

여러분은 어떤 경건의 틀이 필요한 것 같나요?

(새벽기도, 성경읽기, 교육&훈련, 전도, 찬양, 구제 등)

Chapter 11

"몸이 다시 살고 영원히 사는 것"

몸이 다시 살고 영원히 사는 것

암송구절 | "몸이 다시 사는 것과 영원히 사는 것을 믿사옵나이다"

『영지주의 사상과 플라톤의 이원론 사상』

초대교회는 로마 제국 아래 있었습니다. 그런데 로마는 헬라제국을 점령하고도 그 문화에 빠져 헬레니즘(Hellenism) 문화를 가졌습니다.

이 헬레니즘의 사상은 이원론적 신관, 범신론적 우주관, 영지주의(靈知主義, Gnosticism)입니다.

이 영지주의는 1세기 말부터 2세기에 걸쳐 널리 퍼지게 되면서 초대교회의 순수 신앙을 위협하였습니다. 요한복음과 바울의 목회 서신들, 그리고 특히 요한 1,2,3서와 베드로후서, 유다서 등은 이런 영지주의 사상을 조심하도록 권면하고 있습니다.

영지주의(靈知主義, Gnosticism)는 그리스어 '앎, 깨달음, 비밀스런 지식을 소유한 사람' 등의 뜻을 가진 gnosis(그노시스)에서 비롯되었습니다. 그런데 영지주의가 변호하는 지식은 신비적이고 초자연적으로 계시된 지식을 의미했습니다.

영지주의는 세상이 저급하고 무가치한 물질세계와 영원하고 완전한 영의 세계로 이분되어 있다고 보았습니다. 그래서 사람의 영혼이 육체에 갇혔다고 보았고, 영혼이 육체로부터 해방되어야 영적 세계로 복귀한다고 생각하였습니다.

즉, 영지주의의 특징은 영육의 분리에 근거한 철저한 이원론적인 사고방식입니다. 영은 선하고, 물질은 악하기 때문에 구원은 영적인 영역에만 국한된다는 것입니다.

그 결과 영지주의자들의 삶은 '금욕주의' 아니면 '자유방임주의'라는 두 가지 극단으로 흘러갔습니다. 심지어 영지주의자들은 물질을 죄악시하며 하나님의 창조를 부인하였습니다. 그래서 성경 서신서의 여러 군데에서 영지주의적 금욕주의(골 2:23, 딤전 4:3)와 영지주의적 쾌락주의(벧후 2:2,3,14, 유1:16) 모두에 대해 강력히 비판하고 있습니다.

우리가 후에 예수님께서 다시 오셨을 때, 몸의 부활을 믿는 믿음은 이 영지주의의 관점으로 보면 가장 어리석은 짓입니다. 영적인 구원만 있다면, 영지주의자들이 더럽다고 생각하는 우리 몸의 부활은 도저히 받아들일 수 없습니다. 그러므로 영지주의는 기독교의 핵심인 십자가와 부활을 공격하는 사탄의 도구입니다.

이런 영지주의 사상은 특히 플라톤에게 영향을 주었습니다. 플라톤의 사상은 이원론적 사상에 뿌리를 두고 있습니다. 이런 혼합주의적 영지주의는 초대교회를 좀 먹는 심각한 이단 사상이었고 오늘날 뉴에이지 사상에 나타나고 있습니다.

1. 몸이 다시 산다는 말은 무슨 뜻인가요? 왜 초대교회 때 몸이 부활하는 것을 강조하였을까요?

(플라톤 철학과 영지주의 사상이 강했던 초대교회 당시에는 몸은 악한 것으로 간주했습니다. 그러나 성경은 몸이 다시 산다고 말씀하면서 몸이 영혼의 감옥이 아님을 가르쳐 주고 있습니다.)

2. 빌립보서 3장 20-21절은 장차 우리의 몸이 어떤 상태가 될 것이라고 말씀하고 있나요?

(빌립보서 3:20-21

20. 그러나 우리의 시민권은 하늘에 있는지라 거기로부터 구원하는 자 곧 주 예수 그리스도를 기다리노니

21. 그는 만물을 자기에게 복종하게 하실 수 있는 자의 역사로 우리의 낮은 몸을 자기 영광의 몸의 형체와 같이 변하게 하시리라

천국에서는 온전한 몸을 가지게 된다고 하셨습니다.)

3. 하나님께서 처음 사람을 창조하셨을 때 흙으로 사람을 만드셨고, 코에 무엇을 불어 넣으셨나요(창 2:7)?

(창세기 2:7

여호와 하나님이 땅의 흙으로 사람을 지으시고 생기를 그 코에 불어넣으시니 사람이 생령이 되니라

사람은 몸과 영혼으로 구성된 영육통일체(phycho-somatic unity)입니다. 단, 사람이 죽으면 육신적 몸과 영혼은 분리가 됩니다.)

4. 성경은 우리의 몸과 영혼을 어떻게 말하고 있나요?

이분설

인간의 구성요소를 크게 두 가지로 설명합니다. 인간이 두 부분, 곧 몸과 영혼으로 구성되어 있다는 '이분설'과 세 부분, 곧 몸과 혼과 영으로 구성되어 있다는 삼분설로 나뉩니다. 대체적으로 성경은 이분설을 말합니다.

"여호와 하나님이 땅의 흙으로 사람을 지으시고 '생기'를 그 코에 불어넣으시니 사람이 '생령'이 되니라." (창2:7)

하나님은 몸을 구성하실 때 자신의 영을 불어넣으면 곧 생령이 되도록 형성하셨습니다(욥 33:4; 32:8). '생령'은 살아있는 존재로서의 전인을 묘사합니다. 이 구절은 인간이 두 요소로 구성되어 있음을 지지합니다. 통상적인 이분설적인 성경의 표현과는 충돌되는 것 같은 두 구절이 있습니다.

"평강의 하나님이 친히 너희를 온전히 거룩하게 하시고 또 너희의 온 영과 혼과 몸이 우리 주 예수 그리스도께서 강림하실 때에 흠 없게 보전되기를 원하노라." (살전 5:23)

"하나님의 말씀은 살아 있고 활력이 있어 좌우에 날선 어떤 검보다도 예리하여 혼과 영과 및 관절과 골수를 찔러 쪼개기까지 하며 또 마음의 생각과 뜻을 판단하나니." (히 4:12)

이 구절들에 영과 혼이 나란히 언급되었다고 해서 성경이 두 개의 실체를 가리킨다고 생각해서는 안 됩니다.

"예수께서 이르시되 네 마음을 다하고 목숨을 다하고 뜻을 다하여 주 너의 하나님을 사랑하라 하셨으니." (마 22:37)

여기에서 예수님은 마음과 혼과 정신을 세 개의 독립된 실체로 간주하고 있지 않습니다. 바울은 대부분 인간이 두 부분으로 구성되어 있다고 말합니다.

"또 그리스도께서 너희 안에 계시면 '몸'은 죄로 말미암아 죽은 것이나 '영'은 의로 말미암아 살아 있는 것이니라." (롬 8:10)

"이런 자를 사탄에게 내주었으니 이는 '육신'은 멸하고 '영'은 주 예수의 날에 구원을 받게 하려 함이라." (고전5:5)

"마음이 갈라지며 시집가지 않은 자와 처녀는 주의 일을 염려하여 '몸'과 '영'을 다 거룩하게 하려 하되 시집 간 자는 세상일을 염려하여 어찌하여야 남편을 기쁘게 할까 하느니라." (고전 7:34)

"그런즉 사랑하는 자들아 이 약속을 가진 우리는 하나님을 두려워하는 가운데서 거룩함을 온전히 이루어 '육'과 '영'의 온갖 더러운 것에서 자신을 깨끗하게 하자." (고후 7:1)

삼분설

삼분론자들은 육신이 하등의 혹은 물질적인 요소에 불과하다고 합니다. 그러면서 인간 본성의 두 구성요소들은 혼(히-네페쉬, 헬-프쉬케)과 영(히-루아흐, 헬-프뉴마)이라고 합니다.

즉, 삼분설은 그리스 철학에서 유래한 것으로 몸은 인간 본성의 물질적인 부분으로, 혼을 동물적인 생명의 원리로, 영은 하나님과 관계하는 합리적이고 불변하는 요소로 간주하였습니다.

그러나 영과 혼, 이런 용어들이 성경에 빈번히 사용되고 있다고 해서 그것들이 인간 본성의 구성적 부분들을 지칭한다고 결론 내리는 것은 맞지 않을 수 있습니다.

오히려 성경을 자세히 살펴보면, 두 단어 모두 교호적으로 사용되고 있으며, 인간의 영적인 요소를 각기 다른 각도에서 지칭하고 있습니다.

성경은 분명히 두 용어를 교호적으로 사용합니다. 예를 들어, 인간을 가리키는 표현 형식이 어느 곳에서는 "몸과 혼"(마 6:25; 10:28), 어느 곳에서는 "몸과 영"(전 12:7, 고전 5:3,5)으로 묘사합니다. 죽음은 '혼'을 포기하는 것으로 묘사되기도 하고(창 35:18, 왕상 17:21, 행 15:26) '영'을 포기하는 것으로 기술합니다(시 31:5, 눅 23:46, 행 7:59).

이분설은 무엇이고, 삼분설은 무엇인가요? 왜 우리는 삼분설보다는 이분설 즉, 인간은 영혼과 몸으로 구성 되어 있다고 보아야 할까요?

(이분설과 삼분설을 정리해 주되, 삼분설을 믿는다고 해서 이단이 아님을 알려주세요.)

5. 영원히 사는 것을 믿을 때 우리는 어떤 유익과 축복을 누릴 수 있을까요?

(1) 죽음 앞에서 두려워하지 않을 수 있습니다.
2) 순교 할 수 있습니다.
3) 이 세상에 두 눈이 팔린 채 살아가지 않습니다.)

6. 성경에 죽음을 맛보지 않고 하늘로 올라 간 사람들은 누구인가요?

1) 창세기 5:24 **(에녹)**

(에녹이 하나님과 동행하더니 하나님이 그를 데려가시므로 세상에 있지 아니하였더라

2) 열왕기하 2:11 **(엘리야)**

(두 사람이 길을 가며 말하더니 불수레와 불말들이 두 사람을 갈라놓고 엘리야가 회오리 바람으로 하늘로 올라가더라)

7. 부활 후의 몸은 어떤 몸일까요?

1) 고린도전서 15:42-44

2) 누가복음 24:39

3) 요한복음 20:17

(1) 고린도전서 15:42-44 - 썩지 아니하고, 영광스럽고 강한, 신령한 몸

42. 죽은 자의 부활도 그와 같으니 썩을 것으로 심고 썩지 아니할 것으로 다시 살아나며
43. 욕된 것으로 심고 영광스러운 것으로 다시 살아나며 약한 것으로 심고 강한 것으로 다시 살아나며
44. 육의 몸으로 심고 신령한 몸으로 다시 살아나나니 육의 몸이 있은즉 또 영의 몸도 있느니라

2) 누가복음 24:39 - 살과 뼈를 가진 몸

내 손과 발을 보고 나인 줄 알라 또 나를 만져 보라 영은 살과 뼈가 없으되 너희 보는 바와 같이 나는 있느니라

3) 요한복음 20:17 - 만져질 수 있는 몸

예수께서 이르시되 나를 붙들지 말라 내가 아직 아버지께로 올라가지 아니하였노라 너는 내 형제들에게 가서 이르되 내가 내 아버지 곧 너희 아버지, 내 하나님 곧 너희 하나님께로 올라간다 하라 하시니)

8. 여러분은 누군가를 잃게 되면서 부활에 대해 좀 더 구체적으로 생각해 본 경험이 있나요?

혹, 나중 부활하면 천국에서 누구를 가장 다시 보고 싶은가요? 왜 그런가요?

9. 죽음에 대한 성도의 자세는 어떠해야 하나요?

1) 데살로니가전서 4:13-18

2) 빌립보서 1:20-21

3) 로마서 14:8

(1) 데살로니가전서 4:13-18 - 죽음을 두려워하지 않아야 함

13. 형제들아 자는 자들에 관하여는 너희가 알지 못함을 우리가 원하지 아
니하노니 이는 소망 없는 다른 이와 같이 슬퍼하지 않게 하려 함이라
14. 우리가 예수께서 죽으셨다가 다시 살아나심을 믿을진대 이와 같이 예수
안에서 자는 자들도 하나님이 그와 함께 데리고 오시리라
15. 우리가 주의 말씀으로 너희에게 이것을 말하노니 주께서 강림하실 때까
지 우리 살아 남아 있는 자도 자는 자보다 결코 앞서지 못하리라
16. 주께서 호령과 천사장의 소리와 하나님의 나팔 소리로 친히 하늘로부터
강림하시리니 그리스도 안에서 죽은 자들이 먼저 일어나고
17. 그 후에 우리 살아 남은 자들도 그들과 함께 구름 속으로 끌어 올려 공
중에서 주를 영접하게 하시리니 그리하여 우리가 항상 주와 함께 있으리라
18. 그러므로 이러한 말로 서로 위로하라

2) 빌립보서 1:20-21 - 삶과 죽음은 동일하고, 그리스도를 존귀하게 함

20. 나의 간절한 기대와 소망을 따라 아무 일에든지 부끄러워하지 아니하고
지금도 전과 같이 온전히 담대하여 살든지 죽든지 내 몸에서 그리스도가 존
귀하게 되게 하려 하나니
21. 이는 내게 사는 것이 그리스도니 죽는 것도 유익함이라

3) 로마서 14:8 - 살아도 죽어도 주를 위해 살고 죽어야 함

우리가 살아도 주를 위하여 살고 죽어도 주를 위하여 죽나니 그리므로 사나 죽으나 우리가 주의 것이로다)

10. 악인의 삶과 죽음, 그 이후는 어떠하다고 성경은 말씀하나요?

1) 시편 1:4-6

2) 욥기 15:20-23

3) 요한복음 5:28-29

(1) 시편 1:4-6 - 바람에 나는 겨와 같고, 심판을 견디지 못하고, 악인은 망함

4. 악인들은 그렇지 아니함이여 오직 바람에 나는 겨와 같도다
5. 그러므로 악인들은 심판을 견디지 못하며 죄인들이 의인들의 모임에 들지 못하리로다
6. 무릇 의인들의 길은 여호와께서 인정하시나 악인들의 길은 망하리로다

2) 욥기 15:20-23 - 일평생 고통을 당하고, 흑암의 날이 가까이 있음

20. 그 말에 이르기를 악인은 그의 일평생에 고통을 당하며 포악자의 햇수는 정해졌으므로
21. 그의 귀에는 무서운 소리가 들리고 그가 평안할 때에 멸망시키는 자가 그에게 이르리니
22. 그가 어두운 데서 나오기를 바라지 못하고 칼날이 숨어서 기다리느니라
23. 그는 헤매며 음식을 구하여 이르기를 어디 있느냐 하며 흑암의 날이 가까운 줄을 스스로 아느니라

3) 요한복음 5:28-29 - 악인은 죽은 뒤 심판의 부활을 경험

28. 이를 놀랍게 여기지 말라 무덤 속에 있는 자가 다 그의 음성을 들을 때가 오나니
29. 선한 일을 행한 자는 생명의 부활로, 악한 일을 행한 자는 심판의 부활로 나오리라)

11. 주님은 단순히 의인이 자신의 삶과 죽음만 생각하기를 바라지 않으십니다. 의인이 악인의 죽음에 대해 책임이 있다고 합니다. 의인은 자신의 죽음에 대해, 그리고 악인의 죽음에 대해 어떤 책임이 있다고 말씀하고 있나요(겔 33:1-9)?

(에스겔 33:1-9
1. 여호와의 말씀이 내게 임하여 이르시되
2. 인자야 너는 네 민족에게 말하여 이르라 가령 내가 칼을 한 땅에 임하게 한다 하자 그 땅 백성이 자기들 가운데의 하나를 택하여 파수꾼을 삼은
3. 그 사람이 그 땅에 칼이 임함을 보고 나팔을 불어 백성에게 경고하되
4. 그들이 나팔 소리를 듣고도 정신 차리지 아니하므로 그 임하는 칼에 제거함을 당하면 그 피가 자기의 머리로 돌아갈 것이라
5. 그가 경고를 받았던들 자기 생명을 보전하였을 것이나 나팔 소리를 듣고도 경고를 받지 아니하였으니 그 피가 자기에게로 돌아가리라
6. 그러나 칼이 임함을 파수꾼이 보고도 나팔을 불지 아니하여 백성에게 경고하지 아니하므로 그 중의 한 사람이 그 임하는 칼에 제거 당하면 그는 자기 죄악으로 말미암아 제거되려니와 그 죄는 내가 파수꾼의 손에서 찾으리라
7. 인자야 내가 너를 이스라엘 족속의 파수꾼으로 삼음이 이와 같으니라 그런즉 너는 내 입의 말을 듣고 나를 대신하여 그들에게 경고할지어다
8. 가령 내가 악인에게 이르기를 악인아 너는 반드시 죽으리라 하였다 하자 네가 그 악인에게 말로 경고하여 그의 길에서 떠나게 하지 아니하면 그 악인

은 자기 죄악으로 말미암아 죽으려니와 내가 그의 피를 네 손에서 찾으리라
9. 그러나 너는 악인에게 경고하여 돌이켜 그의 길에서 떠나라고 하되 그가 돌이켜 그의 길에서 떠나지 아니하면 그는 자기 죄악으로 말미암아 죽으려니와 너는 네 생명을 보전하리라

예전 여러분은 누구를 그렇게 전도하고자 노력하였나요? 그리고 요즘, 여러분은 누구의 구원에 대해 지속적으로 관심이 있나요?

12. 부활 이후 우리는 어떤 곳에서 살게 되나요(계 21:1-4)?

(요한계시록 21:1-4
1. 또 내가 새 하늘과 새 땅을 보니 처음 하늘과 처음 땅이 없어졌고 바다도 다시 있지 않더라
2. 또 내가 보매 거룩한 성 새 예루살렘이 하나님께로부터 하늘에서 내려오니 그 준비한 것이 신부가 남편을 위하여 단장한 것 같더라
3. 내가 들으니 보좌에서 큰 음성이 나서 이르되 보라 하나님의 장막이 사람들과 함께 있으매 하나님이 그들과 함께 계시리니 그들은 하나님의 백성이 되고 하나님은 친히 그들과 함께 계셔서
4. 모든 눈물을 그 눈에서 닦아 주시니 다시는 사망이 없고 애통하는 것이나 곡하는 것이나 아픈 것이 다시 있지 아니하리니 처음 것들이 다 지나갔음이러라)

여러분은 이 땅에서 더 살기를 원하나요? 아니면, 부활하여 천국에 빨리 가고 싶은가요? 그 이유는 무엇인지 서로 나누어 주세요.

Chapter 12

“아멘인 믿음과 삶”

아멘인 믿음과 삶

암송구절 | "아멘"

『아멘으로 순종하는 삶』

마을에 한 사람이 랍비의 집에 왔습니다. 랍비에게 어떻게 해야 가정이 행복하고 건강할 수 있는지 질문하였습니다. 랍비는 갑자기 아들을 부르더니 사다리를 가지고 오고, 송아지를 지붕 위로 올리라고 하였습니다. 마을의 사람들은 그 사람을 이해 할 수가 없었습니다. 그런데 그 아들이 사다리를 지붕 위로 올라가려고 세우고, 송아지를 지붕 위로 올리려고 이렇게 저렇게 해보고 있었습니다.

그 때 랍비는 가정이 행복하고 건강하려면 자녀에게 순종을 가르치라고 하였습니다.

21세기 우리가 신앙생활을 하면서 부족한 것이 있습니다. 바로, '아멘'하며 주님의 뜻과 명령에 순복하고 순종하는 삶이 없습니다. 그래서 우리의 인생은 행복하거나 건강하지 않습니다. 그렇다면 우리는 어떤 것에 아멘으로 화답하며 주님을 따라야 할까요?

1. 아멘의 뜻은 무엇인가요? 자신의 생각을 적어 주세요.

("네, 그렇습니다."라는 뜻입니다. 성경에는 아멘으로 화답하여 영광을 돌린다고 하였습니다.)

2. 어떤 것을 믿었다가 그것이 잘못된 것인 줄 알게 된 것이 있었나요? 잘못 알았거나 어떤 사실을 바로 깨우친 적이 있었나요?

3. 개혁주의 신앙에 있어 '아멘'으로 고백하는 핵심 교리는 칼빈의 TULIP 5대 교리입니다.

칼빈의 5대 교리

하나님 중심 사상을 기본 원리로 하는 칼빈주의는 5개의 중요한 교리적 체계를 가지고 있는데, 이를 보통 '칼빈주의 5대 교리'라고 부릅니다. 이 5대 교리가 개혁주의 사상의 중요한 주축이며 신앙고백이라고 할 수 있습니다. 이 교리는 알미니안주의와 구별되는 교리입니다.

사실, '칼빈주의 5대 교리'라는 것은 알미니안주의자들과의 교리적 논쟁의 결과로 나왔습니다. 1610년 네덜란드에서 신학을 가르치던 제임스 알미니우스(James Arminius)가 죽은 후에 그의 가르침을 추종하던 자들이 있었습니다. 그들은 아르미니우스의 가르침에 근거하여 5개의 신앙조항을 작성하여 유포시켰습니다. 그들은 당시 교회가 신조로 받아들여 사용한 벨직 신앙고백서나 하이델베르그 신앙고백서의 수정을 주장했습니다.

이런 이유들로 인해 알미니안주의자들의 주장을 검토하기 위해 도르트에서 국제적인 종교회의가 네덜란드 의회에 의해 열렸고(1618년 11월 13일), 이 회의는 7개월 동안 계속되어 154번의 회의를 했습니다. 결국 이 회의를 통해 알미니안주의자들에 반대하는 칼빈주의적 입장이 정리되어 5개 조항으로 세상에 나오게 되었던 것입니다.

이 다섯 개 조항의 영어 첫 글자를 모아서 '튤립'(TULIP)이라고 합니다.

1. 인간의 전적 부패 또는 타락(Total Depravity)
2. 무조건적 선택(Unconditional Election)
3. 제한 속죄(Limited Atonement)
4. 불가항력적 은혜(Irresistible Grace)
5. 성도의 궁극적 구원(Perseverance of the Saints)입니다.

1) 인간의 전적부패

알미니안주의자들은 비록 인간이 타락했을지라도 인간의 상태가 전적으로 무능력한 상태가 아니라고 생각하였습니다. 인간은 누구나 자유의지를 가지고 있으며 그 자유의지로 자신의 운명을 결정할 수 있다고 보았습니다.

그러므로 영생을 얻는 것과 멸망에 이르는 것은 자신의 의지적 결정에 달렸다고 주장하였습니다.

그러나 인간은 전적으로 타락했고 부패했기 때문에 스스로 구원을 받기 위해 아무 것도 할 수 없는 전적 무능력 상태에 있습니다. 그러므로 성령의 은혜의 역사 없이는 거듭 날 수 없으며 구원 받을 수 없습니다. 믿음 그 자체도 하나님의 구원의 선물입니다.

2) 무조건적 선택

알미니안주의자들은 조건적 선택을 주장하였습니다. 즉, 하나님께서 어떤 사람들을 선택하신 근거는 그들이 하나님의 부르심에 응답할 것이라는 하나님의 예지에 의한 것이라고 하였습니다. 즉 하나님의 선택보다 인간의 응답이 중요한 것이었습니다. 결국, 구원은 인간의 선택이라는 것이 알미니안주의자들의 주장이었습니다.

그러나 하나님은 주권적 의지 속에서 특정한 사람들을 선택하셔서 그에게 은혜로 믿음과 회개를 허락하십니다. 이 하나님의 선택은 인간이 가지는 어떤 덕이나 예지할 수 있는 행위에 근거한 것이 아닙니다. 그러므로 인간은 하나님의 은혜에 의한 선택으로 구원을 받게 되는 것입니다. 결국 구원은 인간의 산물이 아닌 무조건적인 하나님의 은혜의 선물입니다.

3) 제한 속죄

알미니안주의자들은 그리스도의 죽음이 모든 사람의 구원을 가능케 하는 것이라고 주장하였습니다. 그리스도께서 모든 사람을 위해 죽으셨으므로 누구든지 자유의지를 따라 믿으면 구원을 받는다고 하였습니다.

그러나 그리스도의 구속은 선택된 자들만을 구원하는 것입니다. 그러므로 그리스도의 죽음은 선택된 자들만의 구원을 보증하는 것입니다. 만일 모든 사람을 위한 속죄의 죽음이라면 어느 누구도 지옥 갈 사람은 없고, 지옥은 더 이상 불필요할 것입니다.

4) 불가항력적 은혜

알미니안주의자들은 성령의 부르심을 인간이 자유의지로 거절할 수 있다고 하였습니다.

그러나 복음을 들은 모든 선택된 자들은 성령의 역사로 궁극적으로 구원을 받습니다. 선택된 자들을 부르시는 성령의 내적 소명은 거절될 수 없습니다. 성령님은 택한 자들의 구원을 적용시키는데 있어서 누구의 도움도 필요로 하지 않습니다. 또한 어떤 제약도 받지 않습니다. 그러므로 선택된 자에게 미치는 이 은혜는 누구도 거절할 수 없습니다.

5) 성도의 궁극적 구원

알미니안주의자들은 구원을 얻은 자들도 믿음을 지키는데 실패할 수 있고 구원을 상실할 수 있다고 합니다.

그러나 하나님의 은혜로운 선택과 그리스도의 구속으로 인해 구원받은 자는 영원히 구원을 받는 것입니다. 하나님의 능력과 성령의 도움 속에서 끝까지 믿음을 지켜 나갈 수 있는 것입니다. 성도의 궁극적 구원은 인간에게 있는 것이 아니라 주님께 속한 것이고, 인도함을 받는 것입니다. 어린 아기가 태어나는 것은 어린 자녀의 힘으로 가능한 것이 아니라 부모의 사랑과 출산의 수고로 이루어지는 것과 같습니다.

이 칼빈의 5대 교리에 아멘으로 고백할 수 있나요? 이해되지 않거나 받아들이기 힘든 부분은 무엇인가요?

4. 개혁주의는 성경의 무오성을 고백하며 아멘으로 고백해야 한다고 합니다. 성경의 무오성은 무엇인가요?

성경의 무오성

20세기 복음주의권내에 성경 무오설에 대한 끊임없는 논쟁이 제기 되었습니다. 특히, 신복음주의 운동 전개의 주축이었던 풀러(Fuller) 신학교를 중심으로 성경에 오류가 있다는 견해가 복음주의 안에 강력한 영향력을 발휘하였습니다. 이에 대해 전통적 복음주의자 중에는 성경에 대한 역사적 비평연구를 전면적으로 거부하면서 성경 완전 무오설을 다시 한 번 선언하게 되었습니다.

'성경의 무오성에 관한 시카고 선언(The Chicago Statement on Biblical Inerrancy)'은 이 같은 성경관의 위기 상황에서 '성경의 무오함에 관한 국제협회'(The International Council on Biblical Inerrancy)의 주관 하에 1978년 시카고 회의에서 쉐퍼(Francis Schaeffer), 보이스(James Boice), 가이슬러(Norman Geisler), 아쳐(Gleason Archer), 스프라울(R. C. Sproul), 패커(J. I. Packer)와 같은 당대 저명한 복음주의 신학자들뿐 아니라 많은 목회자들을 포함하여 약 300명의 복음주의 학자들에 의해서 성경에 관한 자유주의적인 경향과 성경의 고등 비평 및 로마 카톨릭의 주장에 반대하여 성경의 무오성에 관한 입장을 보호하기 위해서 작성되었습니다.

성경의 무오성에 관한 시카고 선언 요약문

1) 그분 자신이 곧 진리이시며 진리만 말씀하시는 하나님은 창조주와 주님과 구주 및 심판자 되시는 예수 그리스도를 통하여 잃어버린 사람들에게 그분 자신을 계시하시려고 성경을 감동하셨다. 성경은 그분 자신에 대한 하나님의 증언이다.

2) 성경은 하나님 자신의 말씀으로서 성령에 의해서 준비되고 감동을 받은 사람들에 의해서 쓰여졌다. 성경은 관여하는 모든 내용에 있어서 전혀 틀림이 없는 신적인 권위의 책이다. 성경이 주장하는 모든 것은 하나님의 교훈으로서 믿어야 한다. 성경이 요구하는 모든 것은 하나님의 명령으로서 순종해야 한다. 성경이 약속하는 모든 것은 하나님의 약속으로서 받아들여야 한다.

3) 성경의 신적 저자 성령님은 자신의 내적인 증거로 우리에게 성경이 믿을 만함을 입증해 주시고 우리 마음을 열어 그 뜻을 깨닫게 해주신다.

4) 성경은 전체적으로 또한 축어적(蓄語的)으로 하나님이 주신 것으로서 그 모든 가르침에 오류(誤謬)와 틀림이 없다. 하나님의 창조 역사와 세계사의 사건들 혹은 하나님의 감독 아래서 성경책들이 기원된 것에 관한 증거는 개인들의 삶 속에서 역사하시는 하나님의 구원하시는 은혜에 관한 증거 못지않게 오류와 틀림이 없다.

5) 총체적인 신적 무오성(無誤性)이 어떤 형태로든 제한되거나 무시된다면 성경의 권위가 손상되는 것은 불가피하다. 이뿐 아니라 성경 자체의 증거와는 상반되게 성경의 권위는 진리의 견해에 대하여 상대적이 된다. 이러한 과실은 개인과 교회에 심각한 해를 끼친다.

(시카고 주장과 거부의 조항들(Articles of Affirmation and Denial)

제 1 조

주장 : 우리는 성경이 권위 있는 하나님의 말씀으로 받아들여져야 함을 주장한다.

거부 : 우리는 성경의 권위가 교회나 전통이나 그 밖에 다른 인간적인 원천에서 나온다는 주장을 거부한다.

제 2 조

주장 : 우리는 성경이 성문화된 최고 규범으로서 하나님이 우리의 양심을 구속하시는 방편이 되며 교회의 권위는 성경의 권위에 종속된다고 주장한다.

거부 : 우리는 교회의 신조나 공의회나 선언이 성경의 권위와 동등하거나 그 이상의 권위를 갖는다는 주장을 거부한다.

제 3 조

주장 : 우리는 기록된 말씀 전체가 하나님이 주신 계시라고 주장한다.

거부 : 우리는 성경이 단순히 계시에 대한 증언에 불과하다든지, 하나님과의 만남을 통해서만 계시가 된다든지, 그 타당성이 사람의 반응에 의존한다는 등의 주장을 거부한다.

제 4 조

주장 : 우리는 인간을 자기 형상대로 창조하신 하나님이 계시의 수단으로 언어를 사용하셨다고 주장한다.

거부 : 우리는 인간의 언어가 우리가 가진 피조물의 속성으로 인해 너무 제한되어서 하나님의 계시를 위한 도구로서는 부적합하다는 주장을 거부한다. 우리는 또한 죄로 인한 인간의 문화와 언어의 타락이 하나님의 감동하심을 방해했다는 주장을 거부한다.

제 5 조

주장 : 우리는 성경에 나타난 하나님의 계시는 점진적이라고 주장한다.

거부 : 우리는 후대의 계시가 전대의 계시를 성취할 수는 있다고 믿지만 이전 계시를 수정하거나 그것과 상치된다는 주장은 거부한다. 우 리는 또한

신약이 완성된 후에도 어떤 규범적 계시가 주어졌다는 주장을 거부한다.

제 6 조

주장 : 우리는 성경 전체와 그 모든 부분이 원문의 단어 하나하나에 이르기까지 하나님이 영감으로 주신 것이라고 주장한다.

거부 : 우리는 성경의 영감이 일부가 아닌 전체에 있어서만 확인된다든지 전체가 아닌 일부에 있어서만 확인된다는 주장을 거부한다.

제 7 조

주장 : 우리는 영감이란 하나님이 성경으로 말미암아 인간 저자를 통하여 우리에게 말씀을 주시는 사역이라고 주장한다. 성경의 기원은 하나님이시며 하나님이 영감을 주시는 형식은 대개 우리로서는 알 수가 없다.

거부 : 우리는 우리의 영감이란 결국 인간의 통찰력이나 일종의 고양된 의식의 상태라는 주장을 거부한다.

제 8 조

주장 : 우리는 하나님이 영감을 주실 때 자신이 택하시고 준비하신 성경 기자들의 독특한 개성과 문체를 활용하셨다고 주장한다.

거부 : 우리는 하나님이 선택하신 단어를 성경 기자들에게 사용하게 하실 때 그들의 개성을 무시하셨다는 주장을 거부한다.

제 9 조

주장 : 우리는 영감으로 성경 기록자들이 모든 것을 아는 능력을 갖게 된 것은 아니지만 적어도 말하고 기록하도록 감동 받은 모든 문제에 있어서 참되고 믿을만한 진술을 할 수 있게 되었다고 주장한다.

거부 : 우리는 이 성경 기자들의 유한성이나 타락한 본성으로 인해 필연 적으로 혹은 어떤 식으로든 하나님의 말씀에 왜곡이나 거짓이 섞이게 되었다

는 주장을 거부한다.

제 10 조

주장 : 우리는 영감이란 엄밀히 말하면 성경의 원본에만 적용되며 원본은 하나님의 섭리로 현존하는 사본에서 정확하게 확인될 수 있다고 주장한다. 우리는 또한 성경의 사본이나 번역본도 원문을 충실 하 게 반영하는 한 하나님의 말씀이라고 주장한다.

거부 : 우리는 원본이 없다는 사실이 기독교 신앙의 핵심적 요소에 영향을 끼친다는 주장을 거부한다. 우리는 또한 원본의 부재가 성경의 무오성에 대한 주장을 무가치하거나 부적절하게 만든다는 주장을 거부한다.

제 11 조

주장 : 우리는 성경이 하나님의 영감으로 주어졌기 때문에 오류가 없고 따라서 전혀 우리를 잘못된 길로 이끌지 않으며 오히려 성경에서 말하는 모든 문제에 있어서 참되고 믿을 만하다고 주장한다.

거부 : 그러나 우리는 성경의 주장이 불오하면서도 오류가 있을 수 있다는 주장을 거부한다. 불오성(Infallibility)과 무오성(Inerrancy)을 구분할 수는 있지만 따로 떼어놓을 수는 없다.

제 12 조

주장 : 우리는 성경 전체가 오류가 없고 어떠한 거짓, 사기, 기만이 없다고 주장한다.

거부 : 우리는 성경의 불오성과 무오성이 영적, 종교적, 구속적 주제에만 국한되며, 역사적, 과학적 분야에는 해당되지 않는다는 주장을 거부 한다. 우리는 또한 지구의 역사에 대한 과학적 가설이 창조와 대 홍수에 대한 성경의 가르침을 뒤집는 데 사용되어도 무방하다는 주장을 거부한다.

제 13 조

주장 : 우리는 무오성이란 말을 성경의 전적인 진실성과 관련된 신학용어로 사용하는 것이 타당하다고 주장한다.

거부 : 우리는 성경의 용도나 목적과는 아무 관계없는 진위의 기준에 따라 성경을 평가하는 것이 타당하다는 주장을 거부한다. 우리는 또한 현대적인 과학적 정확성의 결여, 문법이나 철자의 불규칙성, 자연에 대한 관찰에 입각한 기술(description), 착오가 있는 내용의 기록, 과장법이나 개략적인 숫자의 사용, 소재(material)의 주제별 배열, 평행 본문 간의 서로 다른 소재 선택, 자유로운 인용 등의 성경적 현상이 무오성을 무효화한다는 주장을 부인한다.

제 14 조

주장 : 우리는 성경의 통일성과 내적 일관성을 주장한다.

거부 : 우리는 일각에서 현재까지 해결되지 않았다고 주장하는 성경의 오류와 모순이 성경 말씀의 진리를 손상시킨다는 주장을 거부한다.

제 15 조

주장 : 우리는 성경 무오(無誤)의 교리가 영감에 대한 성경 자체의 가르침에 근거해 있다고 주장한다.

거부 : 우리는 성경에 대한 예수님의 가르침을 상황에 따라 또는 예수님의 인성으로 인한 자연적 제약성을 이유로 취사선택할 수 있다는 주장을 거부한다.

제 16 조

주장 : 우리는 성경 무오(無誤)의 교리가 교회 역사상 교회의 신앙에 필수적이었다고 주장한다.

거부 : 우리는 성경의 무오성이 스콜라주의적인 개신교에서 창안해 낸 교리라는 주장, 또는 (무오성에 대해) 부정적인 고등 비평에 대한 대응책으로 나

온 반작용적 입장이라는 주장을 거부한다.

제 17 조

주장 : 우리는 성령이 성경에 대해 증거하여 신자들에게 기록된 하나님의 말씀의 진실성을 확신시킨다고 주장한다.

거부 : 우리는 이러한 성령의 증거가 성경과 괴리(乖離)된 형태로 또는 성경과 상반되게 역사한다는 주장을 거부한다.

제 18 조

주장 : 우리는 성경 본문을 그 문학적 형식 및 수사적 장치를 고려하여 문법적 역사적 해석 방법으로 해석해야 하며, 성경으로 성경을 해 석해야 한다고 주장한다.

거부 : 우리는 성경 본문을 상대화하거나 비역사적인 것으로 치부하거나 평가 절하하거나 성경의 저작에 대한 성경 자체의 증거를 부인하는 결과를 가져오는 어떠한 본문 해석이나 본문 이면에 있는 출처를 찾으려는 시도에 대해서도 그 타당성을 거부한다.

제 19 조

주장 : 우리는 성경의 절대 권위, 불오성, 무오성에 대한 고백이 기독교 신앙 자체의 건전한 이해를 위해 필수적이라고 주장한다. 우리는 또한 그러한 고백이 그리스도의 형상을 더욱더 닮아 가는 결과로 이어져야 한다고 주장한다.)

여러분은 이 시카고 성경무오에 동의하나요? 아니면, 성경의 어떤 부분에 오류가 있다고 생각하나요?

5. 마틴 루터가 종교 개혁을 할 때 핵심은 오직 성경, 오직 은혜, 오직 믿음이었습니다. 이 세 가지는 무엇인가요?

마틴 루터가 종교 개혁을 한 핵심은 세 가지입니다.

1) 첫째는 "오직 성경으로"입니다.

마틴 루터는 '성경으로 돌아가자'고 외쳤습니다. 16세기 교회는 암흑기여서 당시 카톨릭 교회는 성경과 멀어져 있었습니다. 성경은 라틴어로 적혀있어 아무나 읽을 수 없었습니다. 성경 해석은 오직 교황에 의해서만 할 수 있다고 교회법으로 정해져 있었습니다.

그런, 역사적 상황 속에서 루터는 성경으로 돌아가자고 외쳤던 것입니다. 마틴 루터는 로마 카톨릭이 면죄부를 사면 조상의 죄까지 용서받고 천국 간다는 것을 받아들일 수 없었습니다. 루터는 '오직 믿음'을 통해서만 구원 받음을 외쳤습니다.

루터가 주장한 95개조의 조항은 대부분이 당시 시행하고 있던 로마 교황청의 사업이 과연 옳은가? 하는 것을 묻는 것이었습니다. 그리고 거기에 대해 루터는 '단호히 거부한다.'는 입장을 내비쳤는데 놀랍게도 이 95개조가 공개된지 2주 만에 전 독일에 영적 불길이 일어났고, 4주 만에 전 유럽으로 퍼져 나갔습니다.

마침내 1520년 6월 15일, 루터는 교황청으로부터 그의 사제 자격을 박탈하는 파문장을 받았습니다. 그러나 루터는 이 파문장을 수많은 추종자들 앞에서 불태워 버렸습니다. 그리고 루터는 독일 보름스(Worms)에서 소집되는 국회에 출두할 것을 통보받았습니다. 루터의 친구들은 암살 위험이 너무 크고 암살당할 수 있어 만류하였습니다. 그 때 루터가 유명한 말을 남겼습니다. "원수들이 보름스의 기왓장만큼 많을지라도 나는 가리라"

2) 두 번 째 종교개혁의 핵심은 '오직 은혜'입니다.

루터는 원래 법학도로 판사가 되기 위해 공부하던 어느 날, 갑자기 비가 내려 큰 나무 밑에 비를 피하고 있는데 자기와 함께 있던 친구가 벼락에 맞아 죽는 것을 바로 옆에서 지켜보았습니다. 그는 자기도 죄인이기 때문에 그렇게 될 것이라는 두려움을 떨쳐버릴 수가 없어서, 세상길을 버리고 수도원에 들어갔습니다. 1505년 수도원에서 신부로 서품을 받고, 엄격하게 규율을 지키고 금식하면서 자기 죄에 대한 두려움을 씻기 위해 온갖 고행을 디 했습니다. 그리고 죄를 용서받기 위해 하루에도 몇 번 씩 주교에게 고해 성사를 했습니다. 그러나 루터는 죄를 해결하지는 못했습니다. 그는 자기 영혼을 짓누르는 죄의식 때문에 견딜 수가 없었습니다.

그러다가 그는 로마에 있는 '스칼라 산타'라는 성당에 갔습니다. 그 계단을 무릎으로 기어 오르내리면 죄사함을 받고, 심지어는 연옥에 가있는 죄인도 여기서 기도하면 구원을 받는다고 하여 루터 역시 이 계단을 무릎으로 기어오르면서 계단마다 입을 맞추었습니다. 주기도문을 외우면서 계속해서 끝까지 올라 무릎에서는 피가 철철 흘렀습니다. 그러나 자기 안에 죄는 아무것도 해결된 것이 없었습니다. 그러다가 '오직 은혜'로 속죄를 받고 자유하게 됨을 알게 되었습니다.

3) 세 번 째 종교개혁의 핵심은 '오직 믿음으로'입니다.

로마 교황청이 처음으로 면죄부를 판매 한 것은 1096년 십자군 전쟁을 일으키면서부터였습니다. 십자군 전쟁 비용을 마련하기 위하여 면죄부를 발행하였습니다. 그러다가 교황청이 베드로 대성당을 건축하게 되었는데 물론 어마어마한 돈이 필요했습니다. 여기에 들어가는 막대한 건축비를 충당하기 위해서 교황청은 다시 면죄부를 판매했습니다.

마틴 루터는 로마서 1장을 읽고, 2장을 읽고, 3장을 읽다가 3장 28절에서 눈이 번쩍 뜨였습니다. '그러므로 사람이 의롭다 하심을 얻는 것은 율법의 행위에 있지 않고 믿음으로 되는 줄 우리가 인정하노라' 그는 이 말씀 앞에 '오직'이라는 단어를 붙여서 고백했습니다.

루터는 하나님의 은혜를 통해서 오직 예수 그리스도를 믿음으로 말미암아 의롭다 함을 얻을 수가 있는 놀라운 사실을 발견하게 되었습니다.

이 3가지 오직 성경, 오직 은혜, 오직 믿음 중 여러분에게 좀 더 있어야 할 요소는 무엇인가요?

6. 성경은 인간의 구원은 예정되어 있다고 합니다. 이 예정론은 무엇인가요?

예정론

칼빈의 기독교 교리 가운데 가장 논란이 되는 주제가 바로 예정입니다.

예정 안에는 선택과 유기가 존재합니다. 그런데 선택은 이해가 가지만 하나님이 누군가를 버리셨다는 유기는 받아들이기가 쉽지 않습니다.

예정론은 칼빈만의 주장은 아닙니다. 칼빈보다 천 년 전에 살았던 어거스틴도 말하였습니다.

칼빈은 먼저 구약 성경을 통해 예정에 대한 큰 틀을 논합니다. 하나님은 유대인들을 선택하고 나머지 열방(나라들)을 내버려두셨다는 것입니다. 개인뿐만 아니라 민족의 장래도 하나님의 선택에 달려있다는 것을 알려줍니다.

예정을 하나님의 작정이라고 부릅니다. 이 작정에 의해서 각 나라와 각 사람이 어떻게 되기를 원하신다는 것을 하나님 스스로 예정하셨습니다. 하나님은 이스라엘을 선택했을 뿐만 아니라 이스라엘 백성 개인들에 대해서도 선택과 유기를 계획하셨습니다.

칼빈은 예정(선택과 유기)을 〈하나님의 은밀한 계획〉이라 표현하였습니다.

칼빈이 주장하는 예정론은 매우 복음적인 교리입니다. 예정론은 잔인한 교리가 아닙니다. 타락한 모든 인간이 죄와 허물로 죽을 수밖에 없는 가운데 하나님의 은총으로 얼마를 다시 살리려고 선택하신 은혜입니다(엡 2:1). 그러므로 예정은 하나님의 자비에서 출발하는 것입니다.

예정은 하나님의 사랑이 어떻게 드러나며 은혜가 무엇인지 알려주는 것입니다.

예정론은 하나님께서 구원을 예정하신 것이지 우리의 일거수일투족을 기계처럼 제한하신다는 것이 아닙니다. 대학, 결혼, 승진, 전쟁을 예정하시고, 어떤 저주의 운명으로 빠지게 하시는 분이 아닙니다. 자유의지를 주셔서 우리가 선택하고 그 선택의 열매를 누리게 하시는 분입니다.

예정론을 잘못 이해하여 청년의 때 대학진학, 결혼, 진로 결정에 숙명론에 빠져서 수동적으로 기다리고만 있어서는 안 됩니다. 대학 생활을 할 때는 공부를 열심히 해야 하고, 결혼을 할 때는 한 달에 서너 번은 결혼할 배우자를 찾고 만나려고 해야 합니다. 여러분의 대학, 결혼, 진로는 예정되어 있지 않습니다. 자유의지를 주셨으니 찾아 나서야 하고, 이루어가야 합니다. 가만히 앉아만 있어서는 안 됩니다. 백마탄 왕자님을 기다려서는 안 됩니다.

구원은 예정되어 있지만 진로, 결혼, 선택은 여러분의 몫입니다.

예정론에 대해 숙고하면서 여러분이 오해하거나 실수한 것은 무엇인가요?

7. 하나님의 주권을 인정하는 신앙을 가져야 합니다. 성경은 누구에게 주권이 있다고 하나요(롬 9:21)?

(로마서 9:21 – 토기장이의 주권
토기장이가 진흙 한 덩이로 하나는 귀히 쓸 그릇을, 하나는 천히 쓸 그릇을 만들 권한이 없느냐)

8. 루터는 믿음으로 의에 이르는 '이신칭의'를 말하고, 그리스도의 피를 의지하여 누구든지 주님 앞으로 나아갈 수 있다는 '만인제사론'을 말하였습니다. 여러분은 어떤 누구의 힘이 아닌 주님의 십자가의 보혈로 말미암아 주님께 개별적으로 나아갈 수 있음을 믿나요?

루터는 믿음으로 구원받는다는 이신칭의를 내세울 때 믿는 모든 자가 주님 앞에 예배를 드리는 만인제사장임을 알았습니다. 그래서 만인제사론을 주장하였습니다. 이신칭의와 만인제사는 동전의 양면처럼 같이 존재하는 것입니다.

이신칭의의 성립은 만인제사의 동반에서 성립되는 것입니다. 모든 사람이 주님 안에서 주님께 나아가 예배하고, 예배자의 삶과 제사장적 삶을 살아야 합니다. 즉, 주님을 시인하는 모든 자가 다 믿음으로 구원 받은 뒤 그 구원 받은 자는 날마다 주님께 예배를 드리는 제사장으로 살아가는 것입니다.

여러분이 주님 앞에 개인적으로 예배하고, 주님을 섬기는 제사장입니다. 그렇다면 여러분은 주님을 예배하고 섬기기 위해 어떻게 개인적인 시간을 드리며 주님 앞에 더 나아가야 할까요?

9. 칼빈의 직업소명설은 무엇인가요?

- 하나님은 우리를 부르시어 일하게 하신다.

- 물질적 번영은 주님의 축복이지만, 그 물질을 가난하고 소외된 자들과 나누도록 하신다.

- 인간의 노동은 신성하기에, 인간의 땀을 도둑질하거나 사기 쳐서는 안 된다.

주님이 여러분을 부르시고, 축복을 주실 때 그것을 누구와 나누고 싶은가요? 하나님이 여러분에게 직업을 주신 이유는 어떤 목적인 것 같나요? 서로 나누어 주세요.

10. 예수님께서는 우리에게 지상명령 완수를 원하셨습니다. 그 지상명령은 무엇인가요(마 28:18-20)**?**

(마태복음 28:18-20
18. 예수께서 나아와 일러 가라사대 하늘과 땅의 모든 권세를 내게 주셨으니
19. 그러므로 너희는 가서 모든 족속으로 제자를 삼아 아버지와 아들과 성
령의 이름으로 세례를 주고
20. 내가 너희에게 분부한 모든 것을 가르쳐 지키게 하라 볼지어다 내가 세
상 끝날까지 너희와 항상 함께 있으리라 하시니라)

지상명령이란 가장 최고의 명령으로 땅 끝까지 이르러 주님의 증인이 되라고 하신 것입니다. 이 명령은 예수님께서 십자가에서 죽으시고 부활하신 후에 제자들에게 명하신 것입니다. 마지막으로 남기신 유언으로 주님의 자녀된 우리도 지켜야 할 명령입니다.

이 지상명령에 아멘으로 화답하며 남은 생애동안 주님의 나라를 위해 복음을 나누는 생명 사역자가 되기를 결단하고 고백할 수 있나요? 그렇다면 구체적으로 여러분은 어떤 삶을 살아야 하고, 복음을 위해 어떻게 삶을 내어드려야 할까요?

누구를 태신자로 삼고, 누구를 믿음으로 케어해 주며, 주님의 제자가 되도록 섬겨야 할까요?

11. 하나님은 아브라함에게 본토 친척, 아버지 집을 떠나라고 할 때 '아멘' 으로 대답하고 떠났습니다. 여러분은 주님의 명령과 요구에 순종할 수 있나요? 어떤 것을 요구하시나요?

12. 요즘 주님이 여러분에게 부담을 주시면서 삶에서 순종하고, 개선하고 변화되기를 원하시는 것은 무엇인가요? 아멘으로 화답하며 순복해야 할 부분은 무엇인가요?

401 다림줄 양육 생활과제	
1과	아는 선교사님에게 기도제목 받기
2과	감사한 리더에게 선물 전하기
3과	미디어금식(인터넷 TV 등 모든 미디어)
4과	주중 새벽예배 1주일 참석하기
5과	책 1권 읽기
6과	교회 청소하기
7과	지체들(10명 이상)에게 말씀 문자주기
8과	태신자와 식사하기
9과	3명에게 짧게 3분이라도 복음 전하기
10과	성경 50장 읽기
11과	담당 교역자에게 편지쓰기
12과	교육, 훈련, 단기선교 등 신청하기

1. 매주 생활 과제를 해 주세요.
2. 모이기 전 날 밤 9시까지 단체 카톡방에 느낀 점을 올려 주세요.

401 다림줄 양육 체크 리스트

이름 :　　　　　　　　전화번호 : 010 -　　　　　　　-

	복음전도 (3분 이상)	기도 (30분 이상)	수요 혹 금요 예배	성경 (3장 이상)	새벽예배 (1회 이상)
1과					
2과					
3과					
4과					
5과					
6과					
7과					
8과					
9과					
10과					
11과					
12과					

매주 체크 리스트를 작성해 주세요~*

1. 복음전도 유무를 O X로 표기해 주세요.
2. 기도를 하루 30분씩 일주일 동안 한 것 아라비아 숫자로 적어 주세요.
3. 수요 혹 금요 예배 참석 여부 O X로 표기해 주세요.
4. 성경 하루 3장 씩 읽은 총 장수를 아라비아로 숫자로 적어 주세요.
5. 새벽예배를 참석한 횟 수를 아라비아 숫자로 적어 주세요.